本书的出版得到国家社会科学基金项目（项目编号：16BGL015）的资助

RESEARCH ON THE PATH OF SUPPLY SIDE STRUCTURAL REFORM
OF MANUFACTURING ENTERPRISE IN THE CONTEXT OF
"INTERNET PLUS"

"互联网+"背景下制造企业供给侧结构性改革路径研究

李 刚 赵丽维 ◎著

科学技术文献出版社
SCIENTIFIC AND TECHNICAL DOCUMENTATION PRESS

·北京·

图书在版编目（CIP）数据

"互联网+"背景下制造企业供给侧结构性改革路径研究 = RESEARCH ON THE PATH OF SUPPLY SIDE STRUCTURAL REFORM OF MANUFACTURING ENTERPRISE IN THE CONTEXT OF "INTERNET PLUS" / 李刚，赵丽维著. —北京：科学技术文献出版社，2022.12
ISBN 978-7-5189-9988-0

Ⅰ.①互⋯ Ⅱ.①李⋯ ②赵⋯ Ⅲ.①制造工业—工业企业—经济体制改革—研究—中国 Ⅳ.① F426.4

中国版本图书馆 CIP 数据核字（2022）第 243668 号

"互联网+"背景下制造企业供给侧结构性改革路径研究

策划编辑：周国臻　责任编辑：李　鑫　责任校对：张吲哚　责任出版：张志平

出　版　者	科学技术文献出版社
地　　　址	北京市复兴路15号　邮编　100038
编　务　部	（010）58882938，58882087（传真）
发　行　部	（010）58882868，58882870（传真）
邮　购　部	（010）58882873
官 方 网 址	www.stdp.com.cn
发　行　者	科学技术文献出版社发行　全国各地新华书店经销
印　刷　者	北京厚诚则铭印刷科技有限公司
版　　　次	2022 年 12 月第 1 版　2022 年 12 月第 1 次印刷
开　　　本	710×1000　1/16
字　　　数	275千
印　　　张	17.5
书　　　号	ISBN 978-7-5189-9988-0
定　　　价	68.00元

版权所有　违法必究

购买本社图书，凡字迹不清、缺页、倒页、脱页者，本社发行部负责调换

前　言

供给侧结构性改革是我国为了解决经济发展中存在的各种新问题，适应和引导经济发展新常态，促进经济从高速增长阶段转向高质量发展阶段而做出的重要决策。制造企业作为供给侧的供给主体之一，多数仍处于国际制造产业链低端，不能有效解决"消费升级与高端制造不充分"的矛盾。因此，本专著在"互联网+"背景下，研究制造企业供给侧结构性改革的关键实施路径，以提升制造企业有效供给，实现供需匹配，促进制造企业由大转强，深入解决制造企业的供给侧结构性问题。

本专著依据"为什么—是什么—做什么"的研究逻辑，以制造企业供给侧结构性改革的"改革目标分类—改革可行路径确定—改革关键路径识别—改革关键路径实施—政策策略提出"为总体研究思路，通过网络爬虫技术、问卷调研和数据库查询获得研究样本和相关数据，采用双重差分法证明了，我国制造业上市公司实施供给侧结构性改革可以显著提高盈利水平，其中国有企业盈利水平提升更为明显，奠定了改革可行路径和关键路径存在的实践基础。

改革关键路径确定方面，首先将制造企业供给侧结构性改革目标分为脱困和供需匹配两类，以这两类改革目标为导向，确定改革可行路径。对改革强度、改革可行路径实施程度和盈利水平的因果关系进行检验，结果显示去产能路径和补短板路径中介作用显著，确定了去产能路径和补短板路径是实现脱困目标的关键路径。通过构建制造企业价值共创对供需匹配的影响模型，实证分析结果证明了价值共创对供需匹配有正向促进作用，且"互联网+"调节作用显著，揭示出在"互联网+"背景下，去产能路径、补短板路径和价值共创路径是改革关键路径。

去产能路径实施方面，实证研究证明了国内国际双循环背景下产能转移、产能升级比简单去过剩产能更优。国际产能转移方面，应用引力模型探明了最优承接地的顺序，东南亚地区是我国制造业产能转移重点目的地。国内产能转移方面，采用 DEA-VRS 模型测算 28 个细分行业的产能利用率和投入要素冗余量，并应用引力模型确定产能转移最优路径，经过测算，国内产能转移既能保证承接地产能利用率提升，又能保证整个制造业产能利用率提升，有效地解决了产能转移中最优转移路径的选择难题。在"互联网+"背景下，制造企业在市场机制调节作用下，可优先进行国际产能转移，没有国际产能转移能力的企业，可通过国内产业分工、联盟或并购进行产能转移，或构建承接地与转移地的双向产能转移路径，实现供需匹配前置。

补短板路径实施方面，主要补高价值制造短板和绿色竞争力短板。首先，高价值制造既是去产能路径中产能升级前后阶段的重要补充，又是补短板路径的重要途径。应用"互联网+技术"、发展用户—企业开放式创新模式、培育智能制造数字制造、提升制造业服务化水平、重塑制造企业品牌等举措，来升级落后产能和补高价值制造短板。其次，发挥绿色竞争力空间集聚效应，可作为制造企业补绿色竞争力短板的新途径。将互联网应用水平指标和电子商务发展指标引入区域制造企业绿色竞争力评价体系，应用熵权灰色关联分析法证明了"互联网+"背景下新评价指标的合理性和实用性。通过对我国区域制造企业的绿色竞争力进行评价及空间自相关分析，发现我国制造企业绿色竞争力有显著集聚效应，指明了合力提升绿色竞争力短板，比单个省份或单个制造企业的提升方式更高效。

价值共创路径实施方面，对价值网络下制造企业的价值共创水平进行测算研究，依据互补性资源整合程度和服务化程度，将价值共创水平分为双低、服务化领先、资源互补领先和双高 4 个阶段，通过实证研究阐明了制造企业价值共创水平的判断标准，制造企业可在判定当前价值共创水平基础上，通过不同升级路径提升价值共创水平，实现更高程度的供需匹配。

基于以上分析，本专著在对制造企业供给侧结构性改革总体路径确定的基础上，从政府视角提出深化"互联网+"对制造企业供给侧结构性改革的重要作用，从企业视角提出深化制造企业供给侧结构性改革的实施策略，为政府和企业提供实践指导，并指出了本书研究的不足，以及对未来的展望。"互联网+"增强制造企业供给侧结构性改革路径的可行性，"互联网+制造"是现在和未来制造企业改革必经之路。相关研究结论和提出的策略建议丰富了供给侧结构性改革的相关理论，对深化制造企业供给侧结构性改革、促进制造企业的转型升级、促进国内国际双循环发展格局形成都具有理论借鉴和实践指导意义。

本专著撰写工作由西安邮电大学李刚,陕西省委党校(陕西行政学院)赵丽维及西安邮电大学陈娅安、赵娜、卢梦雨、赖森和曹江等完成。李刚和赵丽维负责全书调研、结构和内容设计,以及主要章节写作和统稿工作。具体分工:李刚和赵丽维负责前言、绪论、理论基础、"互联网+"背景下制造企业供给侧结构性改革的价值共创路径、制造企业供给侧结构性改革的政策优化及策略建议、结论与展望、附录和程序开发;陈娅安负责制造企业供给侧结构性改革目标与可行路径和部分"互联网+"背景下制造企业供给侧结构性改革的去产能路径;赵娜负责"互联网+"背景下制造企业供给侧结构性改革关键路径;卢梦雨负责部分"互联网+"背景下制造企业供给侧结构性改革的去产能路径;赖森负责"互联网+"背景下制造企业供给侧结构性改革的补短板路径;曹江主要负责前期调研、部分章节写作和全书统稿、修订等工作。

在本专著出版之际,特别要感谢以下为本专著在数据收集、数据分析和程序设计等方面做出突出贡献的西安邮电大学的老师和研究生(排名不分先后):楼旭明、李永红、冯晓莉、王红亮、史新峰、余虎、吴佳倚、张皓晨、张权、薛君、欧晓华、王淼、刘启雷、杨洵、张茜松、曹媛媛、韩晶晶、王立平、黄思枫、魏雅杰、李天喆、林运卫、杨宜、王世琛、郭琳和邓聪等,没有他们的帮助,本专著是绝对不可能高质量完成的。

感谢各位评审专家提出宝贵的修改意见,同时感谢西安邮电大学经济与管理学院的领导和同事们对本专著写作给予的大力支持和鼓励,对你们提出的各类很有价值的想法和思路表示衷心的感谢。最后,要特别感谢科学技术文献出版社的编辑及为此做出的努力,谢谢你们为本专著出版提供了宝贵意见,并付出了辛勤的汗水。

当然,对于本专著中的错误和不足之处恳请各位同仁及时指出,以便我们做出更好的修正。

编者

2022 年 10 月

目 录

1 绪论 ·· 1
　1.1 研究背景及研究问题 ··· 1
　1.2 研究意义 ··· 15
　1.3 研究内容 ··· 17
　1.4 研究思路与方法 ·· 19
　1.5 研究创新 ··· 21

2 理论基础 ·· 22
　2.1 供给侧结构性改革路径的概念与内涵 ······················ 22
　2.2 供给侧结构性改革的理论来源 ·································· 25
　2.3 我国供给侧结构性改革的理论逻辑 ·························· 29
　2.4 企业供给侧结构性改革的理论依据 ·························· 30

3 制造企业供给侧结构性改革目标与可行路径 ············· 36
　3.1 改革目标 ··· 36
　3.2 改革可行路径确定原则与依据 ·································· 41
　3.3 改革可行路径 ··· 52

4 "互联网+"背景下制造企业供给侧结构性改革关键路径 ·············· 60

- 4.1 短期脱困目标下的关键路径识别 ·············· 60
- 4.2 长期供需匹配目标下的关键路径识别 ·············· 77
- 4.3 改革的三大关键路径 ·············· 92

5 "互联网+"背景下制造企业供给侧结构性改革的去产能路径 ·············· 94

- 5.1 产能退出路径 ·············· 94
- 5.2 产能转移路径 ·············· 95
- 5.3 产能升级路径 ·············· 139

6 "互联网+"背景下制造企业供给侧结构性改革的补短板路径 ·············· 141

- 6.1 "互联网+"背景下补高价值制造短板路径 ·············· 141
- 6.2 "互联网+"背景下补绿色竞争力短板路径 ·············· 151

7 "互联网+"背景下制造企业供给侧结构性改革的价值共创路径 ·············· 177

- 7.1 价值网络视角下的价值共创 ·············· 177
- 7.2 "互联网+"背景下价值共创水平测量 ·············· 178
- 7.3 制造企业价值共创水平实证分析 ·············· 184
- 7.4 "互联网+"背景下价值共创升级路径 ·············· 190

8 制造企业供给侧结构性改革的政策优化及策略建议 ·············· 194

- 8.1 政府优化制造企业供给侧结构性改革的政策建议 ·············· 194
- 8.2 制造企业深化供给侧结构性改革的策略建议 ·············· 199

9 结论与展望 ··· 205
9.1 主要结论 ·· 205
9.2 研究不足及展望 ·································· 210

附录 ··· 212
附录1 爬取企业公告示例及文件梳理 ·················· 212
附录2 "数字经济"背景下制造企业供给侧结构性改革重点方向 ·· 220
附录3 爬虫程序 ···································· 234
附录4 价值共创对供需匹配影响问卷 ·················· 244
附录5 制造企业价值共创水平测评问卷 ················ 247

参考文献 ··· 250

1 绪论

随着供给结构和需求结构不相适应不相匹配问题的凸显，中国消费的升级需求与中国制造的落后产能不匹配现状成了政府和制造企业亟须解决的主要问题。"供给侧结构性改革"作为保中国经济平稳增长的新政，是对全要素生产率低下问题进行的结构调整和体制机制改革。本书将制造企业作为供给侧结构性改革重要实施主体，在"互联网+"背景下，从为什么、是什么和做什么3个角度研究制造企业供给侧结构性改革理论逻辑和路径，本章和下一章重点解决为什么的问题，即解决制造企业供给侧结构性改革的理论和实践背景及理论逻辑和依据问题。

1.1 研究背景及研究问题

1.1.1 研究背景

（1）经济环境背景

2008年美国发生的经济危机对世界各国经济平稳健康发展造成了巨大影响，很多国家经济发展呈现负增长，我国经济发展也遭到严重冲击：出口大幅下降，实体经济遭受重创；中小企业倒闭，失业人数激增；银行资金缩水，投资市场发展受限；股市起伏不定，股民利益受损严重，等等。危机过后，美国通过一系列政策刺激使本国经济在两年后逐步回到正轨；而我国GDP增长速度则持续变缓。

我国经济高速增长曾受益于人口、资源及改革开放等红利，尤其在改革开放的过程中这些红利得到全面、持续释放，而随着资源耗竭、人口老龄化和改革停滞等问题的出现，原有的经济发展方式难以维持，企业成本不断攀升、供需不匹配、资本边际效率下降等多重问题,使中国面临"新常态"下经济持续下行的巨大压力,目前面临的主要挑战如下。

① 刘易斯拐点。改革开放初期,由于我国工业迅速发展,大批劳动力从农业部门涌入工业部门(图1.1)。如今这种劳动力转移已经到达"瓶颈",劳动力从之前的"无限供给"慢慢转向"有限剩余",而我国的经济发展也因此面临着"下拐"的风险。

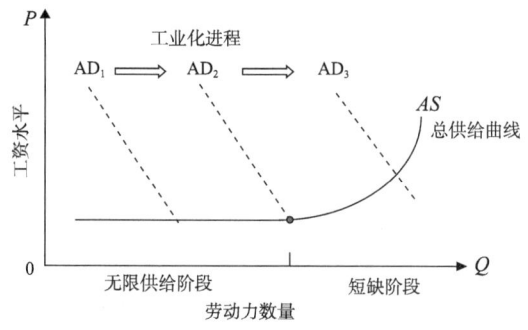

图 1.1 刘易斯拐点示意

② GDP 增速持续放缓。由于受国际经济萧条因素影响,全球经济增速都呈放缓之势。2011年以来,我国国内生产总值增长率持续放缓,告别了过去两位数以上的高增长速度(图1.2),经济发展遭遇"瓶颈",因此必须转变经济结构,提高经济发展质量,这就要求我们转向以实体经济为主体的经济结构。

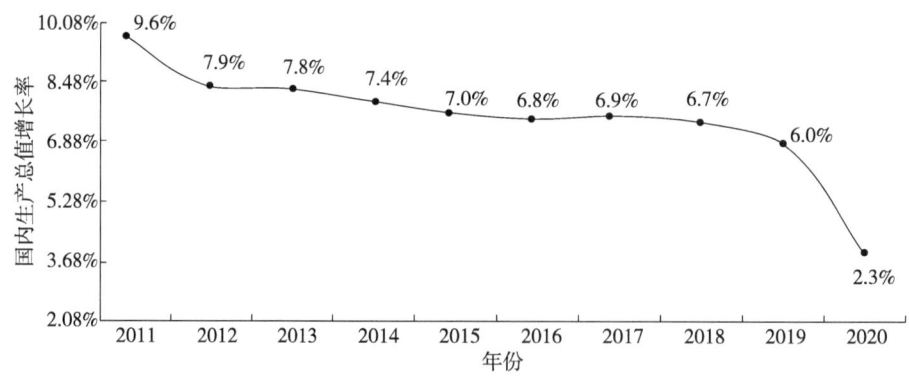

图 1.2　2011—2020 年国内生产总值增长率走势

(来源:中国市场调研在线《2011—2020 年中国传媒行业现状调查分析及市场前景预测报告》)

③ 人口红利消退。第七次全国人口普查数据显示,与2010年第六次全国人口普查相比,我国劳动年龄人口减少了4000多万人。同时国家统计

局数据显示，2011—2020年我国城镇非私营单位就业人员年平均工资平均增速达到10.32%（图1.3），快于同期劳动生产率增速（2015—2019年年均7.23%）。这两个方面的原因使得单位劳动力成本增加。据测算，2013—2017年制造业劳动力成本呈上升趋势，其中，2015年、2016年、2017年的增速分别为5.93%、6.31%和7.93%。

图1.3　2011—2020年城镇非私营单位就业人员年平均工资及平均增速

目前，部分东南亚国家"赶超"及一些发达国家制造业"回流"，给"中国制造"未来的劳动力成本优势带来了更大的压力[1]。动力规模减小使得我国逐渐由劳动力过剩转变为劳动力短缺，国内工业化发展进程也已经迈入后期阶段，加之资源环境限制、人口红利衰退、收入分配不均、传统增长动力减弱等多种问题，中等收入陷阱风险凸显。

④ 资本供给变弱。2011年以来，工业企业资本回报率长期低迷，导致资本开支意愿疲弱。从数据来看，用工业企业利润总额/所有者权益、非金融上市公司ROE两项数据来衡量资本回报率，2020年两者分别较2011年的21.77%和12.19%下降9.9个、6.63个百分点至11.87%、5.56%。而资本回报率提升的核心仍然要依靠改革和创新来提高全要素生产率。图1.4为2011—2020年工业企业资本回报率，企业资本回报率长期低迷，是由于原来支持企业盈利能力的一系列制度结构不能发挥作用，这时就需要构建合理的经济体制，才能走出经济增长的下行阶段。未来我国进入新时代改革开放阶段，资本、劳动力对经济拉动作用进一步减弱，需要进一步加大改革开放力度，提高全要素生产率对经济增长的拉动作用。

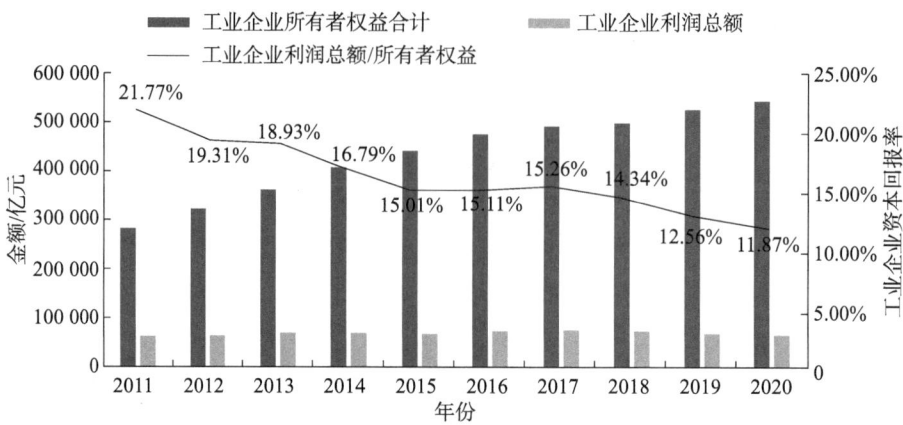

图 1.4　2011—2020 年工业企业资本回报率（工业企业利润总额 / 所有者权益）

⑤ 资源环境压力。中国作为一个人口众多、人均资源占有量低的发展中国家，工业经济长期以来的持续发展创造了世界历史奇迹，用过多资源与环境牺牲换取制造企业在全球价值链中地位，在低技术、低效率和低附加值生产过程中，积累了很多资源环境问题。中国要实现经济增长战略目标，完成从工业大国向工业强国的转变，资源环境压力日益增大，亟须通过解决体制机制性矛盾问题，来增强发展新动能，实现制造企业产业结构升级和绿色制造，缓解资源环境压力。

（2）改革政策背景

供给侧结构性改革是我国过去、现在和未来一段时间内的重要举措。我国自 2012 年开始，经济增幅逐渐下降，"三驾马车"式的传统经济提升策略日趋乏力，结构性问题不断浮现，如产业产能过剩、供给侧效率与质量过低、经济发展内部动力不足等，此后，我国进入了经济新常态。

2015 年 11 月 10 日习近平总书记主持召开中央财经委员会第 11 次会议。在会议上，习近平总书记发表重要讲话时强调，推进经济结构性改革是贯彻落实党的十八届五中全会精神的一个重要举措。要牢固树立和贯彻落实创新、协调、绿色、开放、共享的新发展理念，适应经济发展新常态，坚持稳中求进，坚持改革开放，实行宏观政策要稳、产业政策要准、微观政策要活、改革政策要实、社会政策要托底的政策，战略上坚持持久战，战术上打好歼灭战，在适度扩大总需求的同时，着力加强供给侧结构性改革，着力提高供给体系质量和效率，增强经济持续增长动力，推动我国社会生产力水平实现整体跃升。自此，供给侧结构性改革成为我国为了解决经济发展中存在的各种新问题，适应和引导经济发展新常态，促进我国经济从高速增长阶段转向高质量发展阶段而提出的重要举措。

供需结构错配是我国经济运行中的突出矛盾，需求管理政策重在解决总量问题，注重短期调控，难以从根本上解决矛盾。只有建立从供给侧进行的改革，才能实现更高水平的供需平衡，增强我国经济持续健康发展的内生动力。2016年1月25日，习近平总书记主持召开中央财经领导小组第12次会议，指出坚持以人民为中心的发展思想，多角度细化供给侧结构性改革方案，推动供给体系适应供需结构变动。

2016年5月16日，习近平总书记主持召开中央财经领导小组第13次会议，指出以"三去一降一补"为工作重心，坚定不移地推进供给侧结构性改革。

2017年2月28日，习近平总书记主持召开中央财经领导小组第15次会议，指出大力破除无效供给，把处置"僵尸企业"作为重要抓手，有效深入推进去产能。

2017年中国共产党第十九次全国代表大会中提出"高质量发展"，指出以经济活力、创新力和竞争力为抓手，建立健全绿色低碳循环发展的经济体系，指明新时代高质量发展的方向。我国供给侧结构性改革的重中之重是结构层次的重大调整和发展方式的迅速变革，使供给侧适应性和灵活性提升，最终使全要素生产率同时提升[2]。从供给侧结构性改革的任务来看，改革任务主要是如何正确和深入推进"三去一降一补"，尤其是在制造企业，即去产能旨在优化供给侧的效率；去库存旨在抹除供给侧的冗余；去杠杆旨在减少供给侧的风险；降成本旨在保障供给的稳定；补短板旨在增强供给侧的能力。在推进"三去一降一补"的同时，免不了需要对现存制度进行系统化的改革[3]。通过制度的创新以确保市场在资源配置的路径中发挥其决定性作用，同时需要政府发挥更大的作用。

2018年3月5日的政府工作报告围绕高质量发展的要求，指明了新阶段推进供给侧结构性改革、推进基础性关键领域改革的方向。

2018年12月19—21日召开的中央经济工作会议指出，必须坚持以供给侧结构性改革为主线不动摇，更多采取改革的办法，更多用市场化、法治化手段，缓解国内现存的供给侧结构性矛盾。

2019年8月27日国家发展改革委通过《产业结构调整指导目录（2019

年本）》，指出通过创新和完善宏观调控，引导产业结构调整和生产力布局优化，推动供给侧结构性改革取得新进展。

2020年10月召开的十九届五中全会指出，在"十四五"时期必须坚持以供给侧结构性改革为主线不动摇，找准供给市场定位，以更高质量的产品和服务供给培育国际经济合作和竞争新优势。

随着供给侧结构性改革推进的逐步深入，国内经济发展进入新常态。为解决仍存的经济发展不平衡不协调、发展质量不高的问题，推动高质量发展就成为适应国内矛盾变化的重要手段。其中构建国内国际双循环新格局可以为国内高质量发展提供内生动力，是联通国际市场、资源，培育我国国际竞争优势，实现我国需求和供给的高层次动态平衡的重要一步。

2020年10月党的十九届五中全会提出，"十四五"时期经济社会发展以高质量发展为重点，以深化供给侧结构性改革为主线，切实转变发展方式，推动质量变革、效率变革、动力变革。

2020年10月29日发布的《中共中央关于制定国民经济和社会发展第十四个五年规划和二〇三五年远景目标的建议》指出，坚持深化供给侧结构性改革，以改革创新为根本动力，加速构建以国内大循环为主体、国内国际双循环相互促进的新发展格局。

2021年3月发布的《中华人民共和国国民经济和社会发展第十四个五年规划和2035年远景目标纲要（草案）》指出，要把实施扩大内需战略与深化供给侧结构性改革有机结合起来，以创新驱动、高质量供给引领和创造新需求，推动以国内大循环为主体、国内国际双循环相互促进新发展格局的建立。

2015—2021年供给侧结构性改革具体时间线示意如图1.5所示。

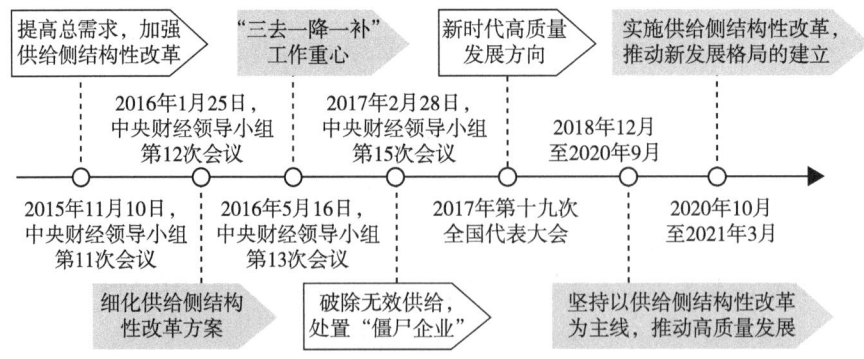

图1.5　2015—2021年供给侧结构性改革具体时间线示意

（3）改革理论背景

我国供给侧结构性改革是针对供给结构不适应需求结构变化的结构性矛盾而产生的全要素生产率低下问题，所进行的结构调整和体制机制改革，可以拆解为"供给侧＋结构性＋改革"，问题突出表现在"供给侧"，问题的本质和根源是"结构性"矛盾，问题解决的办法是"改革"[4]。供给侧结构性改革的主要理论基础是供给学派学说。供给学派是兴起于美国的一个新自由主义经济学流派，其主要观点是在市场供给与需求关系中，供给是主要方面，强调让市场机制自行调节经济。作为供给学派的典型实践，里根经济学和撒切尔主义分别采用减税和国有企业改革等措施帮助经济走出衰退的泥淖，这表明，推进供给侧结构性改革不是不要投资，而是要有效投资；不是不要需求，而是要适当扩大总需求，并且表明企业是供给侧结构性改革的主体[5]。其根本途径是要通过新供给创造新需求推进新消费，通过新消费倒逼新产业，这是供给侧结构性改革的核心要义。

我国供给侧结构性改革主要针对经济结构化平衡问题及经济机制失效问题，包含以下两个方面：一方面，供给侧结构性改革是为解决我国现存经济问题而采取的主要措施；另一方面，改革的类型是渐进式的，主要是对现存制度的完善和改进。改革的侧重点无疑是从供给侧提出解决方案，但这不代表完全忽略需求侧，二者相互合作、相辅相成。供给侧结构性改革的实质主要是通过转变经济发展的模式来改善供给侧结构并培育新的增长源泉和动力，提升新动能取代旧动能的速率，使得供需双侧的契合程度得到最大化提升，以此来促进和实现经济高质量与高速度发展，以保障群众的需求都得到充分满足。供给侧结构性改革的重点主要是解放和发展社会生产力，用大力改革的方式推动经济结构的调整，减少低效和无端的供给，提高并扩大高质量与高效率的供给[6]。我国是社会主义国家，实行以公有制为主体的社会主义市场经济制度，供给侧结构性改革正需要坚持以马克思主义为指导思想，坚持以人民的需求为改革导向，不断完善社会主义市场经济体制。

虽然供给侧结构性改革的理论本意是通过体制机制改革激发创新活力，通过创新提高全要素生产率，进而提高潜在的经济增长率，保证中国经济高速稳定发展。但体制机制并不能直接带来经济增长，而是要作用于对经济增长有实际贡献的改革主体，因此供给侧结构性改革的体制机制改革重点要解决的是区域、产业和企业3个层面的改革问题，而所有改革最终的落脚点都在企业层面。

在企业层面表现突出素质结构不合理问题。例如，优质企业数量不够，造成生产要素不能集中配置，产品结构无法适应消费结构变化，个性化、高复杂性、高附加产品的生产力不足，相对于其提供的产品和服务价值而言，企业生产成本还比较高。这些问题累积到行业层面就变成了国际产业链分工地位有待提升，产业融合程度有待进一步提升，亟待从低附加值向高附加值环节转型升级。行业结构高级化程度不够，产能过剩问题突出。累积到区域层面就是生产要素在国内配置还不合理，国际化的程度有待提升，全球供应链有待改善，生产要素区域配置还不能充分利用区域比较优势，区域分工合理性有待进一步提高，不同区域之间生产要素的自由流动还没有实现，区域制度需要进一步完善。

而企业、产业和区域层面的供给结构问题，可以简单理解成企业供给问题堆砌起来成为产业问题，而要素和产业在不同区域间的分布变成了区域层面的供给结构问题，因此无论是区域层面问题还是产业层面问题，归根结底都是企业层面问题，解决问题的根源也在于解决企业层面问题。例如，生产要素结构性矛盾问题，长期以来，我国经济增长主要依靠低成本要素驱动，基于低成本的劳动力、资金和技术要素形成的企业和产业供给能力自然也是低端的，近年来，这种低成本的要素驱动型增长动力结构，越来越不适应经济发展的需要。

但国内外学者对供给侧结构性改革的相关理论研究主要集中在国家制度机制层面，或区域层面和产业层面，而对企业层面尤其是下沉到某个行业企业层面的非常少，导致企业大量现有的优秀实践得不到总结、凝练、提升，并固化为理论传播开来，也缺乏适应现有改革变化，针对未来改革机制、路径和策略的研究，企业被迫只能"摸着石头过河"式地推进改革。

（4）企业实践背景

供给侧主体一般指的是国民经济供给主体，是商品与服务的提供方。制造企业就是按照市场要求，经过生产制造过程，将生产要素投入转化为可供人们使用和利用的工业品及消费品的企业，因此制造企业天然就是供给侧主体。制造企业积极推进供给侧结构性改革，推动了企业自身转型升级，取得了阶段性成果。

第一，努力消除无效供给，着力扩大有效供给。一方面，制造企业兼并重组淘汰"僵尸企业"，加快释放错配资源，淘汰落后产能。例如，天津客车装配厂作为一个在20世纪有2000多名职工的老国企，2013年在岗职工已经不足100人，生产效率低下，被列为"僵尸企业"。2013年，其利用大客车生产资质通过与深圳比亚迪公司合资成立天津比亚迪汽车有限公司。到2016年，天津比亚迪汽车有限公司产值高达9.1亿元，上缴天津政府税金2100多万元，可分配利润达到3300万元。天津客车装配厂通过兼并摆脱了"僵尸企业"的帽子，实现了从连年亏损到年年盈利的飞跃。另一方面，制造企业主动"走出去"助力去产能，随着我国"一带一路"倡议提出，我国企业通过国际产能合作缓解产能过剩的压力。例如，山东省如意集团就在5个国家建立了纺织制造业产业基地，形成了完整的毛纺服装产业链和棉纺印染产业链，有效缓解了企业产能过剩的现状。

第二，降成本去库存。部分制造企业利用"互联网+制造"使用"供应商—企业—客户"同平台模式进行快速健康的去库存，同时企业将去库存提高到战略高度并建立了整个供应链协同机制，让全球供应商报价与竞价，形成了良性竞争，从根本上消除了整条产业链上的库存；更多的制造企业也通过提高产品开发的可靠性降低库存，以及部分制造企业也主动引入第三方物流支持或开展独立的物流业务，有效降低了仓库、物流的风险，进而提高了库存周转率和资金周转速度，同时降低了运营管理的费用，避免形成不必要的库存浪费。众多制造企业进行了智能化改造，同时也采用了先进的成本管理系统软件，强化自身成本管理意识，从而降低成本。

第三，增强自主创新能力，填充核心竞争力。部分企业建立产学研深度融合体系，有些企业建立海内外制造企业创新研发中心，如图1.6、图1.7所示。与世界500强制造企业、国内外研发机构等相互协作，同时加大研发经费投入，为自主创新提供强大后盾。一部分企业如华为、横河电机等建立产学研深度融合体系使高校的人才培养能更加适应社会企业的需求，以高素质的专业人才来满足行业内的转型需求，完善中国科技人才整体储备。通过产学研的深度融合，努力攻克制造企业发展的关键核心技术，弥补了发展缺少核心技术支撑的短板。

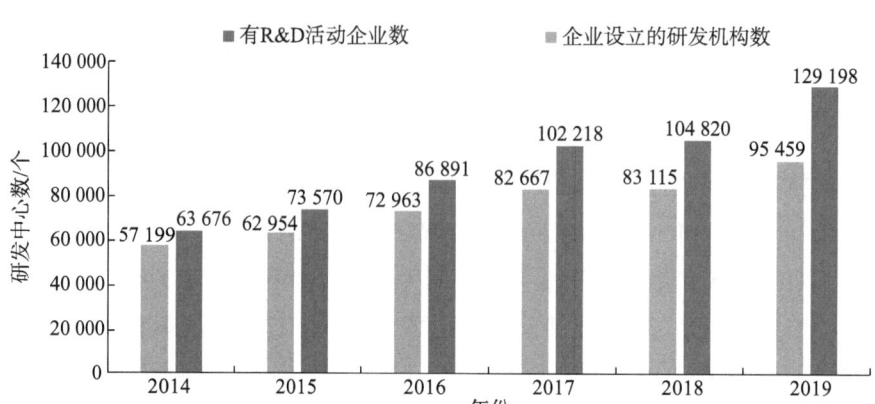

图 1.6　2014—2019 年制造企业创新研发中心数

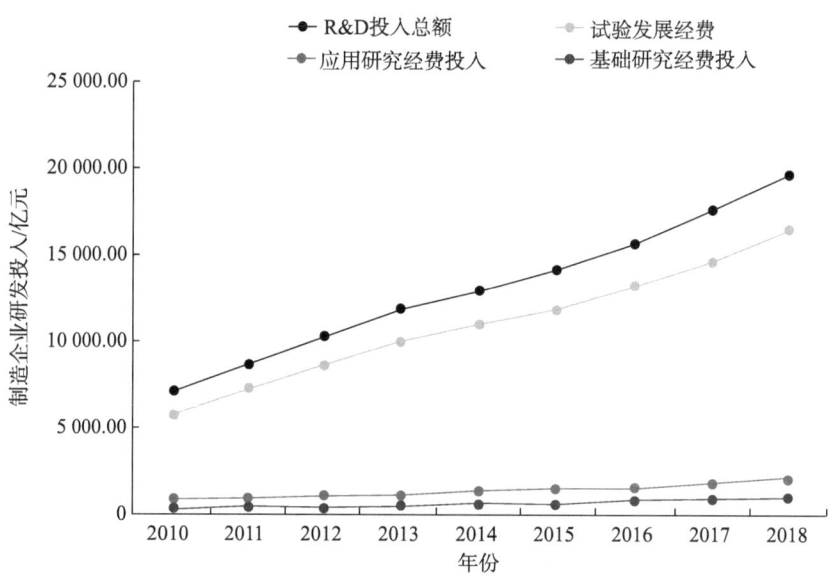

图 1.7　2010—2018 年制造企业研发投入

第四，提升制造企业高价值链和综合竞争力。当前，在"互联网+"加持下，以新一代技术为主要驱动力的数字化浪潮蓬勃兴起，制造企业积极响应国家供给侧结构性改革进行数字化转型。冀东水泥、安徽合力等企业积极拥抱数字化，围绕"智能机器+云平台+应用APP"功能架构，加快"平台提供商+用户"的生态资源整合步伐，构建基于互联网平台的产业生态，推动制造企业高质量发展，完善供应链，提升企业核心竞争力。

值得注意的是，随着五大理念等政策提出，企业对于绿色制造愈加重视，在这方面进行了一些尝试，将"互联网+"和绿色制造有机结合在一起，将绿色的概念融入企业生产经营的每个环节，通过绿色生产、绿色供应链、绿色财务核算、绿色营销及绿色管理体系等提升制造企业绿色竞争力。绿色生产方面，康佳电子等制造企业大幅度推行"绿色计划"，对企业生产工艺进行了改造，实现了无铅化、无污染、无害化生产，对其关键设备进行了绿色升级，实现了清洁生产，提高了资源利用率。绿色供应链方面，许多制造企业采用了集采购、设计、物流、销售等为一体的绿色供应链的管理，如富士集团绿色采购体系的建立、通用汽车绿色供应链管理的建立，使得整个供应链的能耗和排放有所下降，普惠公司在产品开发时采用了产品周期分析工具，如此一来，减少了材料和能源的使用，使企业绿色竞争力得以提高。在绿色财务核算方面，我国部分跨国制造强企在公布年报时，也同时公布了企业绿色年报，并指出在环境方面的投入和收益。绿色营销方面，无论是北大方正绿色电脑概念的提出，还是国产多款环保手机的推出等，无一不使企业绿色形象有所提升。我国制造企业通过多种方式对企业绿色竞争力的培育，对提升我国制造企业高价值产业链有着强大的助推力。

综合来说，制造企业在供给侧结构性改革过程中参与度高、涉及范围广、与"互联网+"融合较好，我国的经济发展已由高速增长转入高质量发展，步入平稳发展阶段。部分如航空航天、铁路船舶领域实现了从无到有，从跟随到领先的飞跃。"互联网+"对绿色制造、绿色创新、绿色发展等理念的落实起到了重要促进作用，制造企业整体上逐渐实现"中国制造"向"中国智造"转变。但不可忽视的是我国制造企业仍有很大进步空间，各方面都存在不足之处，仍需深化供给侧结构性改革，推进制造企业转型升级。

（5）"互联网+"背景

1）互联网及互联网经济发展现状

"十三五"期间，我国互联网基础设施全面覆盖、网民规模稳步增长、数字经济繁荣发展、高新科技加快探索、网络治理逐步完善，网络强国建设取得了历史性成就，也在新冠肺炎疫情防控中发挥了重要作用。

中国互联网络信息中心（CNNIC）发布的第47次《中国互联网络发展状况统计报告》指出，"十三五"期间，我国互联网发展迅速，截至2020年12月，我国网民规模达9.89亿人，较2015年12月增长3.01亿人，互联网普及率达 70.4%。同时，在政策指引下，我国数字经济规模从"十三五"初的 11 万亿元，增长到 2019 年的 35.8 万亿元，如图 1.8 所示。其占 GDP 的比重超过 36%，对 GDP 的贡献率达 66.7%。数字经济为我国经济实现高质量发展开辟了新局面。

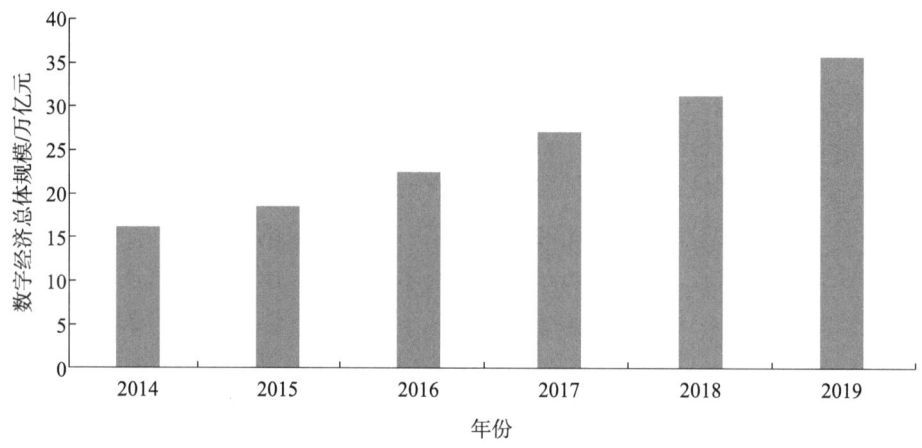

图 1.8　2014—2019 年中国数字经济总体规模

2)"互联网+"改变了要素配置方式，提升了企业的生产效率

随着技术不断进步，"互联网+"顺势成为资源配置优化新工具，其主要作用于生产方式变革和组织方式变革两个方面，显著提升了企业生产效率。

① 生产方式变革方面。"互联网+"衍生出智能制造、大规模个性化定制、网络化协同制造和服务型制造等新型生产模式。智能制造理念要求制造过程的各个环节与云计算、大数据、物联网和移动互联网等深度融合，实现生产、诊断和执行的自动化。大规模个性化定制则在满足客户需求的基础上发挥规模经济优势，从而降低生产成本。网络化协同制造要求实现供应链上企业产品设计、制造、管理和商务等的合作，进而提高整个产业链的资源利用效率。而服务型制造则要求制造企业通过向产业链上下游环节拓展，不断增加服务要素在投入和产出中的比重，向制造服务和产品服务转型，进而拓展盈利空间、塑造竞争优势。

② 组织方式变革方面。"互联网+"背景下，制造企业内部结构趋向扁平化，层级观念逐渐淡化，信息化管理水平不断提升，伴随着互联网平台、物联网等技术的应用，制造企业信息传递效率得到了显著提升。一方面，在

企业内部，制造企业可以对各类数据资源进行整合，提高管理效率；另一方面，新技术的应用也促进了信息资源在上下游企业之间的传递。

3）"互联网+"改变了企业的价值创造方式

全球科技和产业变革不仅会重塑全球经济结构，而且会颠覆企业价值的创造方式[7]。"互联网+"背景下，制造企业价值创造呈现出一系列新特征。制造企业价值创造的载体首先发生了改变，传统的价值链一般都是以制造企业资源或是经验的单一维度来实施价值创造，而"互联网+"背景下的价值商店和价值网络等价值链更强调了消费者群体的重要性。

工业经济时代制造企业的活动包括基本活动和辅助活动两类，而在"互联网+"时代，服务主导逻辑逐渐取代了商品主导逻辑，传统的价值创造方式逐渐失去活力，技术和市场虽仍作为关键要素，但更注重价值创造与客户的联系。同时，企业与网络实体间互动的重要性凸显，制造企业在网络中担任起制造服务集成商，通过与其他主体的互动实现价值共创。

4）"互联网+"改变了企业的创新方式

在"中国制造"向"中国创造"改变和跨越时，"互联网+"与中国制造深度融合，促进了制造企业创新发展。首先，解决生产问题是制造企业进行技术研发的出发点，而科研机构则脱离现实生产需求，更注重探寻基本规律，这就造成了制造企业和科研机构的"脱节"，"互联网+"为两者进行沟通协作提供了平台，通过提高两者之间的活动匹配度提高企业创新效率。其次，"互联网+"背景下，创新活动进入壁垒降低，创新主体也逐渐多元化，消费者也被纳入创新活动。随着激烈的市场竞争，组织创新的复杂性和难度不断提升，封闭式创新模式已无法满足企业需求，中国企业正积极构建开放式创新体系，充分利用创新资源，从而提高创新成功率[8]。最后，"互联网+"可以通过降低企业交易、代理与治理成本促进制造企业创新[9]。

5）"互联网+"助力制造企业供给侧结构性改革

供给侧结构性改革是我国为了解决经济发展中存在的各种新问题，适应和引导经济发展新常态，促进我国经济从高速增长阶段转向高质量发展阶段而提出的重要决策。"互联网+"既是推动供给侧融合创新的动力，又是连接供给侧与需求侧的重要纽带，是供给侧结构性改革的强劲助力。首先，"互联网+"服务于整个产业链，使各项资金、人才、信息等因素可以在产业链上快速流动，加快传统产业更新换代，构建新发展模式，提高制造企业核心竞争力和创新能力，催生制造业高端产能。其次，"互联网+"有效解决了信息不对称等问题，在制造业产业链条上构建起畅通的信息通路，帮助制造企业严格控制产能，降低管理成本，防止产生冗余产能。同时，"互联网+"能够帮助制造企业准确对接需求，制订生产计划，也可以达到降低成本的效果。

总体来说，通过"互联网+"技术，能够打破信息不对称，从而提升产品品质与服务质量，使供给更好地满足需求，增加需求量；通过淘汰落后产能释放更多资金、人才、企业，实现更好的资源调配，实现按需配置资源；通过技术进步来提升效率和降低成本，最终实现供给侧结构性改革目标。

1.1.2 研究问题

制造业作为我国经济发展的主要支柱产业，是兴国之器、立国之本和强国之基，但我国是制造大国而并非制造强国，从制造业增加值率、生产劳动力、核心技术拥有情况来看，一流制造企业数量较少，问题突出表现在"供给侧"。我国多数制造企业仍处于国际制造产业链低端，与信息化融合度较低，制造服务化程度不够完善导致高端有效"供给"不足，问题的本质和根源恰恰是"结构性"的。而"互联网+"背景下，制造企业外部环境剧烈变化，既对制造企业解决供给侧结构性问题的"改革"提供了新的支撑环境，也为"改革"提供了新动力。因此，"互联网+"背景下制造企业如何实施供给侧结构性改革问题，就成为企业、行业和政府都亟须研究探明的问题。

首先，制造企业实施供给侧结构性改革的最大特征是"为需求而制造供给"，要分析当前制造企业发展健康程度和未来改革重点方向，也需要从"供给"和"需求"这两个既对立又统一的方面入手，因此制造企业供给侧结构性改革问题，便是"供给"和"需求"两方面和谐统一的改革问题，实现"供需匹配"就成了企业供给侧结构性改革，与政府、区域和产业供给侧结构性改革的最大区别。其次，制造企业供给侧结构性改革仍然是企业自身经营决策问题，需要依靠市场机制来解决问题，与国家层面的供给侧结构性改革和政府层面的供给侧结构性改革，虽有紧密联系，却有重大区别，不能够通过从上到下、从内到外地依靠同一种改革机制和改革路径来推进实施。

最后，关于供给侧结构性改革的研究成果多集中在国家供给侧结构性改革层面，但国家层面路径和机制很难直接转换为企业可以用来分析问题和解决问题的有效路径，因此需要从理论层面针对制造企业供给侧结构性改革问题进行深入剖析，将经济学的要素配置和供给结构优化问题，转变为管理学的供需交易和企业改革转型问题，指导企业把握国家政策的关键，切准自身改革关键问题。更需要从实践层面指导制造企业供给侧结构性改革，把握实施的关键，探索出适合企业实施的有效路径。

1.2 研究意义

在经济新常态下，制造企业供给侧结构性改革，是制造业稳增长、调结构和促转型的必然选择。因企业的供给侧结构性改革改的是企业自身，每一项改革既关乎利益，又能通过市场检验，因此研究制造企业供给侧结构性改革路径问题具有非常重要的现实意义。

（1）有助于厘清制造企业供给侧结构性改革的理论逻辑

制造企业供给侧结构性改革的范围，与产业供给侧结构性改革和行业供给侧结构性改革一脉相承，但其改革范围、内容、主体、利益、方式和路径都与前二者有着本质区别，远超出一般意义上的结构性调整，因此，研究制造企业供给侧结构性改革路径，有助于在国家供给侧结构性改革范畴内，综合制造产业、行业两个层面供给侧结构性改革理论成果，将改革理论进一步延伸至企业层面，并为企业层面改革的政策解读和实施方案设计提供理论基础，也为制造企业供给侧结构性改革的实施路径找到理论根据和理论逻辑。

（2）有助于制造企业供给侧结构性改革顺利实施

自从供给侧结构性改革这一举措被确立实施之后，各界就从不同的角度对其进行了解读，其中不乏很多国家层面、产业层面和行业操作层面的改革举措和政策建议，但缺乏针对企业的具体改革问题相关实施策略。依据国家供给侧结构性改革的目标，分解制造企业具体改革目标，并使得二者和谐统一，在目标导向下找到制造企业实施改革的关键路径，使得供给侧结构性改革与企业原有改革协调统一，既有助于制造企业贯彻国家供给侧结构性改革举措，又有助于制造企业借势供给侧结构性改革实现企业变革跳跃式发展。实现制造企业改革创新，既能提高投入要素生产率，又能创造高端新产品，满足新市场需求，赢得可持续发展。

（3）有助于提高制造企业国际竞争力

"互联网+"的发展为我国制造企业弯道超车提供了机遇，研究"互联网+"背景下的供给侧结构性改革路径，有助于提升其国际竞争力。"互联网+"背景下的改革路径研究，有助于制造企业在国内国际双循环发展格局下，创新"互联网+"商业模式，完善供应网络，降低成本。也有助于制造企业认清技术劣势，发挥后发优势，创新发掘行业高端技术和产品专利，弥补制造企业高价值制造不足的短板，提高供给质量，提高品牌知名度和价值。尤其是在大数据、人工智能、移动互联网和云计算等高技术融合加持下，转变传统制造方式，以需求为出发点，走定制化、个性化的高价值制造之路，实现国际市场"供需匹配"，提高制造企业国际市场竞争力。

（4）有助于改善制造企业绿色可持续发展能力

通过供给侧结构性改革加大绿色供给，保人民绿水青山，实现中华民族永续发展，满足人们的物质文化和生态环境需求，也是供给侧结构性改革的最终目的。制造企业供给侧结构性改革路径研究，有助于将制造企业掌握经营活动过程和结果的"绿色化""生态化"途径，以提供高质量绿色供给为主攻方向，实现制造产品加工流通由过度依赖资源消耗向追求绿色生态可持续发展转变，由主要满足量的需求向更加注重满足质的需求转变。"互联网+"背景下的供给侧结构性改革路径研究，能发挥"互联网+"对制造企业节能环保生产的促进作用，进一步促进制造企业深化补齐绿色改革短板，调整产业结构，优化产能，引进绿色制造技术，提升制造企业绿色竞争力，提升制造企业绿色可持续发展能力。

（5）有助于完善供给侧结构性改革理论体系

很多学者对供给侧结构性改革理论进行探索研究，有中国特色供给侧结构性改革理论研究[10-11]，探究了中国供给侧结构性改革的理论逻辑与实施路径[12]；也有不同行业的供给侧结构性改革研究，如农业[13]、工业和文旅产业供给侧结构性改革研究[14]，但企业层面供给侧结构性改革很少[15]。运用战略管理、供应链管理和价值网络等理论，对制造企业在"互联网+"背景下供给侧结构性改革路径进行研究，研究企业改革层面的问题，以及研究企业供给侧结构性改革可行路径和关键路径等问题，有助于完善供给侧结构性改革企业层面理论研究，使得供给侧结构性理论体系在国家、产业或行业和企业3个层面统一完备，既能丰富该理论体系，又能使得理论与实践结合更紧密，更能使企业实践反过来充盈理论体系。"互联网+"背景下的供给侧结构性路径研究，不仅能丰富中国新供给经济学理论和供给侧结构性改革理论，更能实现新供给经济学理论、网络经济理论和价值共创理论的交叉融合创新。

1.3 研究内容

将制造企业作为供给侧结构性改革重要实施主体，在"互联网+"背景下，从为什么，是什么和做什么3个角度，研究制造企业供给侧结构性改革理论逻辑和路径，即研究制造企业为什么需要供给侧结构性改革路径？改革关键路径有哪些？改革关键路径如何实施？这3个问题主要内容如下。

（1）为什么：改革实践背景及理论逻辑（第1、第2章）

第1章绪论，将从制造企业供给侧结构性改革视角，梳理经济环境背景、改革政策背景、理论背景、企业实践背景及"互联网+"背景，确定研究问题、研究意义、研究内容、研究思路与方法、研究创新等，阐明研究制造企业供给侧结构性改革路径的理论逻辑和必要性，明确本书的研究价值与理论贡献。

第2章理论基础，将综述供给侧结构性改革、供给需求双侧理论、价值共创理论及相关研究成果，明确供给侧结构性改革路径的概念与内涵，为后文的研究夯实理论基础，也为"互联网+"背景下改革可行路径提出、改革关键路径识别及深化改革路径的政策策略提出提供理论依据。

（2）是什么：改革的关键路径是什么？（第3、第4章）

第3章制造企业供给侧结构性改革目标与可行路径，将从改革目标和部分实践成效视角，确定制造企业供给侧结构性改革的可行路径。其中改革目标分为短期脱困目标和长期供需匹配目标，可行路径选择的依据主要有理论依据、政策依据、实践成效依据，确定了去产能路径、去库存路径、去杠杆路径、降成本路径、补短板路径和价值共创路径等可行路径集合。

第 4 章"互联网＋"背景下制造企业供给侧结构性改革关键路径，在第 3 章可行路径集合的基础上，检验不同路径对实现改革目标的影响，确定出改革关键路径。首先，采用实证分析方法，分析可行路径在企业改革意愿对脱困目标影响关系中的中介作用，识别出改革关键路径，并检验"互联网＋"的调节效应。其次，在"互联网＋"背景下，梳理总结价值共创对供需匹配的促进机制，构建"供应商—制造企业—客户"的价值共创对供需匹配的影响模型，实证检验分析价值共创是否对供需匹配有正向促进作用，识别价值共创路径是否为实现供需匹配目标的关键路径。

（3）做什么：改革关键路径如何具体实施？（第 5 至第 8 章）

第 5 章"互联网＋"背景下制造企业供给侧结构性改革的去产能路径，在"互联网＋"使新产能转移变得可行的基础上，探究去产能路径，提出产能退市、产能转移和产能升级的 3 种不同产能转移路径举措。首先测算我国制造业各个分行业产能利用率，诊断产能过剩情况。并以产能转移为重点，在同时考虑产能转移内生、外生动力的情况下，确定国际和国内可行的产能转移路径。国内转移路径方面，还通过对转移之后的所有转出地和承接地的产能利用率进行测算，找到最优转移方案，在确保全国各行业产能利用率都得到提升的基础上，保证转出地和承接地产能利用率也得到提升，确保企业产能转移有的放矢，实现提高产能利用率而去过剩产能的目的。

第 6 章"互联网＋"背景下制造企业供给侧结构性改革的补短板路径，针对制造企业高价值制造和绿色竞争力两个短板展开研究。第一，补高价值制造短板路径，在"微笑曲线"理论及高价值制造现状分析的基础上，探究制造企业高价值制造短板存在的原因，提出补高价值制造短板措施，为实现制造业企业"互联网＋"制造转型、从"微笑曲线"低端环节向高端环节跃迁提供实施路径。第二，补绿色竞争力短板路径，在阐明绿色竞争力是区域内产业内均衡发展的基础上，拟利用制造企业绿色竞争力的空间集聚效应来增强不同区域间制造企业的绿色竞争力，实现制造企业绿色竞争力集聚共同发展。首先构建含"互联网＋"相关指标的区域内制造企业绿色竞争力评价指标体系，确定各指标的权重及关联性，验证所构建的区域企业绿色竞争力指标体系的合理性；再对区域制造企业绿色竞争力进行测算，评价区域内制造企业绿色竞争力水平；最后分析各区域制造企业绿色竞争力是否存在空间集聚效应，并基于集聚效应的辐射带动作用，提出促进区域制造企业绿色竞争力均衡发展、企业通过"互联网+"的有效应用促进绿色竞争力发展的建议。

第7章"互联网+"背景下制造企业供给侧结构性改革的价值共创路径，针对制造企业自身改革特点及供需匹配目标，研究制造企业在价值网络中价值共创路径。基于服务化程度和互补性资源整合程度两个维度，研究制造企业、客户和供应商多方的价值共创水平评价问题。利用粗糙集方法建立规则，以上市及非上市制造企业作为样本企业，进行价值共创水平评价，检验评价规则的有效性和准确性。研究得出价值共创水平的4个阶段，并分析每个阶段的特点、适用范围、优缺点及价值创造方式，给出价值共创水平提升路径和举措，为制造企业实现供需匹配的价值共创路径实施提供实践性指导。

第8章制造企业供给侧结构性改革的政策优化及策略建议，依据制造企业供给侧结构性改革目标、改革关键路径、深化关键改革具体举措的需要，从政府角度提出制造企业供给侧结构性改革的引导政策和制度保障机制、从制造企业角度提出有效落实与推进供给侧结构性改革的策略，为制造企业和制造业转型升级提供策略建议，破解制造企业供给侧结构性改革实施路径政策与策略难题。

1.4 研究思路与方法

依据"为什么—是什么—做什么"的研究逻辑[11]，以制造企业供给侧结构性改革的"改革目标分类—改革可行路径确定—改革关键路径识别—改革关键路径实施—政策策略提出"为总体研究思路，先对制造企业供给侧结构性改革的目标进行分析；再依据不同改革目标，探索主要可行改革路径集合，实证分析检验各个路径对改革目标实现的影响程度，确定改革关键路径，并对关键路径如何实施进行深入研究得出具体实施方案及举措；最后提出政府保障政策和企业实施策略（图1.9）。

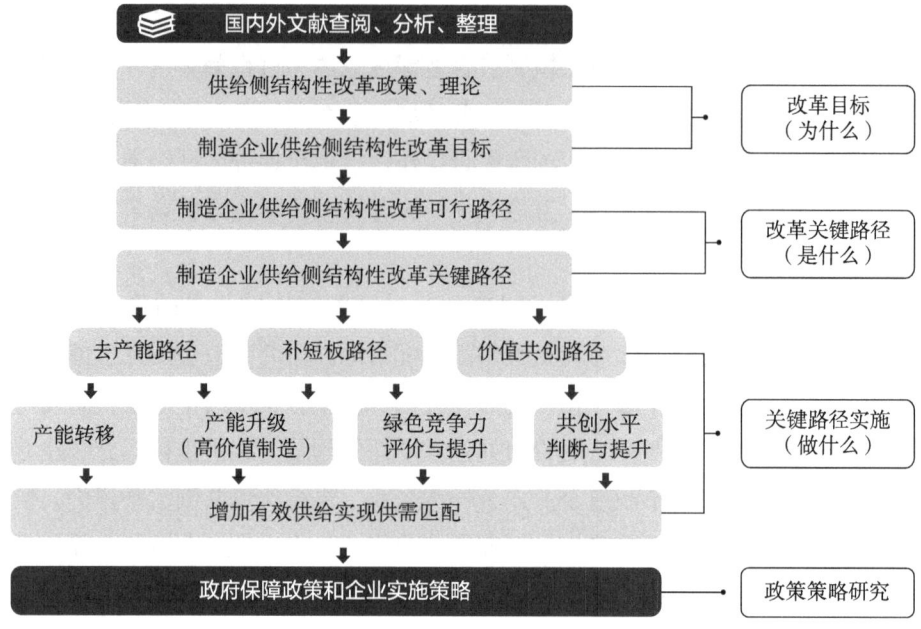

图 1.9　研究思路

采取具体研究方法包括文献分析法、理论分析法、归纳分析法、实证研究法及演绎推理法。

① 文献分析法。文献资料和数据的收集、处理、分析，收集有关供应侧结构性改革和价值共创相关的文献和信息，及时掌握国际国内该领域的最新动态和成果，便于同国内外先进研究进行比较，保证本论文的研究水平。

② 理论分析法。通过借鉴供应侧结构性改革相关学科（政治经济学、供需双侧理论、产业组织理论、供应链管理、营销学、战略管理、价值网络等）的理论，对制造企业供给侧结构性改革的相关理论进行梳理和融合研究，对相关研究问题和研究方法进行理论解析。

③ 归纳分析法。通过对同类经济现象的观察和思考，对其进行归纳总结，提炼共同规律。

④ 实证研究法。选择对问题研究具有代表性的制造企业及其供应商和客户，通过实际调查和定量实证分析，研究制造企业供给侧结构性改革可行路径与关键路径、产能优化，以及有效供给增加等相互作用机制。

⑤ 演绎推理法。在理论模型构建和数理分析模型构建及模型分析和推导过程中，主要采用了演绎推理法。

1.5　研究创新

本书研究创新之处体现在以下几个方面。

① 找到了供给侧结构性改革和企业经营的共同目标"供需匹配",理顺了制造企业供给侧结构性改革的理论逻辑。研究坚持制造企业供给侧结构性改革的最终目的是增加有效供给并实现"供需匹配"这一观点,需求侧是供给侧结构性改革的出发点也是落脚点,制造企业"供需匹配"的供给侧结构性改革,符合企业切身发展需要和国家总体需求,具有一定的理论突破意义。

② 阐明制造企业供给侧结构性改革的不同目标与路径关系,探明了制造企业供给侧结构性改革的可行路径,并探清了改革路径之间的关系,识别出了改革关键路径,回答了制造企业供给侧结构性改革路径的理论逻辑问题,即为什么需要供给侧结构性改革路径?供给侧结构性改革关键路径是什么?关键路径上具体做什么?这3个关键问题。将供给侧结构性改革理论在制造行业和企业层面延伸,以增强供给侧结构性改革理论的实用性。

③ 提出了制造企业去产能的独特路径,主要以"互联网+"背景下的产能转移和产能升级(补高价值制造短板的一部分)为主,以淘汰产能落后的僵尸企业为辅。制造企业自身很难淘汰自己或淘汰还能创造价值的落后产能,从全行业视角探索产能过剩情况、产能转移及升级优化方法;指导制造企业认清产能过剩现状,向国际国内转移有需求产能;通过高价值制造升级部分产能,坚决依据市场调节功能去极度落后产能是制造企业去产能的3项主要举措,有别于简单粗暴的去僵尸企业改革方式,可大幅提高制造企业供给侧结构性改革的积极性和方案的可行性。

④ 确定了制造企业实现供需匹配的改革关键路径,"互联网+"背景下的价值共创路径。从企业战略管理、供应链管理角度构建"供应商—制造企业—客户"多方参与的价值网络,研究制造企业价值共创水平的判断标准,并通过实证分析验证标准的有效性,在判断部分企业价值共创水平的基础上,为不同企业价值共创水平的提升指明实施路径。这不仅能延伸价值共创的主体和研究视角,进一步推进价值共创的理论研究,还能丰富网络经济理论,实现价值共创理论和供给侧结构性改革理论融合创新。

2 理论基础

第 1 章详述了制造企业供给侧结构性改革的理论背景和实践背景，提出了重点研究的 3 个问题。接下来的第 2 章，我们重点从供给侧结构性改革相关理论在制造企业中的延伸与拓展、制造企业供给侧结构性改革实现供需匹配目标及"互联网+"背景下制造企业价值共创 3 个方面，对相关理论和研究进行综述，为后继研究奠定理论基础，找到该研究的理论突破口，阐明该研究的意义。

2.1 供给侧结构性改革路径的概念与内涵

西方国家对供给侧结构性改革的探讨在 20 世纪 70 年代较为集中[16]，彼时西方国家经济面临滞涨，将政府干预需求从而实现调控的政策置于困境：在经济滞涨的背景下，继续刺激需求侧会使通货膨胀进一步加剧，而紧缩货币政策以遏制滞涨则会导致经济进一步下滑[17]。此时，供给学派开始登上历史舞台，供给学派的学者认为滞涨的出现不是因为有效需求的匮乏，而是源于经济体忽略了高层次需求的供给[18]。想要企业创造高水平的供给，就需要减轻其负担，激发其潜力，其中最行之有效的方式就是减税[19]。美国经济学家拉弗提出的拉弗曲线（图 2.1）丰富了供给学派理论的减税理论：政府的税收行为有一个最佳税率，如果超过这个临界点，企业的生产积极性将逐步走低，使得税基减小，尽管从政府短期税收的视角来看得不偿失，但从长远来说减税能够刺激企业加大生产力，在政府税收增多的同时企业也能够拥有更多资源被投入技术和产品创新方面[20]。里根政府是供给学派的拥护者和实践者，在 20 世纪 80 年代实施了以减税降负为基础的供给侧结构性改革调控[21]。

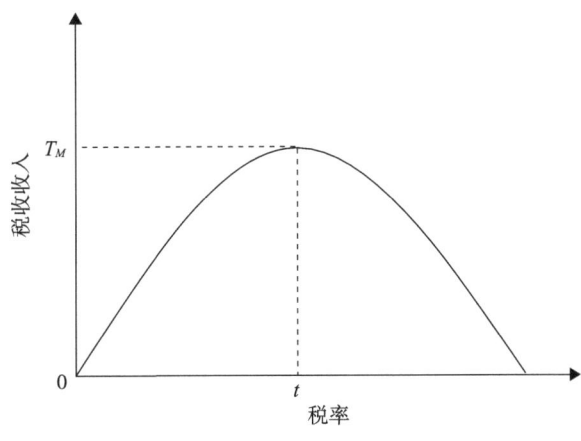

图 2.1 拉弗曲线

必须承认，西方供给学派思想支撑的政策实践对解决西方资本主义国家遇到的滞涨问题确实有一定的成效，但其中部分政策并没有达到应有的预期，如减税政策造成了收入阶层之间原本的收入差距越发扩大。降低国家和政府干预的程度，西方资本国家推行的经济自由主义难以解决供给过剩的市场失灵问题，也无法调和资本主义市场经济背景下社会大生产和生产私有制的根本矛盾。因此，我们要辩证对待西方供给学派的理论，取其精华去其糟粕，正确运用理论中给出的供给和需求管理政策，在我国的改革实践中吸纳相对合理的内容。

中国的供给侧结构性改革在逻辑层面与西方国家有着本质区别（图 2.2），不能混为一谈，将我国的供给侧结构性改革看成西方供给学派的翻版是错误的。首先，宏观经济背景不同。中国经济逐步迈向了发展新常态，经济仍然处于中高速增长的局面，没有出现西方国家之前面临的滞涨问题[22]。发展供给侧结构性改革，是通过体制机制变革等生产关系调整，进而在更大程度上解放生产力。其次，政策重点与核心逻辑不同。西方供给学派的政策重点是为企业降低税负，而我国供给侧结构性改革的基石是从问题导向出发，深化改革，减税在整个改革工作中只占一小部分[23]。最后，改革目标与实施方式不同。西方供给学派的目标是经济自由化，需要政府尽全力消除所有形式的干预行为，而中国经济存在的矛盾是结构性矛盾，是生产力与生产关系不相匹配的矛盾[24]。生产力和生产关系之间的问题属于马克思政治经济学的范畴，二者有着辩证且统一的关系[25]。从这个角度看，我国的供给侧结构性改革是为了优化和调整生产关系从而更加匹配生产力向前迈进。因此，我国供给侧结构性改革的目标是优化供给侧体系、质量和效率，实施方式则是优化政府与市场之间的关系[26]。

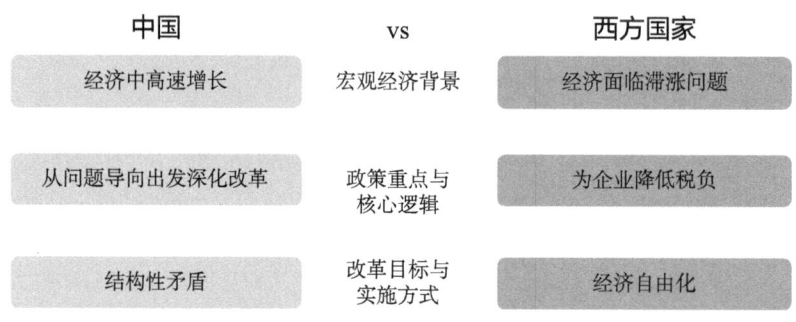

图 2.2　中西方关于供给侧结构性改革概念对比示意

习近平总书记在 2016 年两会期间关于供给侧结构性改革的重要讲话中强调，"供给侧结构性改革的重点是解放和发展社会生产力，用改革的办法推进结构调整，减少无效和低端供给，扩大有效和中高端供给，增强供给结构对需求结构的适应性和灵活性，提高全要素生产率"①。这一权威解读具有鲜明的问题导向，给出了我国供给侧结构性改革的"问题—原因—对策"逻辑路线[27]，即当前我国宏观经济面临的最主要问题是供给侧有效供给不足、无效低端供给过剩，从而导致全要素生产率低下[28]，产生这一问题的本质原因在于体制机制问题束缚了生产力，导致我国的供给结构不能适应需求结构的矛盾，解决对策在于用体制机制全面深化改革的办法调整结构、化解结构性矛盾，最终实现解放和发展生产力，提高全要素生产率的宏观经济调控目标[29]。

基于上述分析，本书将供给侧结构性改革的概念界定为：基于我国经济增长下滑愈发严重的背景，全面深化改革，优化生产力和生产关系中的供给侧体系、质量和效率，以转变经济发展方式为核心，助力创新驱动助力全要素生产率的提升[30]。由此可知，供给侧结构性改革过程的一项长期任务是通过合理改善制度，突破体制阻隔释放市场活力。供给侧结构性改革的核心要义是通过新供给创造新需求，通过新需求推进新消费，通过新消费倒逼新产业[31]。此外，作为供给侧结构性改革的主体，企业之间的交易成本过高是导

---

① 摘自《习近平新时代中国特色社会主义思想基本问题》第八章第二节。

致有效供给不足的主要原因之一。因此,减少企业制度交易成本,如各项税费、筹资与融资成本等,不仅能够为降低企业杠杆程度提供帮助,还能提高供给效率[32]。

在供给侧结构性改革概念基础上,界定制造企业供给侧结构性改革路径的概念。首先澄清企业变革概念,企业变革是指企业的人员(通常是管理者)主动对企业原有的状态进行改变,以适应企业内外环境的变化,并以某一目标或某一愿景为取向的一系列活动。企业变革管理是以变革为对象和内容的管理方法,是对期望实现的变革进行计划、组织、控制、实施等一系列的活动[33]。因此,将制造企业供给侧结构性改革路径定义为企业变革路径的一种,是制造企业为适应企业内外环境的变化,为实现供给侧结构性改革相关目标,而选择并实施的不同变革活动方案或路径。依照定义,制造企业供给侧结构性改革的路径有很多条,制造企业依据改革目标选择其中一条或几条加以实施。这样就为制造企业依据个体特征而对供给侧结构性改革实施选择不同路径,提供了理论依据。

2.2 供给侧结构性改革的理论来源

2.2.1 供给学派

西方国家的供给侧结构性改革基于传统供给经济学,早在19世纪初,西方各派经济学家就已经开始了"供给"和"需求"关系的争论。19世纪初,法国经济学家萨伊提出了著名的萨伊定律,即"供给创造自身的需求",沿用古典经济学中的思想,将最大化供给发挥得淋漓尽致[34]。萨伊定律诞生在拿破仑战争时期,彼时物价迅速攀升货币"烫手",民众手里的钱会马上用来选购商品,因此萨伊定律是当时现实生活的真实反映[35]。萨伊认为政府需要降低管制程度,减税降费,发挥调动生产要素本身的积极能力,推动需求和供给在市场水平的自主调节下维持动态平衡,并排除人为干涉[36]。

1929年开始,西方资本主义世界爆发了规模大、时间长、危害面极广的经济危机,并因此而导致了严峻的经济衰退局面,但这也推动了经济学思潮的蓬勃发展。其中,最值得一提的就是需求侧管理理论,这一理论是由英国经济学家及现代西方经济学领域的杰出人物凯恩斯提出的[37]。他曾提出这样的观点：国家不能放任经济自己运转，应该在必要时进行适当的干预，从而增强需求侧能力，进而推动经济发展，并减少国家失业状况。这一观点的提出及应用在大萧条时期非常及时有效[38]。需求侧管理理论从经济学角度证明了政府干预国家经济发展的合理之处，并创新性地提出从需求侧角度达到市场的均衡，确保有效需求[39]。

凯恩斯主义因在拯救经济危机上的绝佳表现而一直备受瞩目，该思想在第二次世界大战后的西方国家一直占主导地位[40]。但是凯恩斯主义的缺点比较明显，需求侧管理理论过于专注需求侧，人为的扩大需求会导致经济出现生产停滞、失业严重等"滞胀"局面[41]。以芒德尔、拉弗、万尼斯基等为代表的经济学家相继逐渐提出与凯恩斯主义截然不同的观点和主张，供给学派就此诞生，该学派的主要理论是政府不应当刺激需求，而应刺激供给[42]。

从供给学派的成立之初起，供给理论逐步演变为现代供给学派理论[43]。现代供给学派理论的核心内容：一是秉承传统古典政治经济学中萨伊定律的教条，极力宣扬供给会自动创造需求的观念，认为发展生产才能消除经济不均衡，实现充分就业并消除通货膨胀，并由此摸索出经济均衡的重点，应当是刺激国民收入方程式的生产方面[44]；二是针对凯恩斯主义进行批判，大力否定需求自动创造供给的假设，主张经济应当由市场自动调节，反对凯恩斯需求干预政策[45]。针对发达经济体当年出现的"滞胀"现象，现代供给学派认定供给是需求的唯一源泉，认为供给能够创造需求，只要市场机制充分发挥作用，产品就不会过剩，失业就不会出现[46]；政府不该对社会需求过度干预，这样投资就不会大于储蓄，通货膨胀也不会发生[47]。因此，极力推崇政府政策应当刺激供给，其中减税是最重要的政策主张[48]。总之，供给学派的核心主张就是以减税消除"滞胀"，实现经济总量均衡[49]。

简而言之，供给学派是兴起于美国的一个新自由主义经济学流派，其主要观点是在市场供给与需求关系中，供给是主要方面，强调让市场机制自行调节经济。作为供给学派的典型实践，"里根经济学"和"撒切尔主义"分别采用减税和国企改革等措施帮助经济走出衰退的泥淖，这表明，推进供给侧结构性改革不是不投资，而是要有效投资；不是不需求，而是要适当扩大总需求[5]。

2008年次贷危机引发金融海啸和全球性的金融危机后，以美国为首的西方各国的实际救市政策已不仅限于所谓的货币总量调节或者需求侧调节，而是以影响全局的"区别对待"的政策操作进行供给侧结构性调整,明确地对本国宏观经济实施了强有力的"供给管理"[50]。

综上所述,供给学派的理论观点主要包括以下5个方面。第一,生产的增长决定于劳动力和资本等生产要素的供给和有效利用;第二,购买力永远等于生产力,不可能由于需求不足而产生产品过剩;第三,政府不应当刺激需求,而应当刺激供给,供给是实际需求得以维持的唯一源泉;第四,生产的增长决定于劳动力和资本等生产要素的供给和有效利用;第五,主张减税,特别是降低边际税率能促进经济增长,并抑制通货膨胀。

2.2.2 马克思主义政治经济学

我国供给侧结构性改革的理论源头是马克思主义政治经济学,在实践供给侧结构性改革的路径中必须坚持以马克思主义理论为核心指导思想。马克思主义政治经济学对供给侧结构运转规律解读清晰,而供给侧结构性改革在我国的实践,正需要我们从供给侧着眼,努力化解结构性矛盾。因此,供给侧结构性改革必须要在理解和掌握我国供给侧主要经济矛盾之上才能有效实践[51],而马克思主义政治经济学主要从生产、分配、交换、消费关系和社会再生产等产品实现流程环节为供给侧结构性改革提供了坚实的理论依据[29]。

首先,马克思主义政治经济学中的价值规律理论认为,生产关系一定要适应生产力的发展规律,即要求我们要根据生产力的先进程度和发展层次决定生产关系,当生产力发生变化时,要对生产关系的实现形式或某些环节进行调整,以适应生产力的发展变化[52]。当代中国经济社会发展暴露出了许多新的问题,包括各种结构性问题突出、经济总量很大但人均产量很低、中西部城乡间贫富差距较大、环境承载力下降、基础设施不完善、社会保障不健全等,这些问题的出现表明当代中国的生产力和生产关系不匹配,两者之间甚至已经出现了极大的矛盾[53],亟须生产关系的变革。

其次,马克思主义的劳动价值理论对目前我国供给侧结构性改革问题具有极高的指导意义[54]。价值理论从生产力和生产关系的矛盾出发,给出价值创造和价值实现逻辑路径,价值形成与创造指出供给侧结构性改革的重点是供给侧,价值流通和实现指出供给侧结构性改革的运行方式,价值分配指出供给侧结构性改革的最终目的是努力使改革成果传播、共享到整个社会[55]。

最后，马克思主义政治经济学中的供给和需求之间的辩证关系是我国供给侧结构性改革的又一重要理论基础。所谓供给，是商品和服务的生产，而需求是商品或服务的消费，从这个角度来看，供给和需求的辩证关系可以转化为生产和消费的辩证关系。因此，供给需求的同一性、需求决定供给、供给创造需求也就等同于生产与消费具有同一性、消费决定生产、生产创造消费的基本观点。中国目前的供需结构状况主要呈现出总供给大于总需求的局面。此外，生产过剩且需求潜力巨大使得供给和需求都处于过剩状态，导致经济增速下滑，其直接原因是产品结构不合理、有效供给不足、无效供给过大、产能过剩难以消化，同时劳动者的购买力需求不足[56]。因此，我国供给侧结构性改革必须以马克思供给需求理论为理论依据[57]，解决目前我国经济社会发展出现的供给需求错配问题。

2.2.3　供需双侧理论

对于如何拉动经济增长，需求侧管理和供给侧管理具有截然不同的理念。需求侧管理认为，需求不足会导致产出下降，所以拉动经济增长需要货币政策和财政政策的刺激，来提高总需求，使得实际产出与潜在产出相一致[58]。而供给侧管理则认为市场具有自动调节的功能，使得实际产出回归于潜在产出水平，所以根本不需要财政政策和货币政策的刺激来调节总需求，而是通过提高生产能力，提高潜在产出水平来拉动经济增长[59]。

供给和需求是市场经济内在关系中最基本的两个方面。供需双侧的管理是经济发展过程中不可或缺的两个组成部分，供需双侧的协调管理和有效耦合是经济发展的引擎[60]。在这种情况下，要全面科学地分析市场运行，应从供给和需求这对对立统一的两个方面入手。在供给侧结构性改革提出来之后，供给侧与需求侧的管理成了众多学者研究的焦点。随着改革深入，学者们注意到，供给侧结构性改革不应该彻底否定需求侧改革，而是通过供求并举的方式，在重视供给侧结构性改革的同时，进行必要的需求侧管理[61]，从供给侧四大引擎——劳动力、资本、土地、创新和需求侧三大马车——投资、净出口、消费双侧要素调整升级中共同发力[62]，对两侧要素进行升级匹配，最终达到均衡发展的目标。

供给侧和需求侧共同演化达到供需平衡是经济持续增长的基础原因[63]。然而，供需关系并非处于静态的，而是处于不断调整的动态过程，在不同的经济发展阶段，制约经济发展的因素从供给侧到需求侧不断转换，在新旧动能转换过程中，通过供给与需求螺旋式上升达到供需的动态平衡，才能达到高层次的供需匹配[64]，并促进经济长期均衡发展[65]。在现实中，一个国家要真正实现宏观经济调控目标，必须基于基本国情、经济发展阶段、面临的关键问题、要素资源对需求管理政策和供给管理政策进行动态选择，综合协同应用。

基于上述供需双侧理论观点，2015年11月10日，习近平总书记在中央财经领导小组第11次会议上首次从供给双侧角度提出："在适度扩大总需求的同时，着力加强供给侧结构性改革。"供给侧结构性改革不能忽视需求侧的管理[66]，把需求与供给分开是错误的，二者必须同时改革[67]，只有供给侧和需求侧两手抓，双管齐下，才能取得好效果[68]。供给和需求任何时候都不能分割开来，如同硬币的两面，都是经济发展过程中重要的组成部分，供需匹配协调发展才是正确方向。在具体做法上，学者们提出要从要素端、生产端、投资端、消费端、出口端发力，以创新供给带动需求升级，扩大有效需求倒逼供给升级，实现从低水平的供需均衡向高水平供需均衡提升[69]，或者用货币政策和宏观审慎政策等需求调控手段来抵抗供给侧结构性改革中的金融风险，并且提出要保障市场流动性[70]。

2.3 我国供给侧结构性改革的理论逻辑

西方的供给侧结构性改革的核心思想并非来源于供给学派的一家之言，而是对许多学派理论的丰富和发展[71]。除供给学派外，最接近供给侧结构性改革的理论思想是剑桥学派的均衡价值论，该理论主张通过市场平衡来实现经济健康发展，这里的平衡不仅包括供求平衡，还包括要素市场的平衡发展[72]；奥地利学派的核心思想是主张不受干预市场经济的强硬政策支持[73]；现代增长理论将技术驱动创新作为经济增长的主要源泉，并主张人力资本和企业家精神是供给创造需求的主要动力[74]。除此之外，边际效用学派、货币学派、重农学派等理论观点也是我国供给侧结构性改革的重要理论来源。

尽管西方供给侧改革的理论主张和2008年以后西方各国的供给管理策略为我国改革带来了众多可借鉴的思路，但考虑到我国与西方国家在经济背景、制度基础、政府市场关系、政策着力点等方面的差异性[57]，这些西方供给经济学管理思想在我国绝不能简单复制粘贴，要融合我国的现实情况，探寻适合我国的实践方法，进行深入的研究和概括，从而引导我国经济社会实践。

其一，我国的供给侧结构性改革不能按照西方供给经济学中强调的单纯从供给侧进行供给管理，因为从供给端入手并不适应我国社会主义生产力发展和生产关系的实现形式[55]。马克思主义政治经济学强调价值形成，同时更重视价值分配的公正合理，而价值关系是我国社会主义市场经济中的重要生产关系[75]，因此马克思主义的价值分配论应该作为我国供给侧结构性改革的重要理论基础[76]。其二，我国的供给侧结构性改革的最终目的是满足人民群众日益增长的美好生活需要。因此，供给侧结构性改革应该落脚于满足消费需要，立足于价值分配实现，遏制分配不公的恶化趋势，助力经济转型升级。在这种情况下，马克思政治经济学的价值分配理论对我国的供给侧结构性改革更具有指导价值[55]。

当前，我国经济社会发展已步入"新常态"，经济由高速增长转变为中高速增长，经济结构发展模式由要素驱动、投资驱动转变为创新驱动，这一"新常态"意味着我国的生产力向更高级更先进的层次转化[29]。然而，我国当前的生产关系存在着市场政府界限不清晰、国有企业的行政性垄断严重、央地政府之间的财政关系复杂、公共资源廉价使用、社会保障供给失衡、宏观调控与经济结构不相适应等问题[53]，从而诞生了习近平新时代中国特色社会主义政治经济学基本观点。这些新的理论观点是马克思主义基本观点和方法论在新时期、新常态下的继承与发展，为指导我国通过改变生产关系、解放和发展生产力、促进中国特色社会主义制度的自我完善奠定理论基础[77]。相较于西方的供给管理，我国供给侧结构性改革更加注重供给和需求的匹配，是基于"中国特色社会主义政治经济学"与多年来我国在宏观经济政策调控实践中集成的"中国办法"[28]。因此，我国供给侧结构性改革应该以习近平新时代中国特色社会主义政治经济学基本观点为理论逻辑[78]。

2.4 企业供给侧结构性改革的理论依据

2.4.1 产业组织理论

产业组织理论是产业经济学的一个分支，研究产业内部各企业之间的资源配置问题,特别注重从市场的竞争状态来分析产业内各企业之间的资源要素是否配置合理[79]。产业组织理论的鼻祖是马歇尔,他所阐述的如何处理规模经济与竞争活力之间的关系、提高经济效率是现代产业组织理论所阐述的核心问题[80]。马歇尔之后,英国经济学家琼·罗宾逊与美国经济学家张伯伦提出垄断竞争理论,提出产品具有差异性,企业具有决定商品价格的市场权力,而市场机制的自发作用不足以实现产业资源的最优配置,该理论为现代产业组织理论的发展奠定了基础[81]。

20 世纪 30 年代,美国哈佛大学建立了完整的产业组织理论体系,即"市场结构(structure)—市场行为(conduct)—市场绩效(performance)"产业组织三段分析范式(SCP 框架),这一理论成果被称为哈佛学派,这标志着现代产业组织理论正式形成。哈佛学派以垄断竞争理论为基础,认为市场结构影响市场行为和市场绩效,重视市场结构分析,因此也被称为结构主义学派[82]。在哈佛学派诞生之后,面对反垄断政策的结构主义在经济调控实践中出现的诸多问题(如财政赤字、贸易赤字),新诞生的芝加哥学派对哈佛 SCP 框架进行了批判,同时更加注重自由主义思想[83]。20 世纪 80 年代以来,随着巨型跨国集团的发展,对产业组织理论也有了新的要求,除了分析产业在市场活动的基本规律外,还需要对企业组织形式的变化进行解释,在这一背景下,新产业组织理论应运而生。新产业组织理论打破了传统的 SCP 范式的链式逻辑,认为市场结构是内生的,企业的策略性行为改变竞争对手的预期,企业之间的动态博弈结构影响市场行为和市场绩效,因此 SCP 三者之间的关系应该是复杂的多重关系,而市场行为应该作为分析重点[84]。此外,近年来产业组织理论又受行为和实验经济学的影响,将行为经济学的核心思想吸收其中,形成了行为产业组织理论,为研究生产者和消费者之间的行为提供了新的理论依据[85]。

我国供给侧结构性改革的实施离不开相关的产业经济理论与产业政策指导,产业经济理论在指导企业实施供给侧结构性改革方面发挥着重要的作用[86]。第一,推进企业层面的供给侧结构性改革的主要目的是为了解决当前我国企业面临的企业素质结构、产品结构和所有制结构不适应需求结构变化的问题。其中有效降低制造企业成本、提高国际竞争力、形成实体经济健康发展的体制机制是企业层面供给侧结构性改革的重要任务,通过分析企业的市场行为,优化整个产业链的市场结构,提升市场绩效是我国企业供给侧结构性改革的重要抓手[27]。第二，当前我国制造企业对于经济发展的意义已经不仅局限于吸收就业、提高经济增长率，制造企业同时是国家创新能力的中坚力量，制造企业不仅是技术创新的主要来源，更是技术创新的传播者和使用者。然而，当前我国制造企业普遍面临着发达国家的高端挤压和其他新兴市场国家极端挤出的国际竞争格局，生存压力越来越大，且企业运营成本快速上涨是近年来制约我国制造业发展的最突出问题①。运用行为产业组织理论的建立健全有利于制造企业发展的体制机制、降低制造企业运营成本，是企业层面供给侧结构性改革的关键侧重点[27]。第三，深化国企改革，以国有企业的功能分类为基本前提，特别是在产能过剩行业或自然垄断性行业中，如何实现资源的优化配置是当前企业层面供给侧结构性改革的重点，而产业组织理论将为这一改革提供重要的理论依据。综上所述，本书将产业组织理论作为制造企业供给侧结构性改革路径研究的重要理论基础。

2.4.2 价值共创理论

传统的价值创造理论认为，企业和客户在价值创造过程中扮演不同的角色，企业是价值创造的主体，并将创造的价值线性传递给客户，而客户是价值的使用者和消耗者[87]。随着市场竞争环境的不断变化，价值已不再由企业单独创造，而是由企业和客户共同创造，学界将这种价值创造主体之间通过交换服务和资源整合共同创造价值的动态互动过程称为价值共创[88]。具体而言，在价值共创过程中，客户及其利益相关者通过参与企业产品或服务的创造和传输过程，建立合作关系、形成价值体验，随着价值体验的形成推动价值共创的产生。本质上来讲，价值共创是企业、客户及其利益相关者对内外部服务系统有效整合的结果，是一种互惠合作行为[89]。

很多学者都认为价值必须是互相的，而且共同行为的收益能够被每个个体所共享，价值共创这一互惠合作行为才能发生。因此，行为和目标是合作的中心，价值共创作为一种合作行为必须符合共同价值创造的目标[90]。延续客户交互和供应链中合作两种逻辑，很多学者对企业间价值共

---

① 观点来源于2016年《中国工业发展报告》中关于"推进企业层面的工业供给侧结构性改革"中的相关论述。

创行为提出自己的研究视角。Ng 等研究提出了递送使用价值共创的 7 个一般属性，分别是行为一致性、流程一致性、客户期望一致性、企业期望一致性、授权控制、感知控制、行为转变能力及互补能力，并且通过实证研究证明了这些属性作为价值共创属性测量工具的信度和效度[91]。Tanev 等提出三大类价值共创行为，包括促进共同学习机制的行为、通过伙伴关系和合作发展客户关系的行为及鼓励客户参与生产资源和流程的提供行[92]。Prahalad 等在其研究中以对价值共创的构成要素进行了划分，并在此基础之上构建了"DART"价值共创模型，其中"D"指的是 Dialogue，即对话；"A"指的是 Access，即获取；"R"指的是 Risk-benefits，即风险评估；"T"指的是 Transparency，即透明性。该模型的核心观点是上游企业应将下游企业看成产品或服务的共同创造者，在透明度水平不断提升的背景下，合作双方互动交流频率更高，对话也会更为深入，合作双方通过信息的交流与共享，能够了解风险所在，从而推动管理流程优化，为价值共创提供更好的保障[93]。

随着价值共创研究的深入，价值共创不可避免地包括一些不同的利益相关者，而这些利益相关者往往组成网络形态，通过网络中的交互关系来整合和应用资源，这样价值共创系统的协同作用才能逐渐呈现出来，本书将这类价值共创行为称为网络成员企业间的价值共创行为。概括起来，网络成员企业间的价值共创具有以下 6 个特点。

第一，随着价值共创模式从传统企业-客户二元视角转变为广泛复杂的动态耦合网络系统[94]，企业在服务主导逻辑下需要建立一体化的服务战略体系，并将服务生态系统的构建作为核心目标[95]。第二，网络间的企业价值共创行为更加需要强调服务系统内部与服务系统之间互动，整个服务生态系统内部的所有参与者都需通过资源整合和服务交换，并在制度的约束和协调下实现价值共创[96]。第三，现实中的网络间企业价值共创还会受到各种社会力量的影响，如供应商和客户在社会中的角色和地位将会影响价值共创过程中各网络成员的认知和行动[97]，网络成员对自己所处的位置感知不同，其资源获取能力也就不同[98]。基于这一观点，Chandler 等将网络成员企业间的价值共创的实现概括为微观、中观和宏观 3 个层次，其中微观层面以企业-客户的二元结构为单元分析价值共创行为，中观层面需要进一步关注组织、产业及品牌社群，而关注整个社会参与者，这 3 个层次并非相互独立且一成不变，各层次之间的互动会随着时间发展而不断演化[99]。第四，在网络环境下，资源整合生产价值的精确程度可以通过交互精确表进行界定，在网络环境下的交互是企业整合各方行为和资源的一种主要方式，也是资源收益在企业间流动的机制。按照"参与者—资源—行为"模型，企业可以通过3种连结联系在一起，即行为连结、资源连结和参与者连结，这3种连结将影响网络中资源的整合，行为类型和企业所起到的角色作用，反过来这些也将影响这3种连结的状态。每一个参与者都对他们愿意投资的付出有感知，对他们交互中将获得的收益有期望。因此，在较大的网络中，"参与者—资源—行为"模型，为研究交互如何影响多个组织资源联系提供了理论框架[98]。第五，网络中的参与者是个人或者组织，控制着资源并且实施相关行为。参与者连结是参与者之间的联系，典型特征是有信任、亲密的感觉，感知到责任等，这些与资源和行为有着交互影响，进而将资源整合在一起进行价值共创。在与其他成员间联系的基础上，每一个参与者在网络中占有不同的位置，代表着其在网络中整个关系的状态，也代表着其在网络中的权利和义务。第六，在网络层面，知识经验、组织关系、产品和生产设施等资源能够通过网络成员之间的合作协同在一个较大范围内进行整合，从而形成更大的资源集合[99]，在网络中，处于中心位置的资源整合者，尤其需要发展与其他供应商的强联系。

总体而言，价值共创就是重复的合作过程。这个过程包括3个层面的交互：首先，不同成员采取行为来贡献资源和获取资源，通过资源获得收益，这样成员之间就有着各自的价值创造环境和流程；其次，价值共创通过关系发生交互与合作来实现；最后，在网络层面，通过网络成员的不同行为类型，资源能够被整合成不同的较大资源集合，与单个资源相比，这个资源集合能够带来整体解决方案，因此，价值共创包括企业组织内的价值流程、各个二元关系的价值流程和网络成员间的关系价值流程。

此外，在"互联网+"背景下，产品和服务呈现数字化、网络化、智能化等新的发展态势，网络中智能互联产品重新塑造了产业边界和产品竞争关系[100]，并改变了价值创造主体之间的互动方式。以互联网为背景的价值网络由多方行动主体、资源及活动构成，行动主体主要包括其他利益相关者、专业服务提供商和客户。由于网络便捷，使制造企业的身份在网络中可转变为制造服务集成商，通过与主体进行互动实现价值共创。同时，在"互联网+"的帮助下，制造企业并不需要将所有资源纳入组织制度，而是通过建立开放式平台，在全球范围内配置并使用资源，鼓励更多的网络成员企业参与协作生产，这样可以在很大程度上降低生产成本，增加企业的核心竞争力[101]。

基于"互联网+"，分析网络成员企业如何通过智能化连接促进各成员之间的资源整合和互动行为，以及互动行为之间的相互影响是未来研究的重点[88]。同时，价值共创理论为解决制造企业发展过程中的组织间利益分配不均问题提供理论依据[102]。考虑到制造企业的生存基础和企业供给侧结构性改革的内涵，"互联网+"背景下网络成员企业间的价值共创，必将成为制造企业实现供需匹配的重要抓手。因此，本书将以价值共创理论为基础，探讨"互联网+"背景下的企业共创行为及其对企业层面供给侧结构性改革的重要影响，以期得出能够有效指导我国制造企业供给侧结构性改革的重要结论。

3 制造企业供给侧结构性改革目标与可行路径

制造企业供给侧结构性改革实施不仅取决于全球经济环境变化、市场竞争和政策引导,更取决于企业自身供给侧结构性改革的目标。改革目标梳理是厘清国家供给侧结构性改革与制造企业供给侧结构性改革关系的重要环节,是解决制造企业供给侧结构性改革动力问题的根本,更是研究制造企业供给侧结构性改革路径的依据和起点。本章依据国家改革政策和目标,结合制造企业近期面临的主要问题,以及自身经营发展目标,探究制造企业供给侧结构性改革目标,并依据不同目标及目前企业改革对目标达成的影响程度,确定实现改革目标的可行路径。

3.1 改革目标

改革的过程是一个不断凝聚共识的过程,其中第一个关键共识就是目标共识[103]。国家供给侧结构性改革目标可以分为长期目标和短期目标两种。长期目标(着力提高供给体系质量和效率,增强经济持续增长动力,推动我国社会生产力水平实现整体跃升)被讨论的多,而短期目标(去产能、去库存、去杠杆、降成本、补短板,简称"三去一降一补")被讨论的较少,更多时候将短期目标简称为任务。但短期目标更现实、更迫切,需要相关各方拿出切实可行的解决方案,如"三去"过程中涉及重组、破产、倒闭企业员工的安置费用分担问题、银行坏账处理问题,样样迫切又棘手,才会有《国务院关于煤炭行业化解过剩产能实现脱困发展的意见》(国发〔2016〕7号)出台。因此,制造企业供给侧结构性改革也有类似短期迫切改革目标,称之为"短期脱困目标"。而国家层面长期改革目标,在企业层面实施时,需要提高企业生产效率,提供有效供给,最终企业需要通过市场完成交易，实现供需匹配，因此，称之为长期供需匹配目标。

3.1.1 改革的短期脱困目标

制造企业的短期目标与国家层面供给侧结构性改革短期目标有很大不同，国家层面提出的"三去一降一补"是从全社会视角提出的，既包括政府、产业行业，也包括企业，因此不能用简单的"三去一降一补"任务直接作为制造企业的改革目标，更不能把"三去一降一补"简单地作为制造企业的改革路径[11]。一定是基于供给侧结构性改革的内涵、基于制造企业在改革中特殊主体地位、基于"三去一降一补"的任务本质在制造企业的具体表现，提出具体改革目标和达成目标的改革可行路径。

（1）有效利用或化解过剩产能，优化产品供给结构

国家层面去产能目标主要有4个：第一，实现国际产能转移，我国正处于从劳动密集型企业向资本密集型企业转化阶段，在进行产能转移时，应该选择合适的承接地，将我国低端产能转移出去；第二，国内产能转移也是我国制造企业产能转移的重要途径，实现冗余投入要素从产能利用率不高省份向产能利用率高的省份转移，实现各地区更加均衡发展；第三，产能转移无法完全实现化解过剩产能的时候，提升产能利用率才能达到化解过剩产能的目标；第四，存在一些过于落后的产能，既无法实现产能转移，又使企业自身很难进行技术的改造升级，清除这类僵尸企业，实现数量上的供需匹配。

但制造企业去产能与国家层面去产能，既有一致性又有区别。产能过剩是企业经营发展中的正常经济现象，制造企业产能过剩则指的是制造企业的供给大于需求，且整个行业中所有企业的总供给大于总需求，企业自身的盲目竞争行为导致这一问题在短时间内难以得到解决的现象。产能过剩有诸多弊端，它会导致市场恶性竞争、资源浪费、企业效益下滑。如果多数制造企业产能过剩的情况一直存在，不仅会冗余大量机器设备，还会对能源与资源的价格及对环保成本造成影响，进而影响市场竞争机制，产能过剩也增加了银行坏账的风险，导致资源浪费和生态破坏。还会降低企业利润，影响职工的就业与生活质量。

制造企业去产能目标主要有3个。首先，制造企业要开拓落后产能的

新用途或新市场，实现现有资源收益最大化；其次，砍掉落后过剩产能，尤其是减少无用产能数量，实现短期内战略转型与调整；最后，提升核心竞争力，将部分落后过剩产能进行升级，提供更具竞争力的产品，优化企业产品供给结构。

（2）消除现有库存冗余，盘活资产减轻负担

库存作为一种资产，在一定的周期内，定量的安全库存是必需的，然而制造企业在实际经营过程中，出于库存管理体系不完善、供应商—企业—客户交易效率过低等原因往往会使企业形成过高的库存和较低的存货周转率，从而导致了大量资金的占用、各种管理成本的增加、造成潜在的跌价损失和保质期过期风险。

制造企业去库存的主要目标就是减少商品积压和资金占用，为企业减轻负担，创造更多资源，发展新产品和新市场。制造企业去库存还能进一步实现：第一，减少上下游企业大起大落浮动，实现供应链或供应网络有序发展，带动相关企业一起平稳增长[104]；第二，转变经济发展方式，改变制造企业财政现状，有更多现金流促进产品升级；第三，促进制造企业本身的技术创新转型升级[105]；第四，为企业新产能增长腾笼换鸟。

（3）防范风险去杠杆，确保企业资金安全

中央经济工作会议明确要求，在控制国家总杠杆率的限定条件下，把降低制造企业杠杆水平视为重中之重。"去杠杆"是供给侧结构性改革的又一项重要任务。"去杠杆"有助于我国规避经济下滑背景下可能会提升的系统性风险，帮助国民经济实现触底反弹，推进金融体制改革。

对企业来说，运用杠杆增大自身的资金储备能够提高企业的整体价值[106]，但风险也会随着杠杆率同步提升[107]，因此，制造企业需要做到杠杆风险和杠杆收益的均衡，企业去杠杆就是为了降低风险，换取资金安全，保证长远发展利益。自2008年金融危机以来，我国制造企业的债务占GDP比率整体上呈现上升趋势，存在较大的潜在风险，较多隐性债务和债务增长速度较快是制造企业当前面临的主要问题，这会导致制造企业面临更高的杠杆和更大的风险，因此，在保持经济长期稳定增长的同时，制造企业需要逐步有效化解债务，切实化解企业系统性风险，保证自身资金安全。

（4）切实有效降成本，提高产品供给竞争力

国家层面对供给侧结构性改革降成本目标在于制度供给目标层面，"开展降低实体经济企业成本行动，优化运营模式，增强盈利能力"。减税降费，完善公平竞争，促进企业健康发展的政策和制度。这一部署对制造企业降低成本、提高供给能力表达了明确支持。

首先，制造企业层面降成本和国家层面降成本目标有所不同，制造企业在遵循我国对供给侧结构性改革整体规划的基础上，应更多地发掘企业自身降成本的潜力，以提高企业运营效率、优化资源配置效率、积极主动降成本为目标，提升企业产品价格竞争力。其次，降成本要以增效为主要目标，提升利润水平，力求通过先进技术，对产品和设备等不断进行创新升级，提高生产的机械化、自动化及智能化水平以达到降成本的目标。最后，人工成本上涨得到合理控制，达成高素质多功能的降成本人才培育储备的管理目标。

（5）提高要素生产率，扩大高端有效供给

我国的需求结构已发生明显变化，然而供给侧结构却并不能适应需求的变化。突出表现在：一是无效和低端供给过多，一些制造企业供给数量严重过剩，投资效率明显下滑[108]；二是有效和中高端供给不足，与需求结构升级相比，供给侧调整明显滞后[109]，消费者对高品质商品和服务的需求无法得到满足；三是制造业全要素生产率水平较低，供给结构调整受到体制机制束缚，生产要素配置很难从无效需求领域向有效需求领域转移，产业转型升级潜力没有得到发掘[110]。

调整供给结构需要制造企业补短板：第一，需要解决发展瓶颈问题和主要矛盾，以技术创新为主，突破关键核心技术，持续提高生产能力，提高要素生产率；第二，要以补高附加值产品生产为目标，完善制造企业供应链，力求提升制造企业品牌价值，提升制造企业核心竞争力；第三，制造企业在绿色竞争力提升方面，应该兼顾绿色市场竞争力、绿色创造能力和绿色创新能力共同提升，运用创新技术，加大研发力度和增加创新投入来补绿色竞争力短板。图3.1为供给侧结构性改革的短期脱困目标示意。

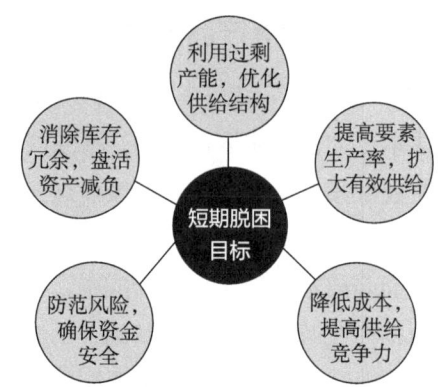

图 3.1　供给侧结构性改革的短期脱困目标示意

3.1.2　改革的长期供需匹配目标

供需匹配，制造企业既需要实现"数量上"的供需匹配，更需要实现长期符合终端消费者高端需求的供需匹配。2017 年 10 月 18 日，我国政府在党的十九大报告上，已经明确提出以供给侧结构性改革来提高制造业的供给质量，进而提升实体经济实力，确立了制造企业为供给侧结构性改革的重要主体地位和重要改革目标及任务。一是发挥市场机制与政府配置政策的紧密结合，在《中国制造 2025》的指导下通过市场化清除低效供给端，引导制造企业创新资源积极发展成为世界一流企业。二是深化科技改革，完善科技创新体系，补我国制造企业创新短板，提升制造业创新能力。三是通过深化改革，优化制造企业发展环境，降低成本，促进企业高质量发展。这为制造企业指明了通过供给侧结构性改革淘汰过剩产能、实现社会供需匹配的目标。

在我国制造企业供给侧结构性改革初期，调结构实现供需匹配，不同行业有不同重点，煤炭钢铁行业重点在去产能，房地产行业重点在去库存，而制造行业的供需匹配重点恰恰是最难的，因为制造行业供需匹配目标要复杂得多，既要有数量上的匹配，又要有质量上的匹配，而且这些目标还是动态变化的，到了新阶段，终端消费者需求变化了，尤其是升级了，需求产品的品类、效能、数量等会发生重大变化，制造企业的固有生产运营模式、固有的生产线和生产技术都需要跟着调整变化，才能形成新的供需匹配，因此，制造企业供给侧结构性改革是最不能将需求置之不理的改革，其供需匹配的主要实现途径，不在企业内部，而在于企业内外结合，供应商、制造企业、客户三方有效结合。

如图3.2所示,供需匹配目标主要体现在,企业产品要与需求侧的高端需求匹配。国家层面供给侧结构性改革主攻方向是"去除无效供给、减少低效供给、扩大有效供给",到了企业战略层面成为"减少低成本竞争模式,扩大差异化竞争模式""减少低端产品供给,增加中高端产品供给""减少低附加值产品供给,增加高附加值产品供给""减少有形产品供给,增加无形服务供给,提高制造企业服务化比例程度"。随着"互联网+"发展,社会层面为重视匹配客户个性化及时化的需求、及时响应下游消费者需求及售后反馈、满足消费者日益增长的大规模个性化定制需求、实现高端供给与需求的及时匹配。总而言之,就是实现匹配潜在的、高端的、个性化和及时性需求目标。

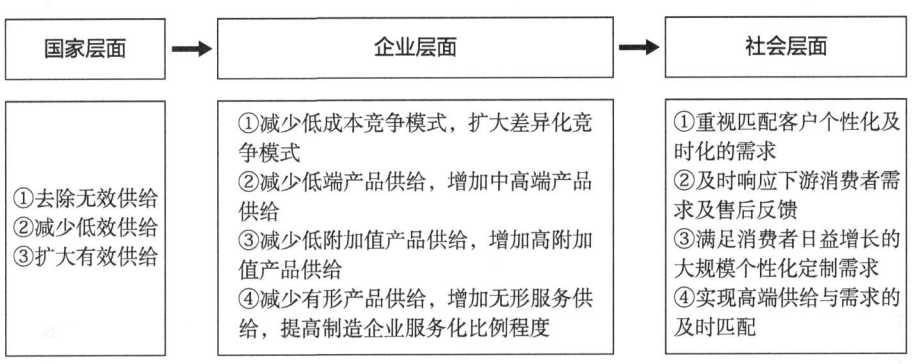

图 3.2　多层次下供需匹配目标示意

3.2　改革可行路径确定原则与依据

3.2.1　可行路径确定原则

为实现制造企业供给侧结构性改革目标,考虑制造企业的盈利特性和发展特性,以及改革推进中既属于实施者又属于被改革者的双重身份特征,在制造企业可行路径确定过程中,需要遵循以下原则。

(1) 社会主义市场经济原则

供给侧结构性改革是经济新常态下解决我国供需矛盾的总纲领。社会主义市场经济既不单纯依赖市场,也不单纯依赖计划,在市场失灵供需匹配错位的情况下，才需要国家供给侧结构性改革。因此，供给侧结构性改革绝不能单单依靠市场的自我调节，也不是要抛弃市场，而强行将经济运行归结于改革或计划。因此，制造企业在确定可行路径的时候，必须坚持社会主义市场经济原则，不可走入企业的经营行为是市场调节下的自主行为，而完全忽视供需错位现状制定的可行路径完全依赖于市场自我调节的误区。

（2）国家改革目标导向原则

制造企业必须牢牢把握国家供给侧结构性改革的根本目标，就是从供给侧调整供给结构，实现供需匹配。这种结构调整不同于传统意义上的结构调整，更不同于传统意义上在生产关系不变情况下的结构调整，不是集中力量扩大供给，也不是减少供给数量而直接实现供需匹配。国家改革坚持创新、协调、绿色、开放、共享的新发展理念，制造企业供给侧结构性改革路径就应该崇尚创新、注重协调、倡导绿色、坚持开放、坚持共享，努力提高企业供给侧结构性改革意愿和执行水平，确保找到与国家目标一致的供给侧结构性改革的企业目标和改革可行路径。

（3）企业改革目标导向原则

依据国家供给侧结构性改革的部署，综合近期重点改革目标和长期可持续发展目标选择改革路径。近期改革目标主要是解决企业目前所处的困境，解决企业生产效率低下、利润没有保障等问题。另外，企业处在金融风险高位，企业资金高杠杆运行，盲目投资较多，导致产能在过剩的基础上有进一步扩大的风险。众多分行业库存严重，有些甚至需要几年去消化。这些关乎企业脱困生存的短期重点改革目标，企业应着力尽早推进，达到这些目标的可行路径几乎都是必选路径。而企业可持续发展目标，关乎企业未来竞争优势，是企业未来可持续发展的关键，尤其是未来的绿色竞争力、共享经济下的"互联网＋"制造、创新决定的技术优势、协调发展的品牌优势和价值，这些都是企业改革需要坚持的主流方向。

（4）与企业原有改革和谐统一原则

企业要面对内外部环境变化、市场变化、顾客需求变化、竞争对手变化，甚至新技术对原有市场的冲击，必须时刻保持变革，因此变革是企业永恒的话题。供给侧结构性改革路径,不是企业全新变革路径,更不是政治任务,而是企业发挥目标的导向功能、激励功能及协调功能,在企业经营过程中进行的变革。因此,制造企业供给侧结构性改革所有路径需与企业原有改革和谐统一,保持企业正常运作,兼顾企业长远发展,理顺新旧改革间的关系,调整企业经营理念,制定企业新改革使命和目标,使得改革路径与企业原有变革路径有机统一,既能降低企业改革管理和实施成本,又能增加改革可行性,保证改革目标实现。

(5) 短期营利与可持续发展兼顾原则

企业以盈利为目的,以盈利为生存基础,因此制造企业在供给侧结构性改革的过程中,有可能会陷入短期利益和长期目标相冲突的局面,如去产能路径中甚至可能面临企业利益受损和员工去留的难题。制造企业相关改革也有短期发展利益和长期发展利益的冲突问题,因此制造企业改革路径的选择,应该兼顾短期盈利和长期发展的关系。在兼顾生存的基础上,应该以供给侧结构性改革大局为重、以可持续发展为重,选择可持续发展进而未来收益较大的改革路径。

3.2.2 可行路径确定依据

(1) 政策依据

随着改革深入,党中央、国务院和地方政府陆续发布了一系列供给侧结构性改革纲领或政策性文件,这些纲领和政策既将结构性改革引入宏观调控,形成"宏观调控+改革"的政策组合拳,又针对具体行业或重点企业提出改革指导文件,旨在解决我国经济发展过程中,宏观及中观层面长期存在的结构性问题,对企业选择改革路径具有重要指导意义。

供给侧结构性改革相关政策作为改革顶层设计,指明了制造企业改革方向和总体路径,为企业选择具体实施路径提供了依据。供给侧结构性改革政策强调企业要努力实现市场在资源配置中起关键性作用,企业供给应该和市场需求匹配,以客户需求为中心,合理要素配置,扩大有效供给,提高企业供给结构对客户需求变化的适应性和灵活性,提高企业要素生产率,更好满足广大人民群众的需要,促进经济社会持续健康发展,这些政策论述本身就是改革总体路径。而结构性调整和近期重点改革任务"三去一降一补",化解为企业改革和目标时,既是企业改革任务,又是企业改革大致路径,为制造企业改革具体可行路径实施与选择提供了重要依据。

供给侧结构性改革相关政策为路径可行性提供了政策和部分法理依据。在制造企业的改革过程中,改革政策为企业松绑,对重大改革问题做出政策安排,尤其为企业体制机制改革提供路线性政策,对国有企业所有制改革、产能退出机制、员工安置政策和国有资产处置办法等做出明确规定,为企业改革路径选择实施提供了政策指导和部分法律依据。

供给侧结构性改革相关政策为路径可行性提供了环境保障。供给侧结构性改革长期看,是"政府搭台,企业唱戏",改革过程中必然少不了制度供给、土地供给、金融服务供给、劳动力供给与保障、技术供给等企业改革直接相关的要素问题,这些既要依靠各级政府,又要依靠银行等各类金融机构,还要依靠人力资源服务和监管机构,以及产学研各类机构。改革政策明确各类主体机构的权利义务、改革举措与支持力度,为制造企业改革顺利实施提供制度、人力、物力、财力、文化和氛围的全方位保障。

供给侧结构性改革相关政策帮助企业克服改革路径也存在一定的局限性。我国大量制造企业生产低端无效供给,与市场高端需求完全错配,高端消费需求得不到满足,低端产品供过于求,大量企业陷入无序竞争与价格战的泥潭,导致企业在改革时,容易陷入"看重竞争,忽视供给;看重短期,忽视长期;看重内部,忽视外部"的误区,尤其是对于过剩产能和高杠杆等,只看到现有利益,未察觉未来风险,加大了企业改革难度。政策从全球、全国、全行业综合考量经济发展各方面要素的情况下,给企业全面的、综合的、系统的、长期的、共赢的改革指导,是企业系统地解决改革问题的总纲,能够帮助单个企业克服改革路径选择与实施的局限性。

(2)理论依据

供给侧结构性改革是基于中国实践的理论综合性集成创新,是中国经济和中国模式在新时期的一次探索性改革和调整,其指导思想和理论基础顺应世界经济发展潮流,适应中国经济转型升级的历史使命,能够提供解决中国经济面临的突出问题的科学答案。推进供给侧结构性改革是以习近平同志为核心的党中央在综合分析世界经济长周期和我国发展阶段性特征及其相互作用的基础上，集中全党和全国人民智慧，从理论到实践不断探索的结晶。因此，供给侧结构性改革的理论基础是中国特色的社会主义经济理论在新时期的创新发展，具体而言就是以新常态理论为创新内容的中国特色社会主义政治经济学[111]，是制造企业改革和变革在新时期应遵循的理论逻辑，更是制造企业改革路径确定的理论源泉。

马克思主义政治经济学论述可以看出供给和需求是既对立又统一的辩证关系，二者相互依存、互为条件。没有需求，供给就无从实现，新的需求可以催生新的供给；没有供给，需求就无法满足，新的供给可以创造新的需求。供需双侧理论认为供给侧政策和需求侧政策二者都是宏观经济调控的两个基本手段，二者都要根据宏观经济形势进行抉择。二者不是非此即彼的关系，而是要互相配合、协调推进，两项经典理论都为制造企业产品结构性调整，为供需匹配的长期改革路径提供了理论依据。

产业组织理论研究产业内部各企业之间的资源配置问题，特别注重从市场的竞争状态来分析产业内各企业之间的资源要素是否配置合理，为制造企业结合内外部环境选择改革路径，避免"只见树木不见森林"式的改革，尤其为实施去产能、去库存和价值共创方面的路径选择提供了理论依据。众多学者依据不同行业或企业对提高全要素生产率、去产能、去库存、去杠杆、降成本和补短板等理论研究，分别证明了不同改革任务的不同实现路径，也为制造企业供给侧结构性改革路径确定提供了有益的理论借鉴。

（3）实践效果依据

"不管黑猫白猫，抓住耗子就是好猫""目标实现与否是检验路径可行与否的唯一标准"，制造企业改革效果好坏是检验改革路径是否可行的最可靠标准。有些制造企业已经进行了供给侧结构性改革，这些企业前期实施改革的效果如何，就成了判断改革具体实施路径是否可行的关键。简而言之，若这些企业经营效果明显改善，则说明改革是可行的，改革采用的主要路径也应该是可行的。接下来通过 DID 方法分析改革对企业经营效果（利润）影响是否显著，来检验改革实施的效果，为已经实施的改革路径是否可行提供依据。

1）数据来源与样本选择

选取我国 2268 家、涉及 30 个制造业行业大类的 A 股上市公司为研究对象，选用其 2012 年 1 月至 2019 年 12 月共 96 个月的所有披露文件，基于 Python 的网络爬虫技术在东方财富网中爬取带有特殊关键字的公告或会议文件，爬取的关键词包括"改革""供给侧""三去一降一补""去杠杆""去库存""去产能""降成本""补短板"（具体程序语言见书末附录 3），由于数据较为庞大，本次爬虫使用分布式爬取方式，多线程进行，按照代码的总数，将爬取过程划分为 4 个线程。为了提高爬取效率，直接从网页源代码入手进行信息提取，避免打开网页的模拟环节，提升了爬取速度。对爬取结果加以统计整理，得到了研究样本记录共计 11 498 条，有披露的关键字 11 239 条。

最终将 2211 家制造业行业大类的 A 股上市公司作为研究样本（剔除 *ST、ST 企业），按照企业是否进行了供给侧结构性改革划分为实验组与对照组。根据市场中制造业上市公司所披露的文件，若有出现供给侧结构性改革或去产能、去库存、去杠杆、降成本、补短板等相关内容，皆可判定其进行了供给侧结构性改革，并列入实验组进行研究，采用的数据均来自国泰安数据库、Wind 数据库。

2）变量说明

企业年度净利润（$profit$）作为盈利水平衡量指标，同时也为被解释变量。虚拟变量交乘项 DID 为核心解释变量。在此之外，还加入了制造业上市公司资产规模（$size$）、成本费用利润率（$RPCE$）、年度销售收入（$sale$）、每股收益（$share$）、固定资产周转率（FAT）及企业性质分组变量（$state$）作为控制变量，代表着企业运营、市场价值及内部控制水平，共同研究供给侧结构性改革的影响效果。变量说明如表 3.1 所示。

表 3.1 变量说明

变量名称	变量类型	指标含义
$profit$	被解释变量	年度净利润
DID	核心解释变量	虚拟变量：时间与改革交乘项
$size$	控制变量	制造业上市公司资产规模
$RPCE$	控制变量	成本费用利润率，利润总额与成本、费用总额的比率
$sale$	控制变量	年度销售收入
$share$	控制变量	每股收益，税后利润与股本总数的比率
FAT	控制变量	固定资产周转率，企业销售收入与固定资产净值的比率
$state$	控制变量	企业性质分组变量，若为国有企业则为 1，否则为 0

3）研究方法与研究设定

双重差分（DID）是研究政策效果的主要计量模型之一，通过划分实验组与对照组可以更加清晰、直观地看出政策的影响效果，国内外许多学者都通过双重差分对政策前后的影响效果进行计量分析。例如，许红伟等基于双重差分模型实证研究提出了我国推出融资融券交易可以促进标的股票的定价效率[112]；刘瑞明等通过地级市面板数据提出了国家高新区可以驱动地区经济发展[113]；张军等通过双重差分提出了设立自贸区可以显著促进经济发展，同时沿海地区自贸区积极性小于内陆地区自贸区[114]；吴昌南等利用了省级层面面板数据，运用双重差分提出了"大学扩招"有利于提高大学创新效率[115]；熊波等运用双重差分提出了高新技术企业认定会提高企业全要素生产率[116]。

旨在通过双重差分方法探究供给侧结构性改革效果，即对我国制造业上市公司盈利水平的影响，剔除其他不相关且不可计量因素，进而合理测算供给侧结构性改革的影响效果。根据研究设计建立如下计量模型：

$$profit_{it}=a_0+a_1Policy_{it}+a_2Time_t+a_3Time_t \times Policy_i+\Sigma\rho Control_{it}+\lambda_i+\eta_p+\varepsilon_{it}。$$

供给侧结构性改革效果研究思路如图3.3所示。

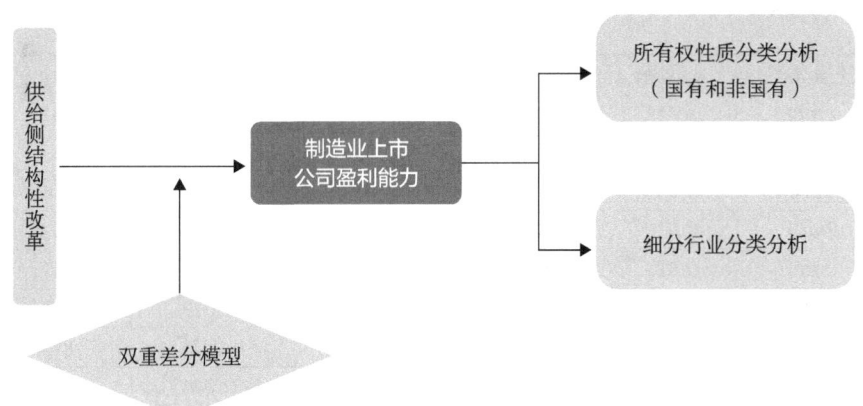

图3.3 供给侧结构性改革效果研究思路

4）双重差分实证分析

表3.2为双重差分实证分析相关变量描述性统计结果。将所有指标（除去0-1选择变量）进行标准化处理，使得所有变量处于同一观测水平，减少因极值带来的误差。表3.3为变量的相关性分析结果，其中上三角为皮尔逊

检验，下三角为斯皮尔曼检验。通过相关性检验可知，无论是皮尔逊检验还是斯皮尔曼检验，各变量之间的相关性很强，大部分数据的相关性可得出在99%的置信区间水平下显著。由此可见，相关面板数据对于供给侧结构性改革制造业上市公司的盈利水平影响效果研究具有很强的紧密相关性，可以最大程度地减小实证模型的误差。

表 3.2　双重差分实证分析相关变量描述性统计结果

变量名称	观测数目	平均数	标准差	最小值	中位数	最大值
profit	22110	-0.000	1.000	-31.742	-0.132	32.551
DID	22110	0.142	0.349	0.000	0.000	1.000
Time	22110	0.400	0.490	0.000	0.000	1.000
Policy	22110	0.355	0.479	0.000	0.000	1.000
size	22110	0.000	1.000	-0.309	-0.216	38.559
RPCE	22110	-0.000	1.000	-76.519	-0.057	14.536
sale	22110	-0.000	1.000	-0.236	-0.181	43.491
share	22110	-0.000	1.000	-22.446	-0.140	43.037
FAT	22110	-0.000	1.000	-0.398	-0.172	62.983
state	22110	0.239	0.427	0.000	0.000	1.000

表 3.3　变量的相关性分析结果

变量名称	profit	DID	Time	Policy	size
profit	1	0.117***	0.178***	0.065***	0.588***
DID	0.059***	1	0.498***	0.548***	0.252***
Time	0.056***	0.498***	1	0.000	0.316***
Policy	0.030***	0.548***	0.000	1	0.213***
size	0.686***	0.122***	0.104***	0.110***	1
RPCE	0.226***	-0.052***	-0.058***	-0.049***	-0.016**
sale	0.735***	0.073***	0.063***	0.072***	0.893***
share	0.501***	-0.030***	-0.014**	-0.044***	0.124***
FAT	0.030***	-0.030***	-0.016**	-0.047***	0.001
state	0.098***	0.086***	-0.000	0.158***	0.220***
变量名称	RPCE	sale	share	FAT	state
profit	0.518***	0.631***	0.665***	0.294***	0.112***
DID	-0.063***	0.213***	-0.049***	-0.053***	0.086***
Time	0.004	0.246***	0.001	0.011	0.000
Policy	-0.116***	0.198***	-0.073***	-0.087***	0.158***

续表

变量名称	RPCE	sale	share	FAT	state
size	-0.136***	0.910***	0.051***	0.027***	0.354***
RPCE	1	-0.167***	0.734***	0.259***	-0.193***
sale	-0.019***	1	0.153***	0.217***	0.338***
share	0.490***	0.124***	1	0.422***	-0.104***
FAT	0.021***	0.040***	0.101***	1	-0.052***
state	-0.056***	0.178***	-0.042***	-0.026***	1

注：***$P < 0.01$，**$P < 0.05$，*$P < 0.1$。

5）基准回归分析

基于供给侧结构性改革背景，结合制造业上市公司相关面板数据，使用Stata软件进行最小二乘回归分析。由于样本量充足，同时制造业内细分行业差异较为显著，故将个体固定效应放大为行业固定效应，与时间固定效应一同探究双向固定性效应对双重差分模型的影响（表3.4）。

表3.4 全样本基准回归结果

参数	回归模型（1）	回归模型（2）	回归模型（3）
	profit	profit	profit
DID	0.096***	0.080***	0.079***
	(3.343)①	(5.227)	(5.306)
Time	0.080***	0.002	-0.034**
	(4.703)	(0.212)	(-2.035)
policy	0.024	-0.042***	-0.021**
	(1.334)	(-4.337)	(-2.118)
size		0.112***	0.116***
		(13.759)	(14.373)
RPCE		0.047***	0.048***
		(11.353)	(11.638)
sale		0.590***	0.608***
		(73.633)	(76.344)
share		0.393***	0.384***
		(93.986)	(92.442)

① 表中括号内数据为 t 值，用于辅助检验回归模型的解释变量对被解释变量是否有显著影响，重点关注 P 值的影响，余同。

续表

参数	回归模型（1） *profit*	回归模型（2） *profit*	回归模型（3） *profit*
FAT		-0.034***	-0.033***
		(-9.527)	(-9.049)
state		-0.031***	-0.024***
		(-3.536)	(-2.708)
cons	-0.054***	0.010*	0.055***
	(-5.029)	(1.693)	(3.390)
行业固定效应	No	No	Yes
时间固定效应	No	No	Yes
N	22110	22110	22110
F	33.501	6222.116	1293.127
P	0.000	0.000	0.000

注：***$P<0.01$，**$P<0.05$，**$P<0.1$。

表3.4为全样本基准回归结果，其中回归模型（1）加入控制变量，同时也未控制行业固定效应和时间固定效应；回归模型（2）为随机效应模型，加入了相关控制变量，未控制行业固定效应和时间固定效应；回归模型（3）为固定效应模型，在加入了控制变量的同时，还控制了行业固定效应与时间固定效应。所有回归模型显示，虚拟变量交乘项 DID 系数均为正值且都可以认为在99%的置信水平下显著，说明供给侧结构性改革对于制造业上市公司的盈利水平具有积极的推进作用。

6）平行性检验

在竞争日趋激烈的现代市场，制造业企业面临着复杂且多样的市场环境，通过实证分析，不可避免地会面临内生性问题。供给侧结构性改革与制造业上市公司盈利水平的提升是否属于巧合，是否存在其他重要因素影响仍需要进一步检验。为了解决基于双重差分方法下供给侧结构性改革影响效果研究中的内生性问题，通过平行性检验来观测改革对于制造业的冲击影响，从而判断是否存在内生性问题。在平行性检验中，只有当实验组和控制组在供给侧结构性改革前的盈利水平是可比的，即改革前检验值 P 不显著，才能保证使用双重差分方法是无偏估计。

从表3.5和图3.4的平行性检验结果可以看出，在供给侧结构性改革前，

其检验值 P 均不显著。在供给侧结构性改革提出以后,在改革影响的冲击下,2017 年、2018 年及 2019 年检验值 P 均开始呈现显著趋势。

表 3.5　平行性检验

profit	Coef.	St.Err	t	P	Sig.
Time	0.080	0.017	4.70	0.000	***
Policy	0.031	0.037	0.84	0.404	
pre_5 (2011)	0.027	0.050	0.55	0.585	
pre_4 (2012)	−0.031	0.050	−0.61	0.540	
pre_3 (2013)	0.014	0.050	0.27	0.785	
pre_2 (2014)	0.004	0.050	0.08	0.939	
pre_1 (2015)	−0.056	0.050	−0.11	0.268	
current (2016)	−0.034	0.053	−0.64	0.519	
post_1 (2017)	0.132	0.053	2.49	0.013	**
post_2 (2018)	0.152	0.053	2.85	0.004	***
post_3 (2019)	0.105	0.053	1.98	0.048	**
_cons	−0.054	0.011	−5.03	0.000	***
Mean dependent var	$-2.21 \times e^{\wedge 11}$		SD dependent var		0.998
R	0.0054		Number of obs		22110
F	11.01		Prob > F		0.000
Akaike crit. (AIC)	6 2647.66		Bayesian crit. (BIC)		62 743.70

注:$^{***}P<0.01$,$^{**}P<0.05$,$^{*}P<0.1$。

通过近十年的动态模拟可以看出,双重差分满足平行性检验,其计量结果可以合理代表供给侧结构性改革效果,无严重的内生性问题。

基于供给侧结构性改革前后我国制造业行业大类的 A 股上

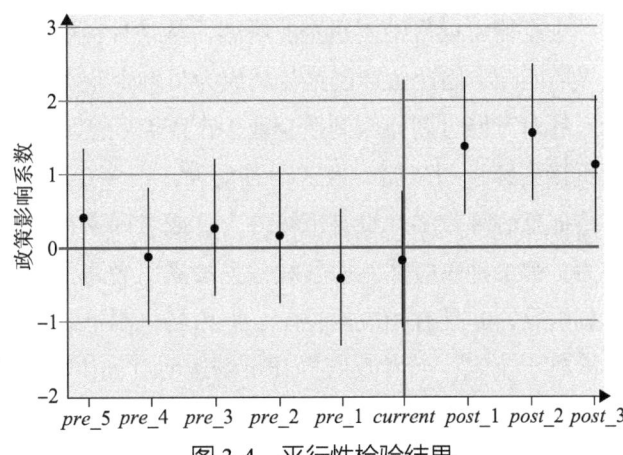

图 3.4　平行性检验结果

市公司相关面板数据,利用双重差分模型进行了供给侧结构性改革影响效果研究。研究结果显示,供给侧结构性改革可以显著提高我国制造业行业大类的 A 股上市公司的盈利水平，证明了改革是有效果的，这些上市公司的大部分改革路径是可行的。具体某一路径是否可行及作用大小将在下一章进一步研究。

3.3 改革可行路径

3.3.1 去产能路径

产能过剩原因，从宏观角度来看，改革开放使我国社会主义市场经济体制的活力被逐步释放，社会主义市场经济高速发展使很多制造企业涌入其中，从而导致市场供给侧和需求侧失衡，制造企业的规模化生产导致市场中部分行业产品供大于求；从微观角度来看，为了将可能会遭遇的风险最小化，管理者倾向于将劳动力水平维持在相对充足的水平[117]，制造企业过于提升自身的生产力是为了维护在行业中的龙头地位，充分占领市场份额能够有效地阻止新进入者的到来[118]；从体制角度来看，有些产能过剩问题发生的原因出在体制存在瑕疵上，而非市场失灵本身[119]，政府在对制造企业进行管理的过程中，倾向于使用较为温和的协调手段而非直截了当的引导机制，这会使企业在生产经营过程中迷失方向，过于重视互相竞争，以至于扩大生产规模引发产能过剩[120]。

去产能可以帮助制造企业脱困，从某种程度上而言，也可以从数量上实现供需匹配，因此去产能路径就成为很多企业优先考虑的改革路径。

针对产能过剩原因制造企业去产能路径主要有以下 4 种不同形式。第一种直接去掉过剩产能，但这种难度大，很多企业很难接受这种去产能形式，等待拖延心理较多，没有市场外力，或者国家补贴政策，企业自身缺乏实施动力。第二种政府体制引导和信息披露引导路径，政府有明确依据给出产能过剩引导，并且有相应的补贴，但市场机制下制造企业自主经营行为，补贴标准难于确定；或者政府提升市场透明度和市场发布信息的效率[121]，引导企业根据市场自主去掉过剩产能。第三种产能转移路径，首先可以对外实施产能转移，应该选择合适的承接地，将低端产能转移出去，转移到技术势能更低，产品生命周期更晚的国家或地区[122-124]。或者对内转移，对内转移就要转移到产能利用较高的地区，国内产能转移要以各地区更加均衡发展为目标，实现冗余投入要素从产能利用率不高省份向产能利用率高的省份转移。既要保证产能转出地和承接地利用率都有所提升，又要保证整个行业产能利用率有所提升，以免造成产能搬家而利用率不提升的新问题。第四种产能升级路径，制造企业利用技术创新，对落后冗余产能进行升级改造，使之成为有效供给产能，这种去产能路径是企业愿意选择去产能方式。具体采用何种形式，是由制造企业内外部环境综合分析的最终决策所决定的，但无论如何没有需求的落后过剩产能一定会被淘汰，过多僵尸企业也一定会被清理出市场，所以制造企业应早做决策，以免造成更大的损失。

3.3.2 去库存路径

去库存，即化解库存过剩，是指为了解决产品供过于求而引起产品恶性竞争的不利局面，寻求对库存材料及商品进行处理和变卖的方法。库存过剩造成的生产要素配置扭曲、社会资源整体利用效率降低是很多社会矛盾的根源。

制造企业库存过剩主要有运行机制原因和经济运行周期原因。首先，制造企业为了正常运营，必须保有一部分合理库存，供应网络节点越多，制造企业的原材料和产（成）品库存越多，只要不超出正常的范围，便属于合理现象，但随着"牛鞭效应"放大和需求浮动，很多制造业分行业库存问题凸显。另外，外部经济周期和环境原因，受全球经济增速放缓、国际市场持续低迷影响，国内经济处于换挡期，需求增长放缓，部分市场供过于求的矛盾日渐突出，制造企业表现尤为突出。因此，制造企业去库存比钢铁、煤炭和房地产行业去库存问题更复杂。

制造企业去库存前，首先，要解决去产能的问题，因为产能不去，库存难去。去库存是一个短期的行为，去产能则是一个中长期的任务，二者有着互相循环的关系[125]，假若不对产能、库存和投资同时加以遏制，就会陷入互相冗余积压的恶性循环[126]。其次，还是需要应用制造业创新库存管理方法，应用"互联网+"技术科学预测需求，以"保证连续生产运营，降低库存积压"为去库存的整体目标，在库存管理上具备全局意识，在源头上消除因大量采购而导致的库存积压。在生产销售环节，应以"互联网+"智能化平台和供应链协同管理为导向，采用多种模式提高"供应商—企业—客户"

三者之间的交易效率，健康去库存。此外，还要合理控制新品开发规模，以免造成因大量生产而导致的库存累积。总之，缓解企业库存冗余需要不断完善产品供给结构，善于利用"互联网＋"技术革新，改善企业存货管理效率，提升存货周转率，调整库存管理体系，降低存货潜在损失和过期风险，从而去除过剩库存。

3.3.3 去杠杆路径

制造企业高杠杆的外部原因是，由于经济下行，制造企业收入普遍减少、利润普遍下滑，为了弥补亏损造成的影响，制造企业的财务费用大幅提升，平均增速超过了收入的增速[127]。简而言之，收入减少使得企业对负债的依赖性提升，而债务负担程度的加深则导致制造企业新增负债主要用于旧债的还本付息，这样的恶性循环无疑影响了制造企业正常的生产经营。在巨大的经济压力下，债务负担和企业收入缩减两个方面共同作用并逐级提升，造成制造企业高杠杆率持续上升。

降低企业负债率一直是一个系统化的过程，很难一蹴而就。尽管西方国家尝试通过左右利率来控制国债收益水平，直接购买企业债券来解决企业的融资难问题，大力收购企业遗留不良资产等方式为企业去杠杆[128]，但直到今天，欧美多国依然走在去杠杆的道路中，并且越来越多的国家加入其中[129]。

去杠杆路径与去产能路径也要同时实施，因为若为解决企业产能过剩，政府给企业提供了财政补贴、扶持政策。而过剩产能有了资金支持，则反过来再次加剧了产能过剩，企业掉进了无底洞，负债率随之不断上升，进而形成了大量的"僵尸企业"[130]。去杠杆路径也需要先调整金融供给结构。在融资结构趋于间接融资、类型结构趋于商业银行、银行结构趋于大银行、所有制结构趋于国有、贷款类型结构趋于生产经营、贷款对象结构趋于大型企业、金融服务区域趋于城市等背景下，这种相对刚性的金融体系存在高垄断程度、低市场化程度、金融效率不足等缺陷[131]，大型企业去杠杆非常困难，金融机构的金融工具种类过少且技术含量偏低，没有较多可选择性[132]，这些金融市场问题使得制造企业在面对自身经济压力时无法向金融机构寻求更多的有效性帮助，也无法通过比较金融产品或金融服务来选择低杠杆融资方式。因此中小制造企业往往融资困难，去杠杆路径选择也不多。

制造企业去杠杆还需要依靠制造系统改革，提升发展质量和发展效益，积极改善债务结构。总体来说，在去杠杆时要以"去杠杆，稳债务，提利润，增收入"为主要目标。产能过剩的企业要以"降低自身扩张意愿，剥离自身过剩的落后产能"为路径，来改善企业盈利状况降低杠杆。另外，大部分制造企业在短期内无法通过化解过剩产能、去掉冗余库存、发展创新升级、取得低成本的融资渠道等来提高企业盈利能力，在企业流动资金减少和偿债能力减弱的情况下，去杠杆、稳债务应该以"增加流动资产、拓宽融资渠道"为主。同时，制造企业去杠杆与国家政策的制定具有密切关系，紧跟优惠政策并加以运用对制造企业去杠杆至关重要。

3.3.4 降成本路径

对于制造企业而言，降低生产和经营成本一直是持续不变的命题，各企业都为了增加利润一直坚持降低成本，应该充分理解供给侧结构性改革内涵和"降成本"任务的内涵、抓住机遇有效降低制造企业成本。

制造企业降成本路径是指制造企业能够自我控制的降低成本途径，这里面当然不包括国家层面为降低制造企业成本，从战略层面进行总体规划和下放部署[133]，做出制度安排和政策调整[134]，如税费、利息费用和各类交易成本等[135]，这也就侧面证明了制造企业的降成本路径是国家降成本举措的一部分，有着其自身的特点，不能用"三去一降一补"中的降成本简单代替。

除了争取国家政策给予的帮助降成本，制造企业还可以通过以下途径降低成本。第一，应用先进技术提高生产率，这是制造企业降低成本的最有效途径。第二，提高产品供需匹配度、减少浪费降低成本，这也是制造企业去产能和去库存的另一重要作用。第三，制造企业需要与时俱进，在生产和经营的过程中增强自身的信息化程度和能力，增强"互联网+"应用水平，让数字多跑路，大幅提升企业的自动化运转程度来节省成本[136]，减少流程浪费和时间成本损耗[137]，来稳步降低成本[138]。第四，制造企业降成本绝不仅仅放在生产和制造阶段，而是渗透研发、配送、物流和服务各个环节，应用行业企业大数据[139]，整合价值链并增强运营效率[140]来降低成本。第五，改变成本核算方法，降低确定性带来长期成本。应用"互联网+会计",改善短期成本核算的缺陷。例如,目标成本法对成本的测算与筹划是先将产成品的当下需求视为既定目标,之后根据市场情况进行适时的调整[141]。这些测算方式着眼于短期的目标,并不利于企业的长期运营成本核算[142]。以煤炭行业为例,可能在某个短期内,社会对煤炭的需求程度高,部分企业被此种表象所蒙蔽,纷纷大力投入固定资产进行规模化生产,甚至寻求高杠杆来投资价值高昂的设备来满足当前"供不应求"的局面,然而这波消费热潮很可能只是长期需求疲软中的少数甚至唯一爆发期间,最终将会是产品无人问津的寒冬期[143]。那么制造企业在这之前投入的设备就会闲置,过多的固定资产被浪费,进而造成产能过剩和库存积压。尽管制造企业可能在当时的生产中通过一些方法降低了自身成本,但从长期来看仍是成本的绝对流失。因此,在"互联网+"背景下,企业应着眼于长期市场,科学合理地去分析市场的供给侧和需求侧,做到真正意义上的开源节流。

3.3.5 补短板路径

制造企业要提高全要素生产率、增加有效供给,需要补短板路径。补短板实际上是主动行为,能够帮助企业由弱转强[144]。制造企业补短板,也是企业在变革中转型升级,改善供给质量,扩大有效供给,针对供给提供过程中存在的不足及弱项进行改善,实际上是一种着眼于需求侧,从供给侧发力的行为,是提升企业全要素生产率和供给质量的重要方式。

制造企业补短板路径主要有 3 种。第一种是直接补产品短板,补足产品供给过程中的薄弱环节和滞后领域,推动产品供给结构调整,增加有效供给。其中主要补绿色制造和绿色竞争力短板、补高附加值产品短板、补服务差距短板及供应网络不完善不健全短板。第二种是补技术短板,制造企业必须协同努力,在"互联网+"时代背景下寻找技术创新的路径与有效合作机制,实现技术突破,突破技术瓶颈,补技术短板[145]。第三种是补基础短板,如补高端人才短板和高新动能短板,则需要搭上"互联网+"时代的便车,培育企业新动能和高端化领先人才,切实提升企业自主研发能力以补齐研发基础薄弱的短板。

3.3.6 供给侧与需求侧兼顾的"互联网+"价值共创路径

制造业要实现长期供需匹配，尤其提升服务化比例，满足个性化及时化的需求，需要供给侧和需求侧兼顾的"互联网+"价值共创路径。

以价值共创实现"数量上"的供需匹配。传统制造业仍然遵循着"生产主导"逻辑，即能生产什么就生产什么，忽视了市场需求变化，造成产能过剩和库存积压。制造企业采用供给侧和需求侧价值共创方式，及早关注需求侧的具体需求与数量，若能进一步利用互联网平台作支撑，实现供应链等信息的流通，保证制造企业与客户、供应商的沟通效率，实现供应商、制造企业和客户之间的互补性资源整合，提前按需进行研发，就可以实现按需生产。还可以有效释放技术进步和消费需求互动效应，从而扩大内需增加消费需求，实现"数量上"的供需匹配。

以价值共创实现"质"的供需匹配。随着"互联网+制造"深入发展，制造业转型升级主要体现在以智能制造为主攻方向，以"互联网+"价值共创方式整合价值网络资源综合研发，突破重要领域的基础性、关键性、共性技术，实现数字化制造和网络化制造，提升供应产品品质。以价值共创方式整合客户资源，可以促进产品向智能化、柔性化、服务化方向发展，进一步促进传统产业转型，从源头提升企业价值创造能力、加强企业满足客户高价值需求基础，为需求侧提供高"质"的有效供给。

以价值共创实现"服务"的供需匹配。现代制造业朝着制造和服务高度融合的方向发展，服务化逐渐成为制造企业价值共创的主要方式[146-147]。制造企业可以优化产品与服务结构，与供应商和客户一起进行服务转型和升级，重点提升服务效率，包括产品研发、物流、金融、技术支持、售后等服务效率，提升附加在产品中服务的精细化、专业化和高品质化水平，满足客户日益增长的服务需求。

另外，图3.5给出了改革可行路径列举示意。

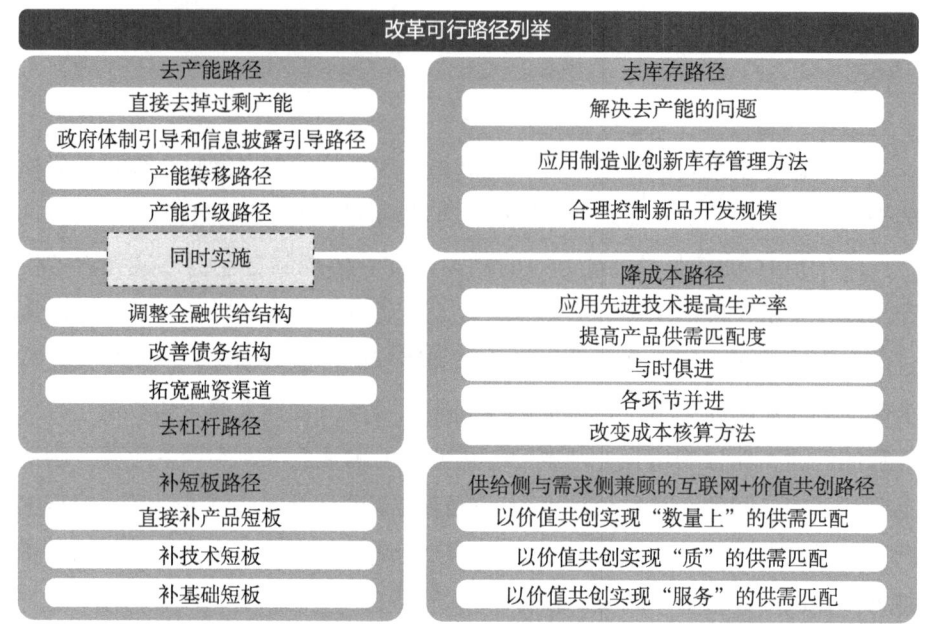

图 3.5 改革可行路径列举示意

3.3.7 改革可行路径实施要点

如图 3.5 所示，综合分析上述所有可行路径，所列出改革可行路径并不是所有改革可行路径的集合（这个集合也很难确定），为了研究视角和研究内容需要，只列出了对改革目标实现有较大影响的可行路径，并且不同可行路径侧重点不同，但不同路径间确实存在着交互影响，因此，在可行路径选择与实施过程中需要注意以下几点。

第一，正确认识改革路径和其对应的任务区别。改革的短期目标，尤其是国家层面倡导的"三去一降一补"，是国家需要实现的短期改革目标，到了企业层面，实现此类目标有很多种方式和方法，将这些方式和方法统称为该目标下的路径，如去产能路径、去杠杆路径等。因此，路径是实现目标的方案和改革举措的总和。例如，去产能改革路径强调的是，企业要达到去产能改革目标所实施方案的总和，不是企业所理解的将现有的所有过剩产能都一刀切式地退出市场，有些产能要升级、有些产能要转移，实在落后无用的产能才应退出市场，由此来减少企业的认知误区和改革实施阻力。

第二，正确认识短期目标下改革可行路径的实施范围和强度。去产能路径、去库存路径和去杠杆路径有着自身的适用范围,"三去"是有特定的分行业范围的,不是所有制造分行业、更不是所有的制造企业都必须要选择这些路径。"三去"更有着不同的实施力度区别,需要重视分行业固有的运行规律,如有些分行业因为"牛鞭效应"整个分行业和企业都有较高库存,不必要实施去库存路径;有些企业因为是夕阳产业,是去杠杆的重点。

第三,所有改革可行路径执行数量和顺序没有固定范式可循,企业应根据行业特性和企业特殊情况,制定出适合的执行方案和顺序。根据企业先生存后发展的理念,影响企业脱困生存目标实现等改革路径,应该尽早、尽快、尽力实施。通过分析各改革可行路径关系发现,有些可行路径间关系密切,单独实施哪项改革路径,难以促进改革目标的实现,因此应该同时实施两项改革路径打组合拳,以实现改革最优效果。例如,去产能路径和去库存路径之间就有着很强的交互影响,若只单方面去库存,而忽视去产能,在产能极度过剩的情况下,库存还会继续增加,只是治标不治本。若只是单方面去产能,而忽视企业现有的库存状况,就可能使得库存随着经济周期的变化,时而过剩时而短缺,因此,去产能路径和去库存路径在某些分行业,应同时予以考虑实施。

第四,所有改革可行路径实施要有长期短期结合的战略视角,更要有动态观。去产能路径、去库存路径和去杠杆路径不是企业单次改革后就能彻底解决相关问题,而是需要企业建立相关的预防机制,在日常经营过程中就得防止产能、库存和杠杆问题的形成,如加大企业对市场的把控能力和预测能力、减少企业的盲目投资,可以降低企业杠杆和盲目扩充的产能。因此,改革路径的长期或短期只是相对的,去产能路径、去库存路径和去杠杆路径虽为短期改革路径,但企业偶尔可能遇到类似问题并实施。另外,降成本、补短板和价值共创是企业在经营过程中必须时刻重视的,并对供需匹配有重要影响,但绝不能忽视这些路径对去产能路径、去库存路径和去杠杆路径的影响,更不能忽视这些路径对短期目标的影响。例如,制造企业除了可以降低金融成本、发挥降杠杆路径的作用,还可以从降低运营成本着手,从库存路径着手,从而促进降杠杆路径和降库存路径的实施。还有,制造企业实施价值共创路径,除了能动态适应市场变化,还能促进产能数量和质量与需求匹配,并提高供应链运营效率减少库存等,对去产能路径和去库存路径实施也有正向促进作用。因此,制造企业的改革可行路径间有着密切的交互影响,在具体实施的过程中应坚持全局观和动态观,抓住影响全局并且行之有效的关键路径。

4 "互联网+"背景下制造企业供给侧结构性改革关键路径

第3章依据不同改革目标,确定了制造企业供给侧结构性改革的主要可行路径。接下来,本章将检验不同改革可行路径对改革目标实现的影响程度、确定改革关键路径,为制造企业供给侧结构性改革找到行之有效的实施路径。

4.1 短期脱困目标下的关键路径识别

助力制造企业脱困是供给侧结构性改革的重要目的之一。制造业上市公司脱困与盈利水平提升是供给侧结构性改革的阶段性成果,盈利是企业的终极目标,更是处于困境的企业是否脱困的最显著衡量指标。依据"2019中国500强企业高峰论坛"发布的数据,中国制造业企业的平均利润率仅为2.59%,低于中国500强企业的平均利润率水平(4.37%),更远低于世界500强企业的平均利润率水平(6.57%),因此实现供给侧结构性改革的短期脱困目标,是制造企业实现盈利的基础。

依据前述爬虫程序得到的样本,经过统计分析发现,自2015年底以来共有31.4%的非国有企业、48.7%的国有企业积极披露了其参与供给侧结构性改革的信息。相比2015年的制造业上市公司财务数据,在这些制造业上市公司中,有接近45%的企业实现了盈利水平的提升,其中更是有高达78%的国有企业通过供给侧结构性改革提高了自身的盈利水平。这些初步的统计数据表明,我国制造企业已经通过供给侧结构性改革初步实现了"脱虚向实",成功助力制造企业走向正确的脱困道路。

但同时,仅仅了解改革企业的盈利水平比不改革企业的高还是不够的,探清供给侧结构性改革通过何种关键途径实现制造企业脱困,识别出脱困目标下制造企业的改革关键路径,对深化供给侧结构性的制造企业具有重要的指导意义。

2015 年底,中央财经领导小组第 11 次会议提出:"在适度扩大总需求的同时,着力加强供给侧结构性改革"策略,目前已取得了一些阶段性成果,为关键路径识别提供了足够的样本。

关键路径识别采用不同路径在因果关系链条中是否显著来识别。关键路径是实现改革目标的关键路径,关键路径识别应该从改革实施力度与改革目标实现的关系中去识别。缺乏改革力度的支撑背景,辨别出来的关键路径,对不同企业的启示作用会大打折扣。因此,依据改革、路径和目标三者的关系,在改革强度、路径实施程度和脱困目标实现程度三者的因果关系链条中,识别出关键路径。

4.1.1 改革关键路径识别模型

(1)改革强度与脱困目标

制造企业情况不同,在执行国家供给侧结构性改革策略时,改革强度不同,脱困目标实现程度自然不同。改革强度是制造企业在理解国家改革策略的基础上,在企业内部形成改革方案,并在实施改革方案中采取的总体力度。其中既包括全体员工尤其是高层管理者的改革意愿,也包括改革意愿和改革方案的具体落地实施力度。

改革强度可以从企业主观和客观两个方面来衡量,而主观意愿又是客观执行的内因。改革强度的主观方面为企业自身改革意愿。意愿原意指个人对事物所产生的看法或想法,并因此而产生的个人主观性思维。将其引入组织行为学后,组织的某种意愿是指企业实施某种行动的集体意志。因此,供给侧结构性改革意愿,是指企业进行供给侧结构性改革的集体意志。而客观方面则包含广泛,如宣传力度、改革范围、时间节奏及战略投资等。

首先,改革意愿强度不同,对改革脱困目标实现影响程度不同。宏观经济政策的方向和企业短期内发展的目标可能存在着某些矛盾,改革在短期内势必会给企业带来阵痛(张海亮 等,2018)[148]。因此,不少制造企业无法做到立即响应改革政策,而是在短时间内秉持观望态度。正如,"改革意愿不足制约了德国的发展"事实的发生,学者也越来越关注企业改革意愿这一研究主题[149]。例如,邓永勤等在其研究中提及,政府提出鼓励国有资本以多种形式参股民营企业以推动改革意愿的实施[150]。再如,影响民营企业参与国企改革意愿的因素研究认为,参与改革的民营企业对政策落实的评价越高,其他民营企业愿意参与国企改革的概率就越大[151]。而企业的改革意愿是所有改革方案制定与实施的基础,是企业改革的发动机和推进器,对企业人力、物力和资本投入具有重大影响,从而对脱困目标实现具有根本影响。

在企业客观层面,企业改革实施的力度、广度和深度,影响着改革脱困目标的实现。企业很多利益相关者就被"嵌套"至企业熟悉框架中,在相当长的时间内,这将限制企业未来可以选择的改革范围和改革实施强度,因此企业改革实施强度,是实现新改革目标的必备条件。其中就包括企业制度变革。易阳通过实证分析得出,国有企业混合所有制改革可以提高企业员工效率,进而提升企业绩效[152],也包括企业改革信息披露和宣传力度。曾江洪基于信息不对称理论,研究发现R&D投入水平与发行企业IPO抑价显著正相关,企业信息披露质量的提高则显著缓解了R&D投入对IPO抑价的正向影响,这种影响在高新技术企业中更为明显[153]。姜晓文以创业板上市公司为样本,企业借助自媒体平台进行信息披露,能够向利益相关者传达"自身价值被低估"的信息,对市值管理具有正面效应[154]。另外,改革持续时间的长短也是衡量改革力度的重要维度,时间越长,改革越重大、越困难,对企业经营就越重要,对企业长期和短期绩效都有明显影响。改革实施广度对企业脱困目标也有重大影响,尤其改革涉及企业业务多少、人员多少,以及需要触及战略、人力、财务、销售、生产的功能多少,这些对企业营销绩效指标和财务指标影响巨大,即对企业脱困目标有重大影响。由此可以得出假设H_{4-1}。

假设H_{4-1}:改革强度正向促进制造企业脱困目标实现。

(2) 可行路径在改革强度与脱困目标关系中的中介作用

制造企业供给侧结构性改革可行路径中的去产能路径、去杠杆路径、去库存路径、补短板路径的实施,涉及企业的战略改革、投融资改革、生产改革、人力资源改革、营销改革、技术改革等众多领域,因此改革范围之广、改革时间之长、改革需要投入资源之巨,以及企业面临的未来不确定性之大,需要制造企业决策者的强大意愿,以及全体员工的改革意愿才能开展,更需要制造企业在众多领域，以强大的改革实施力度、深度和广度，使之持续进行，才能取得最后的改革成效。另外，只有改革强度足够高，才能够打破制造企业经营者和管理者的认知刚性，打破制造企业员工对原有制造和生产结构的认知惯性，打破企业对改革风险的认知局限性和对改革风险的厌恶心理，打破企业现有资源适用框架约束，而进行内容广泛的、路径多样的、程度深入的供给侧结构性改革。

产能过剩的实质是供大于求，就目前市场的发展状况而言，产能过剩持续会导致产品利润下降甚至因此部分企业将面临破产[155]。因此，消除制造业过剩产能情况，将过剩产能占据的时间、空间转移到能为企业创造更大的价值中去，也可加速企业提升盈利水平。而去产能指直接把制造业剩余过量和较为落后的产能去除掉，这样做的目的是去掉不达标的利润数据和将会造成企业损失的产能，以此实现更加完美的资源调配，从而为企业获取更高效的新产能创造动力和提供条件，进而加快经济发展。去产能影响内部控制进而影响经济效益。洪昱颖经过一系列研究提出，企业首先要从采购环节开始作为去产能的第一步，而正确调控钢铁企业的原材料供应任务可以在一定范围内减少原材料成本，还可以尽可能地保证产品品质，进而提升利润和钢铁企业的价值[156]。丁志国等对去产能效应测度后发现，供给侧结构性改革实现去产能、调整产品供给结构，对企业盈利水平具有显著的提升作用，虽然这种显著的提升作用存在显著差异化，受政策干预性程度及地区等因素影响政策实施效力，进而影响对企业盈利水平的提升作用程度[157]。因此，提出假设 H_{4-2}。

假设 H_{4-2}：去产能路径对改革强度与脱困目标的影响关系有中介作用。

企业的库存周转效率和其业绩成效呈正相关，Chen 等在分析了美国制造企业 20 年的数据后发现，股票收益较好的企业原材料及半成品库存水平低于行业平均库存水平[158]。Steinker 等利用 1995—2007 年库存面板数据，证明制造企业降低库存水平能够维持其在财务危机下生存[159]。库存周转率与企业盈利水平二者之间非简单的线性关系，库存周转率越高不一定越有利于提升企业盈利水平，需要结合行业特性选择库存与企业盈利水平之间、降低库存产生的成本与增加的收益之间的最佳点[160]。Elsayed 同样发现库存管理效率对企业盈利水平存在正向影响[161]，精细化的成本管理能够促进企业盈利水平提升。Huson 等发现 JIT 生产方式能够提高上市企业的存货周转率和每股收益，库存与收益呈正相关关系，这证明库存管理方式和企业盈利水平存在正相关关系[162]。Isaksson 等和 Elsayed 等研究发现，处在成长期和复苏期的制造企业，精细化库存管理与企业盈利水平之间存在显著的正相关关系[163-164]。而供给侧结构性改革的去库存路径实施实际就是对制造企业成本进行一个精细管理的过程，并且去库存改革带来的库存存货周转速度、库存变化等通过影响成本和利润对企业盈利水平存在明显的正向影响。因此，提出假设 H_{4-3}。

假设 H_{4-3}：去库存路径对改革强度与脱困目标的影响关系有中介作用。

恰当负债的增加能够提高公司未来的收益率从而增加股东权益，但是过高的负债又会加剧企业财务风险，致使企业的稳定性变弱[148]，陈卫东等认为一个企业如果存在财务债务压力问题时，那么该企业的盈利状况可能会大幅降低，且随着债务压力的增大，导致进入新一轮新债还旧债、新投资缩减、生产压缩、企业盈利反复减少的问题可能出现的概率增大[165]。经李晗对企业的探究指出，负债压力程度高的企业，其财务周转十分艰难，投资资金也随着提高，也就是说高杠杆情况下，企业有关于资金的多项事务受阻。钟伟等经过研究发现，实施去杠杆是美国经济危机时解决企业风险的有效方案[166]，大力降低资金循环，保证资金链的稳定性，从而降低了企业破产的风险，并且社会各界大力推动去杠杆、不断宣传其重要性，极大地推动了其实施过程。去杠杆改革是供给侧结构性改革路径中与资本最为相关的一项，因此制造行业去杠杆路径，可以把杠杆率降低到有效防范的风险范围内[167]，减弱杠杆率对经济增长和资产回报率的负向影响[168]。同时，资本结构理论认为资产负债率的改变会影响企业价值，而制造企业大多属于资本密集型行业，所以去杠杆能够有效降低制造行业的资产负债，从而提升企业价值。张锐也发现，一个国家的经济发展水平可以从生产力的发展速度来反映，因此增加企业效率、提高产品合格率、实现产业升级都要借助生产率，即释放经济发展的潜在生产率有效方法是"去杠杆"[169]。綦好东等研究了非金融企业上市公司的财务数据，发现其中杠杆率过高、过度的企业通过"去杠杆"提高企业盈利水平，且去杠杆对企业盈利水平的正向影响在国有企业中更显著[170]。但制造业去杠杆并不代表一味地消除企业杠杆率，而是基于去杠杆的任务实施目的，降低杠杆率以提高企业盈利水平，增强企业竞争力，实现高质量发展。因此提出假设 H_{4-4}。

假设 H_{4-4}：去杠杆路径对改革强度与脱困目标的影响关系有中介作用。

降低经济成本是制造业实施供给侧结构性改革应对经济新常态的重要环节。企业降低生产成本是个系统工程，降成本不是仅仅降低成本数额，而是要把成本降低至合理的区间内，科学管理成本结构。吴群等从全球经济下行背景下，讨论降成本措施从深化改革、促进产业转型、恢复企业活力3个方面强调降成本的现实意义[171]。降成本带来的成本结构变化不仅能反映出企业生产要素结构变化，更能反映出生产和销售过程中的要素分配和管理效率[172]。首先，降低资金成本具有双重功效，既是降成本方式之一，也是降杠杆方式之一。资金成本是居高不下的融资成本，是制造业成本升高的关键因素之一。谭元戎等发现，通过控制负债与资本的比例可以降低融资成本进而改变企业盈利水平[173]。徐向艺等以中国电力行业财务数据为样本，研究证明融资成本的降低能够长期提高企业盈利水平[174]。因而也是降成本路径和去杠杆路径双重抓手。其次，制造企业降低生产成本可以提升企业市场竞争力、提高企业盈利水平，是企业利润最主要的来源。降低成本不仅能提升制造企业盈利水平，还能提高资金配置效率从而加速企业转型[175]。因此，提出假设 H_{4-5}。

假设 H_{4-5}：降成本路径对改革强度与脱困目标的影响关系有中介作用。

经济发展模式正处在从"要素驱动"向"创新驱动"转变的大环境下，制造企业必须补足发展的基础短板，补足高新人才短缺和企业高新发展动能缺乏的短板。这些短板补齐，往往耗费企业资源和现金流，短期不能给企业带来利益，因此对企业短期脱困目标没有贡献，反而可能还会有拖累。企业所有补短板都离不开创新，创新是激发企业能力、引导企业高质量发展的驱动力，通过创新推动制造企业逐步专业化和高端化发展，有效拉动制造企业发展、提高整体竞争力，是制造企业提质增效的重要手段，也是智能化、数字化制造时代，对企业管理、生产模式产生极大的甚至变革性影响的重要力量，能够强化制造企业薄弱部分，提高制造企业盈利水平，加速制造企业升级[176]。但补齐技术短板、提升产品创新能力，可以使企业在短期内就能实现巨大回报。Edward B.Roberts 在两次调研 244 家企业后，发现研发强度和营业收入存在正向显著作用，证明技术战略在企业管理中的重要作用[177]。张艳辉等认为企业研发资金的投入有助于创新绩效的提升。Berchicci 等的研究也得出了类似的结论[178]。"互联网+"背景下技术创新对制造企业核心竞争力提升非常重要，而企业技术创新能力和重视程度最终呈现在公司研发投入的数量，这对企业新产品开发有推动作用，促进企业获得较高的利润，提升企业盈利水平。Rossan等、胡恩华研究发现，增强技术和产品创新能力综合提升企业包括决策、生产的规划统筹和执行效率[179-180]。不单是产品创新行为，创新的非技术要素在供给侧结构性改革时期对于盈利水平同样有促进作用[181]。因此，提出假设H_{4-6}。

假设 H_{4-6}：补短板路径对改革强度与脱困目标的影响关系有中介作用。

（3）"互联网+"的影响作用

在"互联网+"的影响下，技术创新、知识共享已经成为各个行业不可回避的新型社会发展形态。依托大数据技术，"互联网+"使得过去难以整合的行业或资源实现了深度融合，进一步优化了我国的经济结构。许多学者基于"互联网+"视角，通过互联网的调节作用或作为环境控制变量进行实证研究。刘金焕等通过互联网网络化程度与行业外资进入程度交互项作为解释变量进行实证研究，发现外资进入与互联网的交互作用通过提升进口产品质量和促进自主创新，提升了内资企业产品的出口质量[182]。王轶等基于我国返乡创业者的调研数据得出，"互联网+"会显著提升返乡创业企业经营业绩[183]。

制造企业的结构化转型脱困也离不开"互联网+"的推动作用。关乾伟等基于互联网的调节作用发现，互联网发展提升了制造行业全球价值链的分工地位，同时对经济政策不确定性的提升效应具有缓释作用[184]。杨林等在"互联网+"背景下以知名制造企业：美国GE、德国Siemens、日本Toyota与中国Haier作为研究对象，应用复杂系统理论进行多案例分析，构建了"资源要素—核心能力—系统创新"智能化战略转型综合模型，对中国制造企业转型升级具有重要的实践指导意义[185]。徐远彬等基于价值创造环节的视角研究发现，制造企业在生产环节、营销环节和服务环节使用互联网均会有效提升其价值创造水平[186]。综上所述，提出假设H_{4-7}。

假设 H_{4-7}："互联网+"背景环境在制造企业通过改革关键路径脱困中具有正向调节作用。

（4）短期脱困目标下关键路径识别模型

综合上述全部假设，综合检验各项影响关系是否成立，通过检验不同改革可行路径在供给侧结构性改革强度对脱困目标影响关系中的中介作用是否存在，来探究改革的关键路径。因此，得出制造企业供给侧结构性改革脱困目标下的关键路径识别模型如图4.1所示。

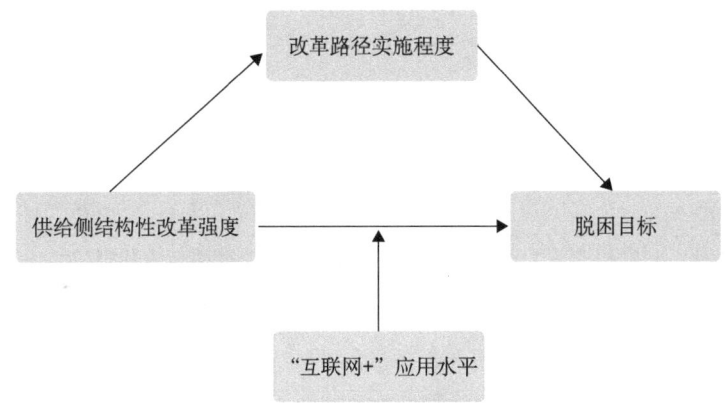

图 4.1　脱困目标下的关键路径识别模型

4.1.2　实证研究设计

（1）变量说明与数据来源

如何合理计量改革强度，一直是企业变革和战略变革研究的难题。衡量改革强度既要衡量意愿，又要衡量实际实施力度、范围、深度、广度及时间跨度。但改革强度会在企业各个方面都有所体现，尤其对于上市公司企业而言，企业披露的各项重大信息在一定程度上能够体现出企业供给侧结构性改革实施的方方面面。

结合数据可获得的实际情况，采取以制造业上市公司所披露出的与供给侧结构性改革相关的关键词文件数量作为衡量企业供给侧结构性改革强度。若制造企业所披露的与供给侧结构性改革相关的关键词文件数量越多，则在一定程度上反映企业主观改革意愿越强；改革实施方案和行动越多，代表着制造企业上市公司的改革强度越大。模型中所有变量及其测量指标如表4.1所示。

改革强度的数据来源与样本选择，已经在3.2.2中进行了详述。首先通过基于 Python 的网络爬虫技术，获取了自 2016 年以后我国制造业上市公司所有披露供给侧结构性改革关键字的相关文件，随后选取了 2016 年以后进行供给侧结构性改革的制造业上市公司（有披露供给侧结构性改革等关键字的制造企业上市公司）作为样本进行改革关键路径识别实证研究。

其他样本数据通过国泰安数据库、Wind 数据库获取，部分空缺数据使用线性插值法补充。为保证样本数据的准确性和可靠性，剔除了 ST、*ST、PT 类上市公司，最终得到 785 家制造业上市公司样本。同时实证研究的面板数据选择以季度为时间单位，从 2016 年第一季度至 2019 年第四季度共计 16 个时间段。

表 4.1　模型变量及其测量指标

变量类型	指标	含义
被解释变量	盈利水平（profit）	季度期末净利润
解释变量	供给侧结构性改革强度（intensity）	供给侧结构性改革文件披露数量
"互联网+"变量	"互联网+"应用水平（inp）	制造业上市企业所在地区的电子商务采购额
控制变量（Control）	利息支出（inte）	季度长短期债务的利息支出
	市场价值（share）	季度每股收益
	企业规模（size）	季度资产净值
	销售收入（sale）	季度销售收入额
	固定资产周转能力（FAT）	季度固定资产周转率
	存货周转能力（PT）	季度存货周转率
	成本费用控制水平（RPCE）	季度成本费用利润率
	盈利能力（ROA）	季度资产收益率
	企业所有权性质（state）	是否为国有企业
中介变量（Mediator）	去产能路径实施程度（pdc）	季度生产费用
	去库存路径实施程度（endi）	季度期末库存期末净值
	去杠杆路径实施程度（DAR）	季度资产负债率
	降成本路径实施程度（endc）	季度期末总成本
	补短板路径实施程度（RD）	季度研究与试验发展经费
调节交互项	"互联网+"调节效应（net）	改革强度指标与电子商务采购额的乘积

（2）分析方法

基于制造业上市公司面板数据，采取基于多元线性回归模型的逐步回归检验法进行供给侧结构性改革中路径识别探索。当前,探索中介路径的主要方法有逐步回归检验、Sobel 检验及 Bootstrap 检验,由于在 Stata 软件中,Sobel 检验与 Bootstrap 检验命令无法对面板数据加入双向固定效应,故根据面板数据研究情况选择基于多元线性回归的逐步回归检验模型。逐步回归检验模型如下:

$profit_{it}=a_0+a_1 intensity_{it}+a_2 inp_{it}+\Sigma\rho Control_{it}+\lambda_t+\eta_p+\varepsilon_{it}$;

$Mediator_{it}=a_0+a_1 intensity_{it}+a_2 inp_{it}+\Sigma\rho Control_{it}+\lambda_t+\eta_p+\varepsilon_{it}$;

$profit_{it}=a_0+a_1 intensity_{it}+a_2 inp_{it}+a_3 Mediator_{it}+\Sigma\rho Control_{it}+\lambda_t+\eta_p+\varepsilon_{it}$。

在逐步回归后,拟对可选路径进一步进行"互联网+"调节效应检验。在逐步回归检验中,"互联网+"应用水平(inp)指标仅作为控制变量,但在"互联网+"调节效应检验中,将其作为改革路径的调节变量,与解释变量供给侧结构性改革强度(intensity)构成交互项进一步探讨"互联网+"的调节效应大小。调节效应检验模型如下:

$profit_{it}=a_0+a_1 intensity_{it}+a_2 Mediator_{it}+a_3 inp_{it}+a_4 net_{it}+\Sigma\rho Control_{it}+\lambda_t+\eta_p+\varepsilon_{it}$。

其中,$net_{it}=intensity_{it}\times inp_{it}$。

为了减小模型误差,在逐步回归实证研究前对回归模型进行了 Hausman 检验,检验结果为随机效应模型与固定效应模型之间存在显著差异,应该选择固定效应模型。

4.1.3 关键路径识别结果

(1)描述性统计与相关性分析

相关变量的描述性统计与相关性分析结果如表 4.2 所示。

表 4.2 相关变量的描述性统计与相关分析结果

变量名	数量	均值	标准差	最小值	中值	最大值
$profit$	12493	0.000	1.000	−4.851	−0.175	30.738
$intensity$	12560	2.628	2.447	1.000	2.000	18.000
inp	12560	−0.000	1.000	−1.022	−0.526	3.085
net	12560	−0.112	3.548	−17.136	−0.598	37.018
$inte$	11926	0.000	1.000	−0.756	−0.299	17.590
$share$	12316	0.000	1.000	−17.620	−0.095	26.297
$size$	12248	−0.000	1.000	−3.388	−0.070	3.366

续表

变量名	数量	均值	标准差	最小值	中值	最大值
sale	12437	0.000	1.000	-0.351	-0.264	20.390
FAT	12476	0.000	1.000	-0.435	-0.200	31.286
PT	12430	0.000	1.000	-0.346	-0.154	51.572
RPCE	12364	0.000	1.000	-39.546	-0.069	14.495
ROA	12436	-0.000	1.000	-41.901	-0.152	8.502
state	12560	0.330	0.470	0.000	0.000	1.000
pdc	12489	-0.000	1.000	-0.331	-0.259	20.454
endi	12358	0.000	1.000	-0.345	-0.245	23.430
DAR	12370	-0.000	1.000	-1.202	-0.025	90.834
endc	12493	0.000	1.000	-0.350	-0.264	20.058
RD	11247	-0.000	1.000	-0.338	-0.240	22.109

其中，大部分变量都进行了标准化处理（除去0-1变量与解释变量）。通过相关性分析结果（表4.3）可知，研究变量之间具有很强的相关性，符合预期假设，可以进行下一步研究。

表4.3 相关性分析结果

变量名称	profit	intensity	inp	net	inte
profit	1	0.085***	0.047***	0.006	0.299***
intensity	0.097***	1	-0.059***	-0.246***	0.217***
inp	0.027***	-0.042***	1	0.884***	-0.071***
net	-0.015	-0.093***	0.733***	1	-0.105***
inte	0.300***	0.209***	0.015	-0.013	1
share	0.429***	0.007	-0.007	-0.040***	-0.005
size	0.398***	0.267***	-0.014	-0.046***	0.597***
sale	0.678***	0.132***	0.016	-0.028***	0.595***
FAT	0.046***	0.018*	0.067***	0.016	-0.005
PT	0.132***	0.052***	-0.023**	-0.040***	0.053***
RPCE	0.225***	-0.012	-0.004	-0.012	-0.056***
ROA	0.312***	-0.021**	0.004	-0.017*	-0.074***
state	0.109***	0.211***	-0.118***	-0.138***	0.225***
pdc	0.603***	0.130***	0.010	-0.030***	0.593***
endi	0.371***	0.169***	0.030***	0.026***	0.721***
DAR	-0.001	0.084***	-0.028***	-0.042***	0.207***
endc	0.623***	0.130***	0.015	-0.027***	0.605***
RD	0.563***	0.060***	0.041***	0.011	0.396***

续表

变量名称	share	size	sale	FAT	PT
profit	0.626***	0.566***	0.685***	0.320***	0.353***
intensity	−0.044***	0.232***	0.189***	−0.094***	0.038***
inp	0.057***	−0.047***	−0.011	0.126***	0.002
net	0.036***	−0.083***	−0.065***	0.131***	−0.033***
inte	−0.067***	0.791***	0.654***	−0.100***	0.145***
share	1	0.105***	0.209***	0.213***	0.159***
size	0.093***	1	0.834***	−0.007	0.139***
sale	0.115***	0.565***	1	0.360***	0.489***
FAT	0.051***	0.040***	0.102***	1	0.418***
PT	0.055***	0.118***	0.191***	0.129***	1
RPCE	0.565***	0.020**	−0.007	0.017*	0.005
ROA	0.664***	−0.007	0.064***	0.103***	0.155***
state	0.002	0.362***	0.224***	0.006	0.075***
pdc	0.082***	0.547***	0.993***	0.106***	0.194***
endi	0.062***	0.541***	0.569***	0.032***	−0.048***
DAR	−0.183***	0.245***	0.123***	0.035***	0.025**
endc	0.082***	0.563***	0.997***	0.103***	0.190***
RD	0.085***	0.481***	0.747***	0.026***	0.089***
变量名称	RPCE	ROA	state	pdc	endi
profit	0.567***	0.718***	0.084***	0.620***	0.467***
intensity	−0.062***	−0.066***	0.179***	0.193***	0.183***
inp	0.072***	0.078***	−0.157***	−0.015	−0.017*
net	0.065***	0.055***	−0.174***	−0.071***	−0.052***
inte	−0.295***	−0.233***	0.242***	0.666***	0.663***
share	0.674***	0.704***	−0.081***	0.155***	0.076***
size	−0.096***	−0.054***	0.346***	0.818***	0.848***
sale	−0.079***	0.212***	0.313***	0.986***	0.757***
FAT	0.106***	0.451***	−0.024**	0.337***	0.093***
PT	−0.009	0.363***	0.057***	0.512***	−0.116***
RPCE	1	0.810***	−0.224***	−0.164***	−0.172***
ROA	0.740***	1	−0.173***	0.143***	−0.076***
state	−0.045***	−0.075***	1	0.326***	0.327***
pdc	−0.028***	0.040***	0.226***	1	0.751***
endi	−0.008	−0.024**	0.232***	0.554***	1
DAR	−0.494***	−0.493***	0.136***	0.126***	0.133***
endc	−0.028***	0.039***	0.228***	0.997***	0.570***
RD	−0.009	0.034***	0.143***	0.722***	0.460***

续表

变量名称	*DAR*	*endc*	*RD*
profit	0.043***	0.631***	0.494***
intensity	0.135***	0.190***	0.052***
inp	−0.080***	−0.013	0.074***
net	−0.096***	−0.067***	0.046***
inte	0.743***	0.676***	0.420***
share	−0.143***	0.152***	0.176***
size	0.532***	0.834***	0.603***
sale	0.467***	0.993***	0.645***
FAT	−0.014	0.347***	0.239***
PT	0.103***	0.487***	0.219***
RPCE	−0.454***	−0.154***	0.002
ROA	−0.347***	0.147***	0.153***
state	0.264***	0.323***	0.183***
pdc	0.505***	0.990***	0.625***
endi	0.504***	0.760***	0.564***
DAR	1	0.503***	0.298***
endc	0.131***	1	0.643***
RD	0.106***	0.743***	1

注：上三角为皮尔逊检验，下三角为斯皮尔曼检验，***$P<0.01$，**$P<0.05$，*$P<0.1$。

（2）逐步回归分析结果

由于样本量充足，同时制造业内细分行业差异较为显著，将个体固定效应放大为行业固定效应，与时间固定效应一同探究双向固定性效应模型下，各改革路径的中介作用是否显著。通过逐步回归检验可行路径的变量汇总如表4.4所示。

模型（1）为不含中介变量的回归模型，根据模型（1）可得，供给侧结构性改革强度的提升，促进了制造企业盈利水平的提升，成功助力制造企业脱困，可以接受假设 $H_{4\text{-}1}$。模型（2）、模型（3）为去产能路径中介效应模型；模型（4）、模型（5）为补短板路径中介效应模型。根据逐步回归检验结果可认为，去产能路径、补短板路径皆在改革强度影响脱困目标的关系中中介效应显著，可以接受假设 $H_{4\text{-}2}$、假设 $H_{4\text{-}6}$。由此可以确定，去产能路径、补短板路径是制造企业供给侧结构性改革的关键路径。

表 4.4　通过逐步回归检验可行路径

参数	模型（1） *profit*	模型（2） *pdc*	模型（3） *profit*	模型（4） *RD*	模型（5） *profit*
intensity	0.010***	－0.001*	0.007***	－0.013***	0.011***
	（4.825）	（－1.860）	（5.957）	（－4.748）	（4.984）
inp	0.010*	－0.004***	－0.007**	0.021***	0.005
	（1.864）	（－3.906）	（－2.550）	（3.307）	（1.015）
inte	－0.134***	0.008***	－0.102***	－0.120***	－0.114***
	（－19.645）	（5.584）	（－27.249）	（－14.131）	（－16.011）
share	0.329***	－0.042***	0.162***	0.010	0.325***
	（37.115）	（－22.539）	（32.584）	（0.909）	（35.120）
size	0.068***	－0.031***	－0.055***	0.182***	0.048***
	（9.419）	（－20.385）	（－13.640）	（20.079）	（6.218）
sale	0.599***	1.008***	4.633***	0.742***	0.515***
	（89.654）	（722.464）	（185.743）	（89.772）	（56.471）
FAT	－0.046***	0.010***	－0.007**	－0.058***	－0.040***
	（－8.227）	（8.386）	（－2.211）	（－8.405）	（－6.906）
PT	－0.035***	0.015***	0.027***	－0.098***	－0.040***
	（－2.925）	（6.208）	（4.119）	（－5.806）	（－2.854）
RPCE	0.003	0.001	0.005	0.003	0.007
	（0.384）	（0.328）	（1.199）	（0.328）	（0.785）
ROA	0.050***	－0.001	0.047***	－0.005	0.048***
	（5.606）	（－0.493）	（9.463）	（－0.483）	（5.129）
state	－0.071***	0.016***	－0.007	－0.077***	－0.064***
	（－6.062）	（6.514）	（－1.123）	（－5.206）	（－5.164）
mediator			－4.004***		0.087***
			（－163.510）		（10.689）
_cons	0.017	0.009	0.054***	0.194	－0.026
	（0.602）	（1.542）	（3.444）	（0.801）	（－0.129）
行业固定效应	Yes	Yes	Yes	Yes	Yes
时间固定效应	Yes	Yes	Yes	Yes	Yes
N	11584	11584	11584	10593	10593
F	348.077	18365.247	1612.082	312.464	311.153

注：***$P<0.01$，**$P<0.05$，*$P<0.1$。

未通过逐步回归检验的可行路径变量汇总如表 4.5 所示。模型（1）为不含中介变量回归模型；模型（2）、模型（3）为去库存路径中介效应模型；

模型（4）、模型（5）为去杠杆路径中介效应模型；模型（6）、模型（7）为降成本路径中介效应模型。根据逐步回归检验结果可以得出，去库存路径、去杠杆路径、降成本路径中介效应不显著，所以拒绝假设 H_{4-3}、假设 H_{4-4}、假设 H_{4-5}。

表4.5 未通过逐步回归检验的可行路径变量汇总

参数	模型（1） profit	模型（2） endi	模型（3） profit	模型（4） DAR	模型（5） profit	模型（6） endc	模型（7） profit
intensity	0.010***	0.004	0.010***	-0.002	0.011***	-0.002***	-0.000
	(4.825)	(1.535)	(4.750)	(-0.709)	(4.844)	(-5.301)	(-0.376)
inp	0.010*	0.017***	0.009*	-0.020***	0.010*	-0.000	0.009***
	(1.864)	(2.665)	(1.725)	(-2.602)	(1.932)	(-0.064)	(5.096)
inte	-0.134***	0.566***	-0.158***	0.059***	-0.135***	0.019***	0.003
	(-19.645)	(67.135)	(-19.683)	(5.927)	(-19.776)	(21.444)	(1.137)
share	0.329***	0.050***	0.327***	0.366***	0.322***	-0.039***	0.052***
	(37.115)	(4.578)	(36.890)	(28.239)	(35.190)	(-33.410)	(15.828)
size	0.068***	0.115***	0.063***	0.226***	0.064***	-0.006***	0.027***
	(9.419)	(12.900)	(8.689)	(21.442)	(8.689)	(-6.047)	(10.615)
sale	0.599***	0.209***	0.590***	-0.072***	0.600***	0.998***	7.710***
	(89.654)	(25.293)	(86.084)	(-7.345)	(89.664)	(1138.196)	(306.160)
FAT	-0.046***	0.017**	-0.047***	0.038***	-0.047***	0.005***	-0.014***
	(-8.227)	(2.389)	(-8.362)	(4.629)	(-8.343)	(6.219)	(-6.799)
PT	-0.035***	-0.201***	-0.026**	0.049***	-0.035***	0.004**	-0.008*
	(-2.925)	(-13.733)	(-2.186)	(2.807)	(-2.998)	(2.419)	(-1.871)
RPCE	0.003	0.009	0.003	-0.287***	0.008	0.001	0.008***
	(0.384)	(0.909)	(0.337)	(-23.692)	(0.981)	(0.645)	(2.788)
ROA	0.050***	-0.002	0.050***	-0.495***	0.059***	-0.004***	0.020***
	(5.606)	(-0.184)	(5.624)	(-37.674)	(6.222)	(-3.552)	(6.449)
state	-0.071***	0.072***	-0.074***	0.035**	-0.072***	0.008***	-0.012***
	(-6.062)	(4.983)	(-6.326)	(2.026)	(-6.116)	(5.413)	(-2.821)
mediator				0.043***		0.018***	-7.128***
				(5.666)		(2.811)	(-283.631)
_cons	0.017	0.060*	0.015	-0.226***	0.021	0.002	0.034***
	(0.602)	(1.690)	(0.513)	(-5.367)	(0.742)	(0.638)	(3.386)
行业固定效应	Yes	Yes	Yes	Yes	Yes	Yes	Yes
时间固定效应	Yes	Yes	Yes	Yes	Yes	Yes	Yes

续表

参数	模型（1）	模型（2）	模型（3）	模型（4）	模型（5）	模型（6）	模型（7）
	profit	*endi*	*profit*	*DAR*	*profit*	*endc*	*profit*
N	11584	11584	11584	11584	11584	11584	11584
F	348.077	306.516	343.357	152.920	342.207	46762.471	4164.007

注：***$P<0.01$，**$P<0.05$，*$P<0.1$。

4.1.4 关键路径的"互联网+"调节效应检验

关键路径"互联网+"调节效应检验结果如表 4.6 所示。对去产能路径与补短板路径的中介作用进行"互联网+"调节效应检验。模型（1）为总体样本下，"互联网+"对去产能路径的调节效应检验结果；模型（2）、模型（3）分别为"互联网+"对国有企业、非国有企业样本下，去产能路径的中介作用的调节效应检验结果；模型（4）为总体样本下，"互联网+"对补短板路径的中介作用的调节效应检验结果；模型（5）、模型（6）分别为"互联网+"背景环境对国有企业、非国有企业样本下，补短板路径的调节效应检验结果。

表 4.6 关键路径"互联网+"调节效应检验结果

参数	模型（1）	模型（2）	模型（3）	模型（4）	模型（5）	模型（6）
	profit	*profit*	*profit*	*profit*	*profit*	*profit*
		国有	非国有		国有	非国有
intensity	0.008***	0.012***	0.002*	0.011***	0.015***	0.011***
	（6.304）	（4.362）	（1.710）	（4.992）	（3.048）	（5.679）
pdc	−4.006***	−4.117***	−4.002***			
	（−163.720）	（−90.474）	（−122.249）			
RD				0.087***	0.009	0.071***
				（10.691）	（0.607）	（7.947）
inp	−0.021***	−0.028**	−0.016***	0.004	−0.053**	0.007
	（−5.116）	（−2.264）	（−5.004）	（0.506）	（−2.338）	（1.187）
net	0.005***	0.011***	0.003***	0.001	0.020***	−0.001
	（4.648）	（3.568）	（3.564）	（0.280）	（3.546）	（−0.744）
inte	−0.102***	−0.100***	−0.103***	−0.114***	−0.118***	−0.155***
	（−27.340）	（−15.434）	（−19.496）	（−16.012）	（−9.553）	（−16.351）
share	0.162***	0.178***	0.149***	0.326***	0.411***	0.188***
	（32.713）	（14.529）	（35.031）	（35.109）	（17.945）	（25.347）

续表

参数	模型（1） *profit*	模型（2） *profit* 国有	模型（3） *profit* 非国有	模型（4） *profit*	模型（5） *profit* 国有	模型（6） *profit* 非国有
size	-0.055***	-0.108***	-0.017***	0.048***	0.057***	-0.004
	(-13.752)	(-10.693)	(-5.127)	(6.210)	(2.954)	(-0.696)
sale	4.636***	4.775***	4.572***	0.515***	0.505***	0.812***
	(185.967)	(100.556)	(151.626)	(56.468)	(34.359)	(57.618)
FAT	-0.006**	-0.034***	0.001	-0.040***	-0.128***	-0.016***
	(-2.057)	(-3.561)	(0.297)	(-6.890)	(-7.366)	(-3.919)
PT	0.026***	0.058***	0.006	-0.040***	-0.112***	-0.067***
	(4.059)	(4.049)	(1.046)	(-2.853)	(-3.132)	(-6.417)
RPCE	0.005	-0.019	0.017***	0.007	0.058*	0.017***
	(1.127)	(-1.156)	(5.249)	(0.783)	(1.810)	(2.874)
ROA	0.047***	0.137***	0.025***	0.048***	0.201***	0.050***
	(9.482)	(9.974)	(6.365)	(5.127)	(7.595)	(7.284)
state	-0.006			-0.063***		
	(-0.893)			(-5.145)		
cons	0.049***	0.146***	0.033**	-0.028	-0.054	0.015
	(3.124)	(4.030)	(2.547)	(-0.137)	(-0.823)	(0.119)
行业固定效应	Yes	Yes	Yes	Yes	Yes	Yes
时间固定效应	Yes	Yes	Yes	Yes	Yes	Yes
N	11584	3947	7637	10593	3524	7069
F	1587.009	543.017	1454.931	305.669	115.993	346.469

注：***$P<0.01$，**$P<0.05$，*$P<0.1$。

通过实证结果可以得出，在调节效应显著的模型中，"互联网+"背景环境交互项均为正向。无论是总体还是分样本组，"互联网+"都增强了去产能路径对脱困目标的影响作用。国有企业样本组中，"互联网+"增强了补短板路径对脱困目标的影响作用，说明"互联网+"显著正向增强了关键路径对脱困目标的影响作用，可以接受假设H_{4-7}。

基于以上实证结果，绘制去产能路径、补短板路径的"互联网+"调节效应如图4.2和图4.3所示。横轴表示制造企业供给侧结构性改革强度，纵轴表示制造企业脱困目标（盈利水平）。从图4.2和图4.3可以看出，高"互联网+"水平改革强度对企业盈利水平的影响强于低"互联网+"水平,改革强度对企业脱困目标(盈利水平)的影响。尤其在国有企业样本组中,"互联网+"将制造企业改革强度与企业脱困目标(盈利水平)关系从负向调节至正向,证明"互联网+"放大了去产能路径和补短板路径,两大改革关键路径对企业脱困目标实现具有显著影响。

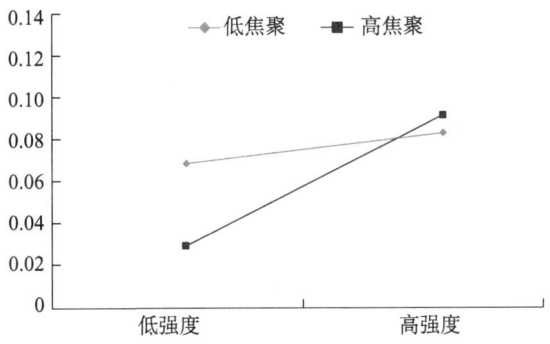

图 4.2　去产能路径的"互联网+"调节效应

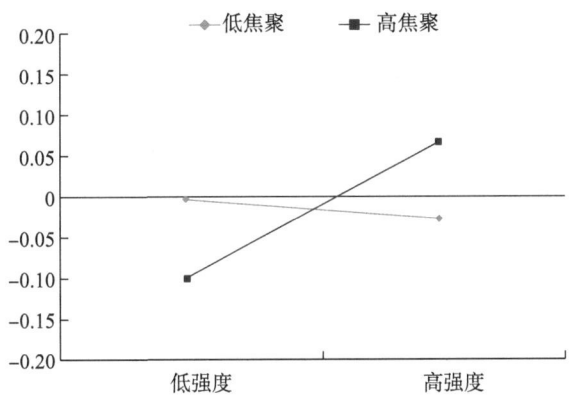

图 4.3　补短板路径的"互联网+"调节效应(国有企业样本组)

4.2　长期供需匹配目标下的关键路径识别

这里将采用定性分析和定量分析相结合的方式探究"互联网+"背景下价值共创对供需匹配的影响,以期判断制造企业的价值共创是否为供需匹配目标下的关键路径。

4.2.1 "互联网+"为制造企业价值共创提供了新基础

(1)"互联网+"技术进步激发了社会和消费者的需求

随着我国逐步迈入中等收入国家行列,消费需求升级是大势所趋。据澳大利亚四大银行之一的澳新银行在2015年发布的一份研究报告估计,预测到2030年中国中产阶级人数占城市总人数的比重将达到93%。消费者收入水平的增强能够促进消费模式从中低端消费迈向多层次和复杂的高端消费,即需求侧结构趋于优化,其背后潜藏着庞大的消费市场等待制造企业去挖掘。然而,需要看到的是,我国生产体系内部循环不畅通并且供求脱节现象明显,这主要是由于社会投资亟待优化升级,互联网和各类消费业态的深度融合能够加快新型消费业态发展,更好地扩大消费对经济增长的拉动作用。

对于供需匹配来说,供给侧和需求侧共同演化达到供需平衡是经济持续增长的基础原因。在我国不同的发展阶段中,制约经济发展的因素从供给侧到需求侧不断转换,只有供需系统在互动转换中达到供需动态平衡,才能促进经济长期均衡发展。因此,供需的不平衡并非仅仅总是供大于求,供给和需求都有可能此消彼长。鉴于我国的消费升级使得新需求不断涌现,各地区及包括制造业在内的大多数行业生产要素出现流动,高级生产要素与低级生产要素在制造业和服务业重新配置。这种供小于求的情况说明,市场上的潜在需求较高而产品的有效供给不足,就需要制造企业及时掌握市场动向、寻求提升全要素生产率的方式。利用"互联网+"新兴技术与产业创新融合,制造企业能够重新整合生产要素,形成高效且具有独特竞争力的发展新模式。

近年来,受新冠疫情及世界经济下行等因素影响,我国消费者倾向捂紧"钱袋子"。因此,如何增强消费者购买欲望亦是解决供需匹配的途径之一。随着"互联网+"技术进步消费者更倾向于互联网购物,无论是售前信息搜索、讨论交流售中与生产制造方沟通和互动,还是售后的经历分享和购买推荐,消费过程的各个环节对制造企业的服务化和价值共创来说都大有可为。

消费者需求层次的提升要求制造企业中高端有效供给相匹配,此时就需要价值共创发挥作用。"互联网+"技术进步和供需匹配是相互循环的关系,价值共创则是这种关系实现良性循环的重要推动力。

(2)"互联网+"技术促进制造企业价值共创

尽管消费需求处于急速升级增长的阶段,制造企业的有效供给却难以跟进，这是供需不平衡的一大重要原因。自从我国加入世贸组织以来，制造业的发展势头持续强劲，整体供给能力较强，但中高端产业的发展却依然受限，无法匹配国内的高端化需求。从表面上看，我国虽然已进入过剩经济时代，供给侧结构性的供大于求矛盾仍旧突出，迫使潜在的消费需求无法顺利转变成为现实消费。根据需求引致创新理论，消费市场上庞大的需求正向影响企业创新，而客户参与的价值共创正是制造企业实现技术进步的重要途径。"互联网+"新时代带来的第五代移动通信技术及智能制造等技术革新支撑着价值共创良好发展，进而促进供需匹配。

"互联网+"技术为网络成员间价值共创提供了低成本便利平台。制造企业在与供应商、客户进行沟通时，需要采取有效的手段来引导客户需求朝着自己想要的方向发展，确保客户需求与制造企业、供应商的能力处于相对均衡的状态，进而产生具有可实现性的创新需求。在创新过程中，制造企业需要扮演主要角色，鼓励客户通过产品合作开发与使用来产生创意，同时利用与客户、供应商的沟通、体验及风控等确保创新的价值处于比较高的水平。整个价值共创过程需始终以满足客户需求为导向，需要"互联网+交流平台"，以便能够搭建企业创新平台，客户提供创新构想，供应商则为创新提供资源支撑，各个参与主体在此中实现自己的目标。"大智移云物"先进信息技术带来丰富的网络资源，提升了客户与供应商参与价值共创的便利度。"互联网+技术"可以将商品与相关服务整合成为一个集成系统，提供包括研究设计、咨询、培训、融资、购买、推广等全方位一体化的价值共创平台，将制造企业从利用内部资源为主转变成利用网络资源为主，通过对网络资源的充分整合实现价值创造，同时，平台为客户提供定制化、个性化服务，便于网络主体间轻松互动，以充分整合网络资源来实现网络价值共创，最终促进制造企业全要素生产率的提升，提高供需匹配度。

4.2.2 价值共创对供需匹配的影响模型

（1）假设提出

1）价值共创与供需匹配

基于资源依赖理论的相关内容，在外部环境中风险水平不断提升且类型日渐多元的情况下，无论制造企业所掌握的资源有多丰富、能力有多强，它都无法单独应对，基于此，制造企业有必要借助外部力量来增强自身的应对能力，在这一背景下，制造企业需要与供应商、客户等外界利益相关者加强合作[25]。制造企业通过外部途径获取的各种知识、技能能够弥补自身的不足，能够推动其创新能力和绩效水平的增强。对于制造企业而言，知识、信息等是其发展的基础，这些要素如果能够转移给合作伙伴，则能够促进更有价值新产品的开发，在价值共创参与主体持续增多的背景下，企业间各部门人员的互动频率不断提升，在价值共创的影响之下，双方成员通过知识转移弥补了各自知识体系的不足，所以自身所掌握的知识、技术能呈现出动态化的特征，加快了知识技术的融合速度，推动了创新的产生，为供需匹配提供了助力。此外，知识与能力在三者间的转移能够促进专业知识的集成和重新组合，资源能够得到更有效的利用与配置，并且还形成了新的组合资源，制造企业过剩的产能和库存被合理地重新整合利用，同时与客户的合作交流还刺激了需求侧的消费，最终促进供需匹配的实现。

在当前的"互联网+"背景下，为了缓解边际利润逐渐降低的现象，重建处在已趋于成熟化的产品和行业的竞争优势，获得新的营销机会，使现代化产业朝着制造和服务高度融合的方向发展。生产服务化逐渐成为制造企业价值共创的主要方式，为企业提供持续稳定的利润来源[146-147]。因此，进行价值共创是当前制造企业发展的必然选择，能够有效释放技术进步和消费需求互动效应，从而扩大内需、增加消费需求，化解制造企业供给侧结构性改革中的去产能、去库存、降成本和补短板等问题，进而实现供需匹配[187]。

制造企业主导的价值共创所强调的供应商、企业和客户的联结合作关系，有助于吸收彼此资源优势和产品创意，使三者朝着培育新型消费的方向共同迈进。因为从合作方的角度来看，信任是最基本的条件之一，价值提升效率是进一步加大合作力度的推动力，换而言之，价值共创与信任度之间为正相关关系，倘若双方的合作是以相互信任、有效沟通为前提的，那么各个参与主体分享隐性知识的意愿就会变强，进而实现多方共赢，在此背景下，他们也能够互相了解各自的需求及需要实现的目标，为知识的分享指明方向，并且通过这种隐性知识的分享，为新创意、新观念的产生提供了良好的条件。除此以外，在价值共创的影响下，制造企业、客户、供应商能够实现单凭自身力量无法实现的目标，在这种情况下，三者之间的关联度会进一步提高。三者关联度的提高能够促使资金在市场流转，在激发社会投资的同时，也能吸引政府出台系列政策与措施来激活新型消费潜力，促成政府和社会资本合作项目在制造业供给短板领域的蓬勃发展，最终构建以国内大循环和国内国际双循环为背景的供需匹配新发展格局。简单来说，如果价值共创的程度越高，则制造企业的匹配程度就越高。基于上述内容的分析，可以得出假设 H_1。

假设 H_1：价值共创对供需匹配有正向促进作用。

2）价值共创与价值创新

价值共创是随着现代企业竞争的发展而出现的新产物，技术竞争力的增强仅仅是其目标之一，更重要的是利用为客户提供更高的价值来获取客户的认可，从而推动制造企业供需匹配水平的提升。价值创新是制造企业快速强大的战略逻辑，也是其在现有市场上取得竞争优势的有效途径。从战略目标看，制造企业在谋求竞争优势的过程中，要转变思想观念，将"价值"作为重点关注的内容，在满足客户需求的基础上，创造新的市场需求是制造企业的最终目标；从战略重点看，竞争不是企业的初衷，利用价值创新为客户提供更多的价值、获取客户的认可才是其最终目标；从用户导向看，企业不应简单扩大客户群体，而应尽最大努力去发现大多数用户的共性需求，以满足他们的需求为基准点，进行自身的价值创新；从产品和服务看，制造企业的原有产业边界不应限制企业创新，为了满足客户需要，应当不断突破那些要素的制约。

制造企业、供应商和客户之间存在稳定的合作关系是价值创新的基本条件。在价值共创的影响之下，制造企业的内外部环境得到了有效改善，随着参与主体的增多，企业文化得到了进一步丰富，企业开放程度也随之得到了提升，并推动了制造企业价值创新氛围的形成。同时，在企业透明性、开放性得到有效增强的情况下，为制造企业、供应商与客户提供了良好的沟通协作条件，已经建立合作关系的企业通过知识、技能的交流来产生新的创新源泉。所有企业员工所掌握的各种隐性知识能够推动制造企业价值创新的形成，对于实现供需匹配具有重要的影响。在进行价值共创时，如果知识共享程度比较高，那么价值创新能力就比较强。并且制造企业之间进行的知识共享弥补了各自知识体系的缺陷，能够有效降低价值创新的各种风险，价值创新成功概率也随之得到进一步提升。另外，价值共创加深了合作成员的信任度，基于交易成本理论，可以增强价值创新过程中价值活动创新，从而增多价值创新渠道，创立更多价值创新共同目标，实现更好的价值创新。由此，可以得出假设 H_2。

假设 H_2：价值共创对价值创新有正向影响作用。

3）价值共创、价值创新与供需匹配

"互联网+"背景下，价值共创平台就是一个创新平台，生产和需求对接模式创新，将供需匹配提前。将分散在各地的不同需求进行整合，为生产企业带来了及时有效的需求信息，这种以"互联网"和"大数据"为核心的价值创新模式，自诞生之初，其目的就是让消费者与企业更加融会互通，进而帮助企业进行转型创新升级，更是为了供需匹配。

在"互联网+"背景下，渠道创新助力供需匹配更精准。"互联网+"促使渠道和传播融合，有些企业营销策略中甚至没有渠道，实现与客户达成交易的是"信息+物流"，而不是"批发零售"模式，尤其在新渠道创新助力下，客户节约了大量的时间、体力、精力和金钱，实现了客户让渡价值增值。

"互联网+"助力消费场景创新使得供需匹配更迅速、更直接。价值共创应用、网络协同制造、云计算和大数据、生物技术、区块链等技术，打造出了产品全新的应用场景和消费场景或情境，客户体验价值创新层出不穷，满足了客户的全新价值需求，并且促进供需匹配。价值共创为整个供应链或供应网络成员提供了资源汇聚融合和创新的平台，推动了新技术、新产品和新服务的精准应用，加速了新价值在市场推广速度，加快了新技术、新产品与新需求的对接速度，阐释了新价值和高价值的利益点所在，加速了高端需求的供需匹配速度和程度。

价值创新使得不同区域的供需匹配程度得以提升。价值共创让制造企业更好地融入全球供应链和价值链，可以挖掘全球价值创新机遇和资源进行价值创新，在全球价值链分工中，创新由分散的模块生产商和互补品生产商独立完成，形成不同的专业化分工模式，结合不同国家或地区需求层次差异，容易形成跨区域创新，对较低需求和较低技术的区域和企业创新，具有巨大创新溢出效应，并且可以提升不同区域的不同需求的供需匹配程度。总之，价值共创提供价值创新的平台和方式，价值创新对满足更高层次价值需求具有重要促进作用，为价值共创实现供需匹配提供了有效路径，对促进供需匹配有更深远影响。结合假设 H_1、假设 H_2 的内容，得出了假设 H_3。

假设 H_3：价值创新在价值共创促进供需匹配的效应中起中介作用。

4)"互联网+"的调节作用

基于以上分析可以看出,价值共创是企业间以共同利益为核心,利用建立合作关系分享各自优势资源来获取竞争优势的行为。基于资源基础理论的相关内容,对于制造企业而言,是否掌握异质性较强的资源、技术对其是否能够获取竞争优势具有决定性作用。但通常情况下,任何制造企业都不能独自具备全部优势资源,想要仿造异质性较强的资源又非常难。而"互联网+"技术发展与应用为制造企业整合外部资源创造了条件。基于此,网络环境及互联网使用程度对于价值共创所能取得效果具有极为重要的影响。信息、知识及技术能够更好地实现交流与分享,推动各个参与合作的主体通过承诺的方式来增强信任度,合作关系也会变得更加优良。尤其近期出现的"大智移云物"等新技术,支持企业开展以场景为导向的价值共创、支持市场供需之间对接的各项供需匹配活动、支持企业开展新模式和新业态融合的市场创新活动,基于此,"互联网+"的网络环境强弱及"互联网+"的应用程度,对于企业价值共创的效果、价值创新促进供需匹配效果都具有极为重要的影响。基于以上内容的分析,提出假设H_4和假设H_5。

假设 H_4:网络环境增强了价值共创促进供需匹配的影响。

假设 H_5:互联网的应用程度增强了价值共创促进供需匹配的影响。

(2)影响模型

基于以上分析与研究假设,提出研究的理论模型,以制造企业为核心,整合供应商和客户都参与的价值共创,对制造企业与客户的供需匹配有正向影响,而价值创新在这种影响效应中有中介作用,具体如图4.4所示。

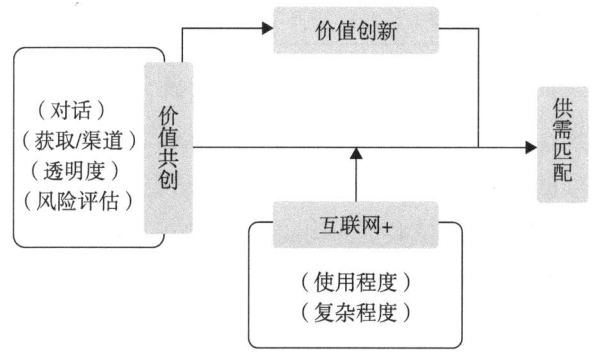

图 4.4 价值共创对供需匹配的影响模型

4.2.3 价值共创对供需匹配影响的实证分析

(1) 研究设计

1) 变量测量

在对模型中各个变量进行研究的过程中,借助观测变量来进行,在开展具体的问卷设计工作时,首先对诸多有关这一研究的成果进行了总结,获取与模型中各个变量相匹配的测量项(表4.7)。

表4.7 价值共创量表

维度	题项
对话(Dialogue)	我们尽可能与参与方交流对话
	参与方能容易地让我们听到/了解他们的意见
	我们和参与方的沟通是开放和良好的
	我们和参与方有不同意见时,会采用对话来解决
获取/渠道(Access)	必要的服务和产品的信息渠道,我们都毫无保留地使各参与方了解
	每一个参与主体都可以非常便捷地通过各种途径获取我们提供的各种产品和服务;
	每一个参与主体都可以利用我们提供的途径来获取各种产品和服务的信息
风险评估(Riskassessment)	我们告知各参与方使用我们服务和产品所有可能的风险
	我们给各参与方提供合适的方法来评估我们服务和产品的风险
	各参与方非常乐于与我们一道共担风险
透明度(Transparency)	我们不会借助自身的信息优势来牟取超额利润
	因为我们对参与方做到了透明化,因此参与方信任我们
	我们与参与方坦诚以待,不隐瞒关键信息

通过对组织间关系管理与过程管理的各种研究成果的总结,确定与之相应的调查工具,通常情况下,选择成熟的量表或以此为基础进行合理的调整,保证测量项的质量处于较高水平,能够与研究内容相适应。Prahalad 和 Ramaswam 在其研究中对价值共创的构成要素进行了划分,并在此基础之上构建了名为 DART 的价值共创模型,其中"D"指的是 Dialogue,即对话;"A"指的是 Access,即获取;"R"指的是 Riskassessment,即风险评估;"T"指的是 Transparency,即透明度[93],因此,采用价值共创 DART 成熟量表对价值共

创进行测量。价值创新综合以往学者研究成果得出新的测量量表[188-189]。

为了确保测度结果的准确性,在确定最终量表之前,要以过往研究中的各种量表为基础,确定选取范围,并结合研究的内容,从中筛选出与之最为匹配的量表,再以此为基础来设计问卷。各变量测量量表如表 4.8 至表 4.11 所示。

表4.8 价值创新量表

维度	题项
价值创新(Value Innovation)	各参与方供需交易社会价值(绿色环保、科学先进等)程度
	各参与方交易方式简洁、流程缩短
	各参与方弹性交易增多、交易时间缩短
	各参与方之间定制化服务、产品较多
	我们的产品(服务)在技术上或概念上不断更新

表4.9 互联网使用程度量表

维度	题项
互联网使用程度(Internet Usage)	各参与方主要使用网络交流的参与方数量多寡
	各参与方平均每周使用网络交流的频率
	各参与方每周同时在线交流的时长

表4.10 网络环境量表

维度	题项
网络环境(Web Environment)	各参与方参与各类主体互联互通程度
	各参与方网络能够在线处理业务数量多寡
	各参与方能够在线处理核心业务/技术水平

表4.11 供需匹配程度量表

维度	题项
供需匹配程度(Supply and demand matching)	各参与方供需关系由"供应管理"向"需求响应"转变程度
	各参与方之间供需数量动态平衡程度
	各参与方需求得到满足,交易体验逐步提高
	各参与方之间供需交易的低成本或高价值程度

2)问卷设计

本研究属于企业层面的研究,在获取相关数据之前,对学术界现有的各种研究成果进行总结,建立了本书研究的理论基础。在开展问卷设计工作时,通过过往研究中成熟度水平相对较高的量表对模型中的各个变量进行了测度。第一,通过对过往研究成果分析,将已经经过多方验证且成熟度较高的量表整理出来;第二,以过往研究内容为指引,咨询了对这一问题有着深入研究的专家、学者的意见;第三,在完成问卷的初步设计之后,从多个制造企业邀请了15名经理对问卷中的内容进行了评估,了解其中的不足,并在此基础之上进行了针对性的完善,最终确定所需量表。

3)样本选择与数据收集

研究变量所需数据来自中国制造企业,从理论角度来讲,在进行样本选取的过程中,要基于随机的原则,但是因为本书研究主要集中在组织层面,数据获取的难度比较高,因此通过与几所高校及企业人员的沟通交流,最终确定选择便利抽样方式来获取数据,这种方式也有其自身的局限性,有可能导致评估结果偏离实际水平。但是,基于过往的研究成果可以发现,相较于调查问卷无法有效回收,便利抽样所导致的偏差处于较低水平。

经过综合权衡,最终确定采用李克特七级量表对每一个量表中的题项进行评估。在进行数据获取时,制造企业对问卷中的各个题项进行评估,并按照自身的实情填写。根据样本企业的反应及对企业发展状况的调查,并结合对数据的具体需求,最终决定采用电子邮件的方式进行问卷发放,共发放316份,回收300份问卷,回收率为95%,基于相关原则从中剔除45份问卷,最终获得有效问卷255份。出现无效问卷的原因有两个:第一,调查对象对问卷的重视程度较低,没有严格遵照要求如实、认真地填写各个题项,存在一定的局限性;第二,调查对象只填写了部分题项。

样本具有以下特点。首先,被调查者均属于制造企业,集中在企业层面,并不是短期的项目组。其次,没有对制造企业所属类型进行严格意义的界定,原因是基于服务主导观念的相关内容,价值是生产者与消费者一起创造的,双方为了同一个目标而付诸努力,由此可见,价值共创具有普遍性的特征,但是也有出现其他特殊状况的可能性。最后,被调查对象主要包括两种:一种是已经与制造企业建立合作关系的上游企业的客户经理;另一种是承担与客户沟通的主要管理人员。

通过对所收集的问卷进行整理发现,被调查的制造企业互动情况包括客户参与程度高、供应商参与程度高与其他3种;就职级而言,主要包括主管、经理、总经理3种；就企业属性而言，主要包括国有企业和非国有企业（其他类型企业汇总为非国有）2种。

4）数据处理方法

应用 SPSS 26.0、Process 对所收集的数据进行处理，由于各个变量都有多个测量题项，回归分析时，各变量的取值采用各题项分值的平均值来测量，其中价值共创的取值为对话、获取/渠道、风险评估、透明度4个变量的平均值。借助统计分析工具 SPSS 26.0 对获取到的数据进行深入分析，计算量表中每个变量的效度与信度。进一步对各变量展开描述性统计分析和相关性分析，并基于分析结果，利用多重线性回归法进行分析，对问卷假设的合理性进行验证。除此以外，通过 Process 对价值创新的中介效应和网络环境、网络使用程度调节效应进行评估。

（2）信效度分析

由表4.12可知，各维度的 Cronbach'Alpha 系数都在0.6以上，表明各维度的信度良好。由表4.13可知，KMO 在0.9以上且巴特利特（Bartlett）球形度检验近似显著性小于0.01，累计解释方差值大于60%，说明量表具有较好的结构效度。

表4.12 信度分析结果

维度	Cronbach'Alpha 系数
对话	0.788
获取/渠道	0.705
透明度	0.758
供需匹配	0.669
价值创新	0.735
网络环境	0.686
互联网使用程度	0.702

表4.13 KMO 和巴特利特检验和累计方差解释

KMO	0.938
Bartlett 球形度检验近似卡方	2962.245
自由度	378

	续表
显著性	0.000
累计解释方差	64.22%

（3）描述性统计分析与相关性分析

描述性统计分析与相关性分析如表 4.14 和表 4.15 所示。由表 4.14 可知，各变量数值比较集中，离散程度比较小。由表 4.15 可知，价值共创与供需匹配和价值创新都有一定的相关度，符合前述假设。

表 4.14　描述性统计分析（N=255）

变量	平均值	中位数	标准差	最小值	最大值
企业性质	0.22	0.00	0.41	0.00	1.00
合作年限	10.25	8.00	7.65	1.00	72.00
价值共创	2.78	2.58	0.88	1.40	6.19
供需匹配	2.96	2.75	0.91	2.00	6.50
价值创新	2.81	2.60	1.01	1.20	6.20
网络环境	2.97	2.67	1.09	1.00	6.67
互联网使用程度	3.01	2.67	1.05	1.00	6.67

表 4.15　相关性分析（N=255）

变量	企业性质	合作年限	价值共创	供需匹配	价值创新	网络环境	互联网使用程度
企业性质	1						
合作年限	0.12*	1					
价值共创	0.13*	−0.05	1				
供需匹配	0.12	−0.08	0.72**	1			
价值创新	0.12	−0.08	0.77**	0.75**	1		
网络环境	0.16*	−0.08	0.66**	0.66**	0.65**	1	
互联网使用程度	0.14*	−0.02	0.62**	0.56**	0.61**	0.63**	1

注：*在0.5级别结果显著，**在0.1级别结果显著，***在0.01级别结果显著，下同。

（4）中介作用检验

首先，采用 Hanyes 2012 编制 SPSS 宏中的 Model 4 模型，在控制企业性质、合作年限的情况下，对价值创新在价值共创与供需匹配程度关系中的中介效应进行检验（表 4.16、表 4.17）。

表 4.16　价值共创对供需匹配的影响模型检验结果

回归方程（N=255）		拟合指标		系数显著性	
因变量	自变量	R^2	F	B	t
供需匹配程度		0.53	92.62		
	企业性质			0.060	0.64
	合作年限			−0.005	−0.96
	价值共创			0.740	16.32***
价值创新		0.59	120.34		
	企业性质			0.060	0.63
	合作年限			−0.006	−1.05
	价值共创			0.870	18.62***
供需匹配程度		0.62	100.75		
	企业性质			0.040	0.41
	合作年限			−0.003	−0.55
	价值创新			0.430	7.74***
	价值共创			0.370	5.85***

表 4.17　总效应、直接效应及中介效应分解

参数	效应值	Boot 标准差	Boot CI 下限	Boot CI 上限	相对效应值
总效应	0.74	0.05	0.62	0.83	
直接效应	0.37	0.08	0.20	0.53	49.82%
中介效应	0.37	0.06	0.25	0.50	50.17%

结果表明，价值共创对供需匹配的正向影响作用显著（B=0.74，t=16.32，$P<0.01$），且当放入中介变量后，价值共创对供需匹配的正向影响作用依然显著（B=0.37，t=5.85，$P<0.01$）。价值共创对价值创新的正向影响作用显著（B=0.87，t=18.62，$P<0.01$），价值创新对供需匹配的正向影响作用也显著（B=0.43，t=7.74，$P<0.01$）。此外，价值共创对供需匹配影响的直接效应及价值创新的中介效应的 Boot CI 的上限、下限均不包含 0，

表明价值共创不仅能够直接影响供需匹配，而且能够通过价值创新的中介效用影响供需匹配。直接效应和中介效应分别占总效应的 49.82% 和 50.17%。

根据以上实证分析结果得出如下结论。通过 SPSS 26.0、Process 评估了模型中各个量表的信度与效度水平，评估结果也表明各个量表的内部结构、一致性、信度、效度都达到了比较高的水平。最后，我们运用 SPSS 26.0 对所收集的数据进行多重线性回归，以验证提出的所有假设，结果如下：① 价值共创会正向影响供需匹配，即假设 H_1 得到验证；② 价值共创会正向影响价值创新，即假设 H_2 得到验证；③ 价值创新在价值共创正向影响供需匹配的效应中起中介作用，即假设 H_3 得到验证。

4.2.4 "互联网+"调节作用检验

采用 Hayes 2012 编制 SPSS 宏中的 Model 1 模型进行"互联网+"调节效应的检验，在控制企业性质和合作年限的情况下对调节模型进行检验，其结果如表 4.18 所示。将网络环境放入模型后，价值共创与网络环境的乘积项对供需匹配的影响作用显著（$B=0.10$，$t=3.66$，$P<0.01$），说明网络环境能够在价值共创对供需匹配的直接影响中起调节作用。进一步简单斜率分析表明（图 4.5），由图 4.5 可知，低网络环境的被试价值共创对供需匹配具有显著的正向影响作用，而高网络环境的被试价值共创也会对供需匹配产生正向影响且影响作用更大，因为其斜率更大，表明随着网络环境的提高，价值共创对供需匹配的影响作用逐渐增大。另外，将互联网使用程度放入模型后，价值共创与互联网使用程度的乘积项对供需匹配的影响作用显著（$B=0.10$，$t=3.20$，$P<0.01$），说明互联网使用程度能够在价值共创对供需匹配的直接影响中起调节作用。进一步简单斜率分析表明（图 4.6），低互联网使用程度的被试价值共创对供需匹配具有显著的正向影响作用，而高互联网使用程度的被试价值共创也会对供需匹配产生正向影响且影响作用更大，因为其斜率更大，表明随着互联网使用程度的提高，价值共创对供需匹配的影响作用逐渐增大。

表 4.18　网络环境、互联网使用程度调节模型检验结果

回归方程（$N=255$）		拟合指标		系数显著性	
因变量	自变量	R^2	F	B	t
供需匹配程度 1		0.60	75.91		
	企业性质			0.180	0.20
	合作年限			−0.004	−0.87
	价值共创			0.410	6.48***
	网络环境			0.250	5.46***
	价值共创 × 网络环境			0.100	3.66***
供需匹配程度 2		0.56	64.24		
	企业性质			0.030	0.31
	合作年限			−0.006	−1.10
	价值共创			0.530	8.28***
	互联网使用程度			0.130	2.76***
	价值共创 × 互联网使用程度			0.100	3.20***

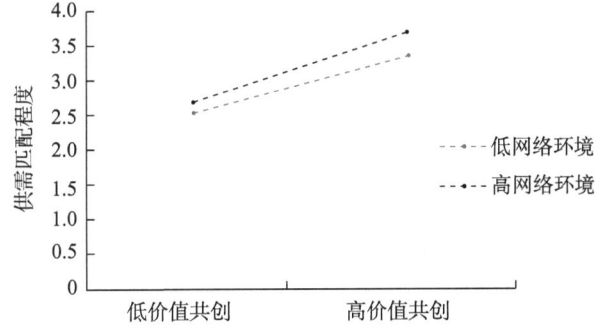

图 4.5　网络环境在价值共创与供需匹配关系中的调节作用

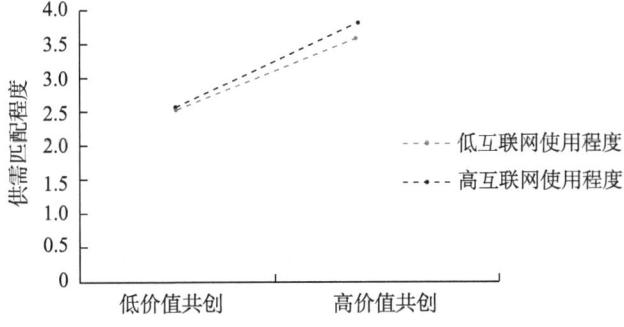

图 4.6　互联网使用程度在价值共创与供需匹配关系中的调节作用

因此，可以验证假设 H_4 和假设 H_5。在价值共创对供需匹配影响的关系中，网络环境正向增强了这种影响，如果网络环境处于比较高的水平，那么价值共创对于供需匹配的推动作用会增强。互联网使用程度对于二者之间的影响关系也存在正向增强作用，如果互联网使用程度处于比较高的水平，价值共创便会更好地推动供需匹配朝着更高的水平发展。

4.3　改革的三大关键路径

因价值共创和供需匹配的测量指标，需要用心理测量量表来测量，因此，将短期脱困目标和长期供需匹配目标下的关键路径识别区分开来分别进行研究，得出了去产能路径、补短板路径和价值共创三大关键路径。

第一，去产能路径是制造企业最容易忽视的关键路径，但它却是所有制造企业进行供给侧结构性改革必须前置实施的关键路径。前面的分析也表明，即便在短期目标中，不同改革可行路径也有个轻重缓急，有些非常急迫的改革目标和实施路径甚至需要政府出手协调解决，去产能就是这类路径，因为其涉及面积广、人员多、社会问题复杂，当政府不为制造企业出台更多指导性文件和有力保障措施时，制造企业往往忽视这个必须首先执行的改革关键路径。因去产能决定着制造企业去杠杆路径、去库存路径，更决定着制造企业去杠杆和补短板路径的实施，而且在无外力干预和利益诱使的情况，制造企业很难下定去产能的决心，并制定好去产能路径方案，因此，其是制造企业最容易忽视，但却不应忽视的改革关键路径。

第二，补短板路径是解决短期问题和支撑长期发展的双重关键路径。虽然补短板路径是在短期目标当中进行了判断，因为短期目标即判定为关键路径，所以在长期供需匹配目标识别中未将其列入，但绝不能忽视补短板路径在供需匹配目标实现中的重要作用。补短板路径补各类基础研发短板，为企业长期发展动力和供需匹配打下坚实基础，就短期而言，补产品创新短板可以为去旧产能提供"旧瓶换新酒"的机会，能够通过产品升级去产能；为去库存提供更强技术支撑，为降成本路径提供全新提高运作效率和节约成本的方式；因此，补短板路径是制造企业供给侧结构性改革承上启下、快速实现短期脱困目标，并为长期目标提供支撑的关键路径。

第三，价值共创路径是制造企业供给侧结构性改革的综合路径，可以有效统领和促进其他改革路径实施。制造企业通过加大制造企业服务化程度实现价值共创，或整合供应商、客户等多方资源进行价值共创，都对制造企业原有的生产模式和服务模式提出了新要求。①将众多制造企业自身能力扩展为与客户、供应商等合作伙伴一起打造的共有能力，在此视角下，制造企业不需要太多自有绝对控制的产能。为去产能路径提供了新的视角和方向。②价值共创强调共创主体间的合作，加强与供应商和客户的合作来提升供应和配送效率，因此可以有效降低库存，是降低库存路径的有效方式。③价值共创强调按需设计，按需生产，提高供应效率，既能降低生产成本，又可降低库存成本，还能节约营销推广成本和销售成本，因此，价值共创路径不但能直接降低相关运营成本，还能对提高企业资产利用率，降低企业杠杆率等降成本路径有重要作用。④整合参与方的互补资源实现共同创造价值，因此，可以有效暴露出自身制造生产的短板，也可以利用供应商和客户资源进行研发补短板，还可以直接利用供应商的先进资源有效补自身短板，因此价值共创路径与补短板相互融合、相互促进。

"互联网+"放大了三大关键路径对改革目标实现的影响作用。如图4.7所示，"互联网+"对制造企业通过改革关键路径，实现脱困和供需匹配目标具有重要的增强作用。在"互联网+"经济社会发展形态之下，信息不对称程度减弱、产业融合及知识共享都为制造企业改革转型提供了良好基础。同时，"互联网+技术"的更新，也为制造企业开辟了新的营销模式与产品市场，进一步促进了制造企业脱困和供需匹配。

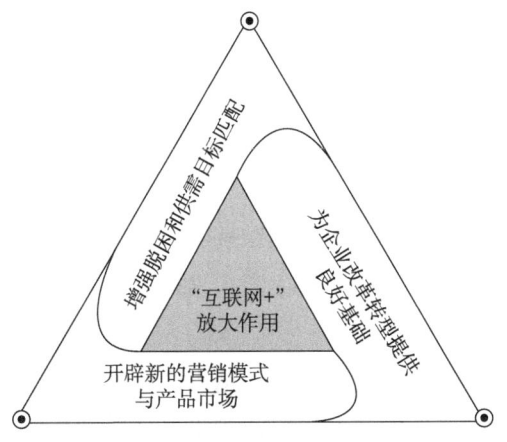

图4.7 "互联网+"对供给侧结构性改革关键路径的作用

5 "互联网+"背景下制造企业供给侧结构性改革的去产能路径

第4章证实了去产能路径是制造企业供给侧结构性改革的关键路径之一,是制造企业脱困及数量上实现供需匹配的改革关键路径。因产能过剩不是单个企业的问题,需要从全行业视角去分析。本章将在"互联网+"背景下重点分析制造业产能过剩的现状,探究去产能的产能退市、产能转移和产能升级方案如何实施,为企业进一步深化去产能改革提供理论支持和实践策略建议。

5.1 产能退出路径

企业在经营的过程中,经常会根据市场的情况而调整自我总体战略,主要有发展战略、稳定战略和撤退战略。撤退战略是指企业出让某个经营单位、子公司、事业部或某个产品系列的战略。撤退与发展常常是联系在一起的,因为撤退是为了更好的发展,而发展也需要必要的撤退。因此,制造企业去产能只是企业撤退战略的某种表现形式,在国家未倡导去产能之前,企业也一直在进行着与去产能相关的改革。

如图5.1所示,制造企业应该把握产能退出的4个窗口期。第一个窗口期,当边际资本预期收益服从边际递减规律逐渐下降,最终小于零,通过资本市场退出产能。第二个窗口期,当预期收益逐渐下降,最终小于企业拥有要素的机会成本时,通过企业内部生产要素的转移实现产能退出。第三个窗口期,随着产能过剩进一步加剧,引致预期收益持续下滑并在本段时间内低于企业的破产残值,企业主动关闭工厂退出产能。第四个窗口期,随着产能过剩问题恶化,工厂继续经营的预期收益不但低于破产残值,也将低于破产的社会成本,政府强制产能退出[190]。依据4个窗口期可以得出,企业越早退出产能收益越大,但往往企业由于误判形势而一拖再拖。因此,企业需要提升去产能改革的敏锐度,坚持发展战略与撤退战略并重,撤退是为了更好地前进,重视去产能改革实施。

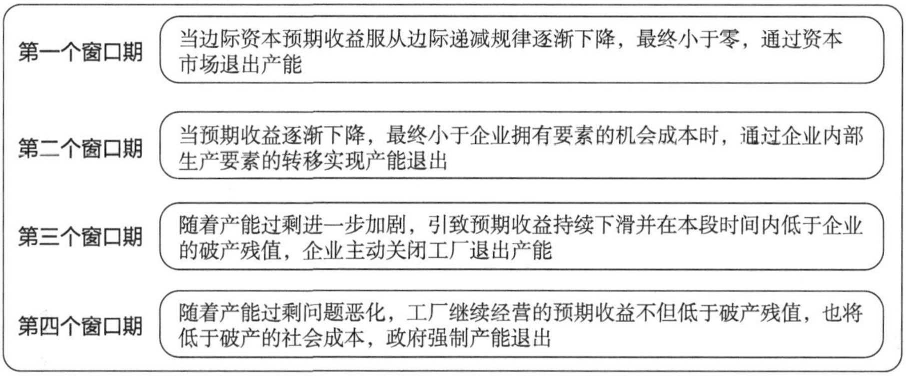

第一个窗口期	当边际资本预期收益服从边际递减规律逐渐下降,最终小于零,通过资本市场退出产能
第二个窗口期	当预期收益逐渐下降,最终小于企业拥有要素的机会成本时,通过企业内部生产要素的转移实现产能退出
第三个窗口期	随着产能过剩进一步加剧,引致预期收益持续下滑并在本段时间内低于企业的破产残值,企业主动关闭工厂退出产能
第四个窗口期	随着产能过剩问题恶化,工厂继续经营的预期收益不但低于破产残值,也将低于破产的社会成本,政府强制产能退出

图 5.1　产能退出的 4 个窗口期

按照国家政策及时按量退出产能,使企业利益最大。国家正是基于第四个窗口期,对部分行业企业提出"去僵尸企业"的去产能策略。在此期间,仍然主要依据市场机制进行淘汰和清理,国家在产能退出市场机制方面给予了特定的政策支持或经济上的补贴,仍然坚持去产能是企业的自主经营行为。因此,对已经做好撤退战略的制造企业,尤其是针对极端的没有出路的落后产能,应及时主动退出市场,争取企业利益最大化。

在国家集中去僵尸企业改革结束之后,企业仍然需要坚持产能退出改革。主要是因为随着技术进步加快,客户需求变化快,产品生命周期缩短,成熟的产能很快就会变成落后的产能,企业应据市场机制、企业发展和撤退战略需求,灵活机动退出产能。另外,退出产能的时间、方式和机制,也倒逼企业在执行制定发展战略时,对产能建立合理的规划安排、找到产能与投资收益的最佳结合点、从源头减少产能浪费、做到产能效率最大化是企业增大盈利的关键。

5.2　产能转移路径

在国内国际双循环的背景下,对于个别企业而言,产能落后与产能过剩是个相对问题，若能将落后的过剩的产能转移至有需求的区域，实现供需在新区域新市场的再次匹配，是企业去产能选择倾向最大的去产能路径。

5.2.1 "互联网+"提高了产能转移的可行性

（1）"互联网+"降低了产能转移的成本

"互联网+"对产能转移成本的降低体现在以下三点：一是"互联网+技术"将企业的生产要素进行数字化和线上化，建立了数据和现实生产要素之间的映射，企业生产要素的产生和变动可以快速地反映在线上，从而降低了各地区企业间信息的不对称性，帮助企业进行生产要素信息的供需匹配。二是生产要素的数字技术激活了闲置生产要素，放松了生产要素专用性的约束，企业的闲置生产要素可以以共享的形式分享和转移，提升了生产要素的流动性和企业的灵活性。三是"互联网+技术"实现了不同地区企业生产要素的高效连接，企业的全要素生产数据在云系统上可观测、可调整、可转移，缩短了企业的生产要素传导链条，使得不同地区消费者需求导向的信息能够更加高效地反馈到企业，从而提升企业供应转移能力的精准性和生产效率。

（2）"互联网+"提高了资源优化配置能力

随着我国制造业全球化，国内制造业价值链与全球制造业价值链本质上都是生产要素的资源配置方式，我国制造业需要充分借助"互联网+"平台整合利用原材料供给、产品生产、产品组装、物流配送和产品销售等环节，形成完整的生产分工体系。"互联网+技术"在企业组织创新模式和企业商业模式等方面都发挥了巨大的作用，让生产要素供需之间能够进行有效匹配，企业之间的跨地区对接和融合越来越顺畅，能够实现产能转移的目的。另外，由于"互联网+技术"本身的特性，其在很大程度能够缓解由于金融等要素价格扭曲导致的生产要素转移过程中价格不透明问题，能够有效实现不同地区之间企业生产要素转移无缝衔接。

（3）"互联网+"提高了匹配供需精准度

在"互联网+"背景下，不同地区的市场需求在企业与用户之间起着重要的纽带作用。以用户需求为中心,进行制造企业产能转移,实现企业供给与市场需求的匹配;以市场需求为导向,使企业创造的价值存在于产品流通和其在网络与用户互动能力、产品反馈质量和数据强度中。随着消费动力的增强,需求作为激发制造业产能转移的最根本动力,对经济增长拉动作用不断增强。"互联网+"以大规模定制等生产模式回应市场对制造业产品质量和种类不断提升的需求。

5.2.2 过剩产能测算

(1) 产能测算与转移理论基础

1) DEA 介绍

采用 DEA-VRS 模型测算制造业分行业产能利用率,Charnes A 等于 1979 年首次提出数据包括分析法(DEA)的 CCR 模型[191]。Banker R D 等在 1984 年提出 BCC 模型,BCC 模型在 CCR 模型的基础上增加了一个凸性假设 $\sum_{j=1}^{n}\lambda_j=1$,剔除了 CCR 模型中的固定规模报酬假设,提出了用于衡量规模报酬可变形态下的效率估计值模型,也称为 DEA-VRS 模型[192]。DEA-VRS 模型的对偶规划 ($\overline{D}_\varepsilon$) 具体形式如下:

$$(\overline{D}_\varepsilon)\begin{cases} \min\theta-\varepsilon\ (\hat{e}^T s^- + e^T s^+) \\ \text{使得} \quad \sum_{j=1}^{n} x_j\lambda_j + s^- = \theta x_0 \\ \qquad\quad \sum_{j=1}^{n} y_j\lambda_j - s^+ = y_0 \\ \qquad\quad \sum_{j=1}^{n} \lambda_j = 1 \\ \qquad\quad s^- \geq 0,\ s^+ \geq 0,\ \lambda_j \geq 0,\ j=1,2,\cdots,n \end{cases} \quad (5.1)$$

其中,s^+、s^- 分别为输入、输出松弛向量;ε 为非阿基米德无穷小量;x_j、y_j 分别为第 j 个决策单元的输入、输出向量;λ_j 为权重;$\hat{e}^T=(1,1,\cdots,1)\in E^m$;$e^T=(1,1,\cdots,1)\in E^s$。

若式(5.1)$\overline{D}_\varepsilon$ 的最优解为 λ^0、s^{-0}、s^{+0}、θ^0,则有:

① 若 $\theta^0<1$,则决策单元 j_0 中 DEA 无效;

② 若 $\theta^0=1$,$\hat{e}^T s^{-0} + \hat{e}^T s^{+0} > 1$,则决策单元 j_0 仅为 DEA 弱有效;

③ 若 $\theta^0=1$,$\hat{e}^T s^{-0} + \hat{e}^T s^{+0} = 0$,则决策单元 j_0 为 DEA 有效。

2）转移理论基础

产能利用率是反映产能过剩程度最直接的指标，产能利用率，即实际产出与产能产出的比值，产能产出为企业或行业基于现有投入要素能达到的最大产出，由于实际产出数据从现实中易获得，所以测量产能利用率的难点在于测度产能产出[193]。基于产能产出的产能利用率测算方法主要有经济方法和技术方法。

经济法测量产能利用率是基于经济学理论上的产能概念，有效地解决了工程法缺乏理论基础的不足，基于经济学理论的测量方法有成本函数法和生产函数法两大类，1937 年，Cassels 提出长期平均成本函数最小化法测量产能利用率[194]；1986 年，Berndt 等提出企业短期成本函数最小化法测量产能利用率[195]，该方法应用最广，被国内学者孙巍等和韩国高等采用[196-197]。成本函数法是基于成本最小化的优化行为，能够综合考虑各生产要素对产出的影响，可以更准确地反映出企业真实产能的变化[198]。但是成本函数法存在以下缺点：成本核算难度大、要素价格被扭曲及由于不同企业和行业的成本函数形式存在差异且难以显性化，人为设定的显性成本函数容易被误差所干扰。生产函数是考虑所有投入要素充分利用下的一种产能产出方法，首先设定生产函数的形式，一般选用道格拉斯生产函数，再用计量方法把实际产出的年度序列推演到其"边界"，以此来估计产能利用率[199]。生产函数法的最大优点在于估算产能利用率时，全面考虑了生产要素利用率和技术进步的影响，充分体现了产能产出的供给面特征[200]。但该方法需要设定一个具体的生产函数形式，通常为道格拉斯生产函数。但该函数仅仅是根据发达国家的实际情况得出的，并不一定适合每个国家，中国的国情跟发达国家存在很大差异，机械地使用道格拉斯生产函数显然有点不妥。

技术方法测算产能利用率包括峰值法、数据包络分析法（DEA）。峰值法假设某一时期产量达到峰值时把该时期的产能利用率假定为 100%，其他时期按照峰值的大小参照利用率为 100% 的峰值进行计算[201]。国内学者沈坤荣等结合生产函数法与峰值法测算了 1998—2008 年我国 35 个工业行业的产能利用率[202]。但是峰值法存在一个明显的缺点，即现实中会存在"弱高峰"，会把产能利用率未达到 100% 的状态当成峰值，如果把"弱高峰"当成产能利用率达到 100%，则会高估实际产能利用率[203]。

数据包络分析法（DEA）是基于最优生产前沿面计算产能利用率，通过数学规划方法确定相对有效的生产前沿面,并通过比较决策单元偏离 DEA 前沿面的程度来评价它们的相对有效性。起初该方法主要用于度量估计部分工业行业的技术效率,后来 Fare 等利用数据包络分析法测算产能利用率时区分了"有偏产能利用率"和"无偏产能利用率",两者的区别是前者包含技术效率因素,后者不包含技术效率因素,"有偏产能利用率"接近现实意义中的产能利用率,"无偏产能利用率"更多则表示设备利用率[204]。数据包络分析法由于操作简便、数据易获得、不需要设定参数和具体的函数形式,只需要投入和产出数据而被广大学者使用。

基于经济法的产能利用率测算方法需要设定具体的成本函数和生产函数,并且需要设置具体的成本和生产参数,人为的函数形式和参数设置会带来一定的偏差,技术方法中的峰值法需要假设观察到的峰值为产能全部利用,这种假设过于牵强。数据包络分析法克服了函数形式的设置和参数的调节复杂性,梁泳梅等指出中国目前产能过剩成因中非市场因素影响较大,使用技术意义上的数据包络分析法测量产能利用率更合适[205]。

从产业转移角度看,产能转移并不是全新的概念[206],产业转移是产能合作的基础动因[207]。早期产业转移主要有雁形模式和生命周期理论。前者由赤松要提出[208],经小岛清发展,提出了基于比较优势的边际产业扩张理论,成为日本向其他国家进行产业转移的理论基础[209];后者由弗农提出,强调了产业区位对产品不同阶段的影响[210]。到 20 世纪 90 年代,新经济地理学派从产业区位新视角进一步丰富了产业转移理论[211]。随着中国 2013 年提出"一带一路"倡议,国际产能合作的概念开始出现。国际产能合作是国与国之间基于围绕生产能力建设、转移和提升开展的互利共赢的产业合作[212]。国际产能合作不同于传统的产业转移把产品卖到其他国家,而是把整个产业体系输送到目标国家或区域,帮助其建设更完整的工业体系,提高其制造能力[207]。而产能合作的目标国家或区域选择一直是学界和政府面临的一个难题。赵东麒等基于中国与"一带一路"沿线区域产业国际竞争力的比较得出产能合作路径[212]。刘瑞等通过比较中国与"一带一路"沿线区域的经济发展水平、进出口贸易等宏观指标确定中国与"一带一路"沿线国家产能合作的路径[213]。陶睿等基于市场需求的角度分析了"一带一路"区域的钢铁需求规模,进而给出了中国钢铁产能转移的区位[214]。还有学者通过东道国的视角探究东道国的制度环境、企业异质性和经济禀赋对中国企业对外投资区位选择的影响[215-216]。

雁阵模型、产品生命周期和国际产能合作都是从国际产业转移现象中总结得到的，适用于国与国之间的产业转移[217]。我国国土面积辽阔，国内要素转移明显比国际要素转移更频繁，不同区域要素禀赋不同成为我国区域产业转移的动因[218]。现有关于国内区域产业转移的研究多关注于转移带来的正负面效应[219]，通过区域产业转移可以提高要素聚集程度进而促进地区经济发展[220]、发挥技术溢出效应[221]、推动承接地制造业升级[219]。但是我国东部地区向西部地区转移规模不断扩大从而造成西部地区成为污染主要承接区[222]，产业承接区的平均全要素生产率（TFP）呈递减趋势[223]。而关于过剩产能转移实施路径的文献极少。

基于对上述文献的梳理，利用优势明显的 DEA 模型为测量方法测算我国制造业分行业的产能利用率，通过国际产能转移和国内区域产能转移构建要素和技术双向转移路径，化解我国制造业分行业产能过剩问题，从而达到去产能的目标。

（2）指标及数据说明

测算制造业分行业、分地区的产能利用率的目的是探究行业产能利用率是否存在地区差异。为了避免测量中的偶然性及考虑数据的可获得性，选取制造业 28 个分行业，由于数据收集时，《中国工业统计年鉴》只更新到 2016 年，样本研究期为 2013—2016 年。选取工业销售产值为 DEA 输出指标，输入指标有固定资本存量、管理费用和劳动投入，具体数据说明如下。

① 工业销售产值，以 2013 年为基期的各省份工业品出厂价格指数对工业销售产值进行平减，以平减后的工业销售产值作为衡量指标。

② 固定资本存量，参照韩国高等[197]、郑传均等[224]的处理方法，以固定资产净值为固定资本存量的代替指标，固定资产净值等于固定资产原价减去累计折旧。以 2013 年为基期的各省份固定资产投资价格指数对固定资产净值进行平减，以平减后的固定资产净值作为衡量指标。

③ 管理费用和劳动投入，参照郑传均等的做法[224]，用各行业的管理费用作为可变投入的一个指标，以 2013 年为基期的各省份工业品出厂价格指数对管理费用进行平减，以平减后的管理费用作为衡量指标。选取各行

业从业人员平均人数为劳动投入的衡量指标。以上数据来自《中国统计年鉴》（2014—2017年）和《中国工业统计年鉴》（2014—2017年）。

（3）测算结果

测算结果是基于投入导向规模报酬可变 DEA 模型，纯技术效率反映企业对现有投入要素的利用能力[225]。纯技术为 1 时，表明决策单元不用投入减少，产出也不用增加；纯技术效率不为 1 时，表明决策单元存在投入要素冗余，综合技术效率整合了纯技术效率和规模效率，不能反映投入要素的利用程度，对于投入导向的规模报酬可变 DEA 模型，选用纯技术效率为指标衡量产能利用率更为合理。

1）行业比较

学界目前尚未建立一套完整的产能过剩评价体系，参考欧美国家判断产能是否过剩的经验，即产能利用率正常区间为 79%～83%，低于 79% 说明存在产能过剩[224]。2013—2016 年制造业分行业平均产能利用率情况如图 5.2 所示，制造业整体产能利用率 77.46%，低于 79%，说明存在一定程度的产能过剩，产能利用率最高的是纺织服装、服饰业，为 85.38%；产能利用率最低的是有色金属冶炼和压延加工业，为 63.43%，产能过剩严重。轻工业相对重工业的产能利用率高一点，纺织服装、服饰业，酒、饮料和精制茶制造业，家具制造业，农副食品加工业，造纸和纸制品业的产能利用率都在 80% 以上，排在制造业所有分行业的前 5 位。黑色金属冶炼和压延加工业，石油加工、炼焦和核燃料加工业，烟草制造业、有色金属冶炼和压延加工业这些重工业的产能利用率为 70% 左右，最低的仅为 63.43%。

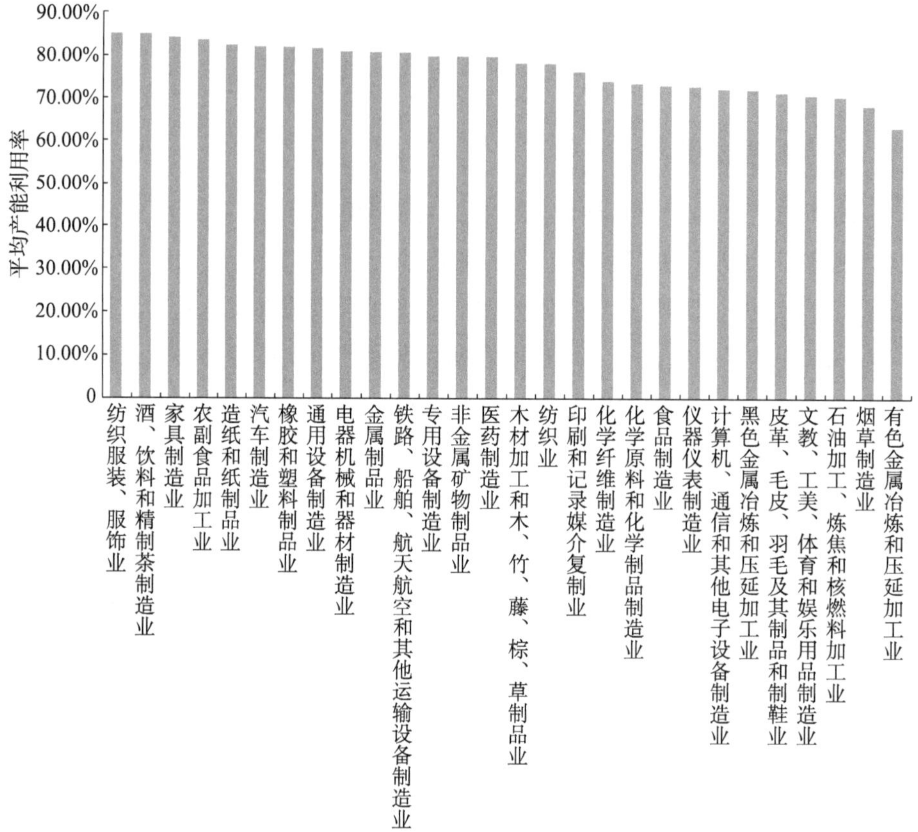

图 5.2 2013—2016 年制造业分行业平均产能利用率

2)地区比较

图 5.3 至图 5.8 汇总了 2013—2016 年制造业分行业平均产能利用率分地区测算结果[①],从图 5.3 至图 5.8 可以看出,制造业各分行业产能利用率都存在地区差异,而且波动幅度都挺大。各行业有的省份产能利用率能达到100%,有的省份产能利用率只达到 20% 左右,导致了很多省份存在大量的投入要素冗余,只有少数省份投入要素达到 100% 利用,并且出现规模报酬递增的现象。基于产能利用率存在明显的地区差异,可以把产能利用率不高省份的冗余投入要素转移到产能利用率高的省份,从而实现产能转移,起到去产能的作用,使得各地区更加均衡的发展。

---

① 由于篇幅原因,只展示 2013—2016 年制造企业部分行业平均产能利用率分地区测算结果,备索。

"互联网+"背景下制造企业供给侧结构性改革的去产能路径

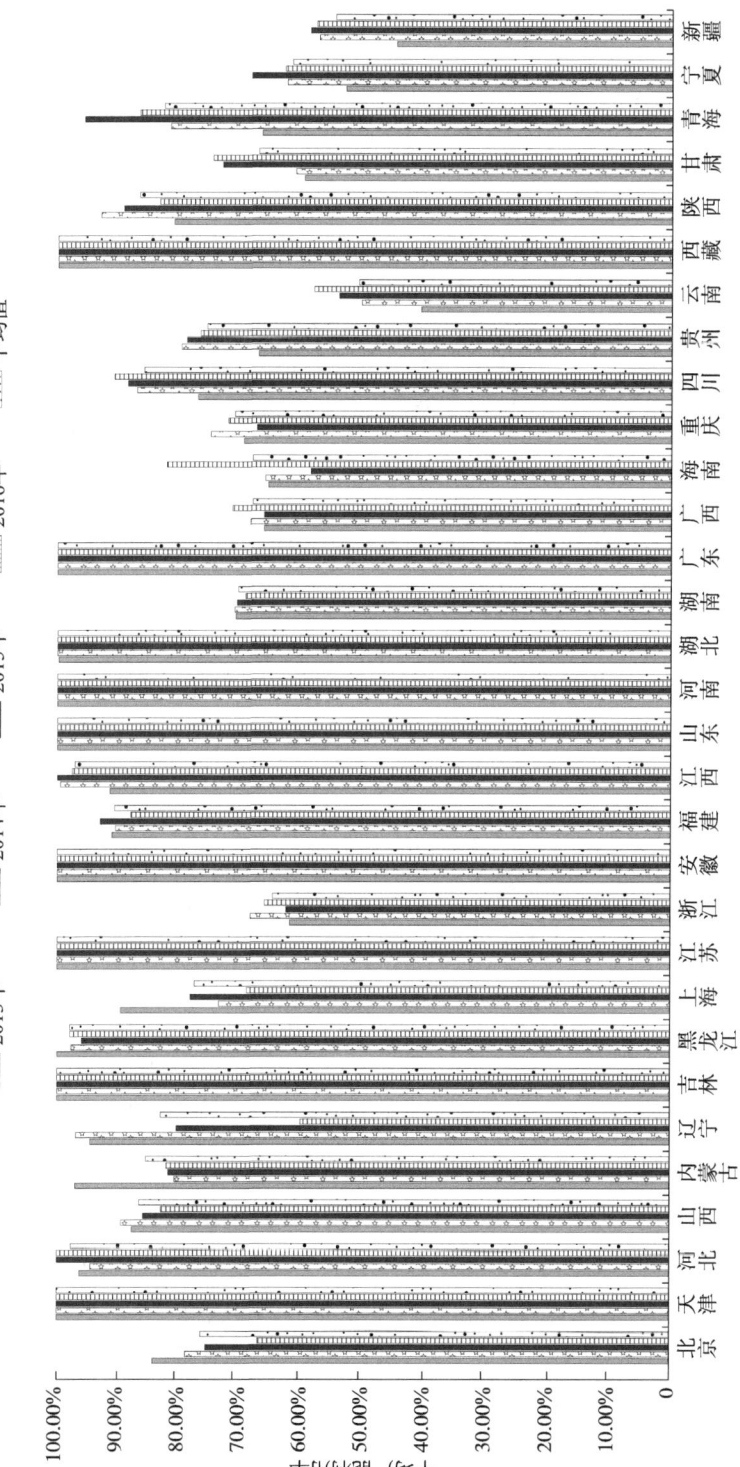

图 5.3 2013—2016 年农副食品加工业平均产能利用率

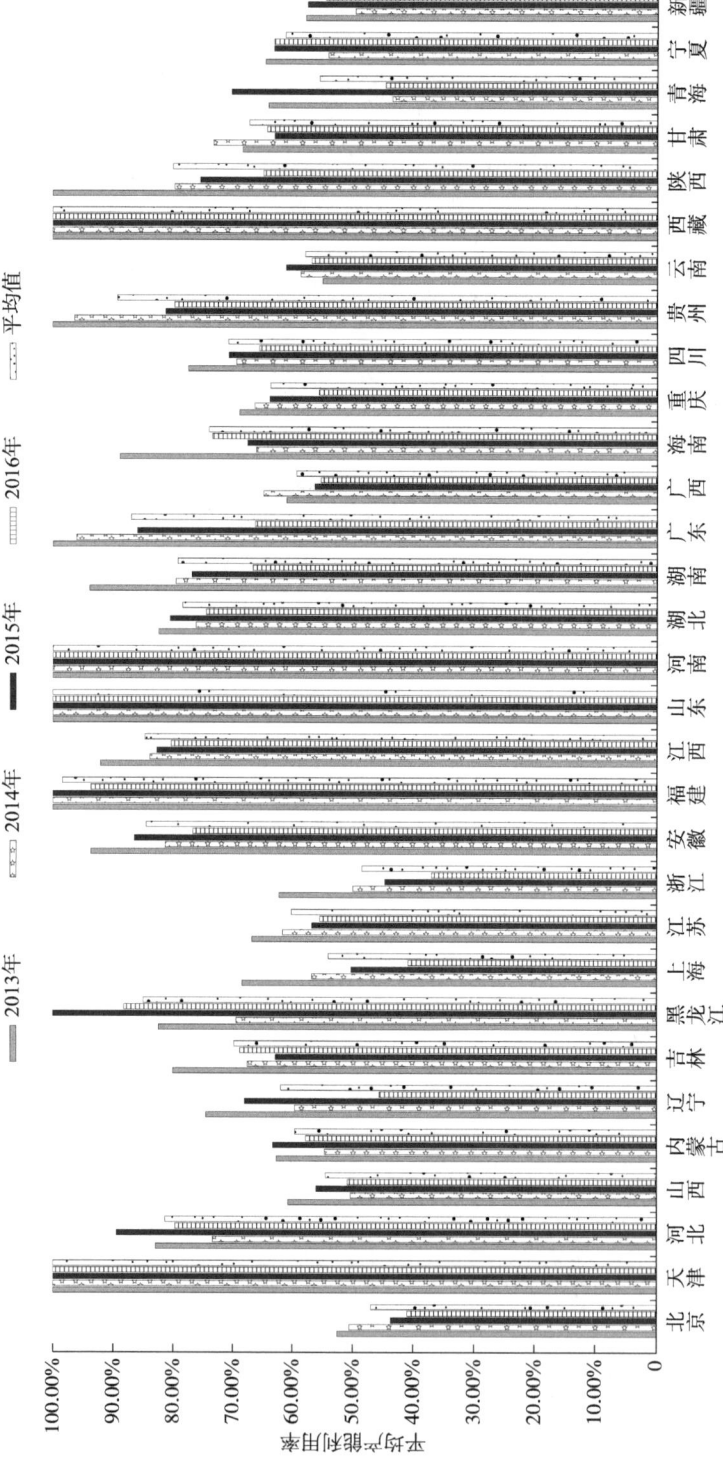

图 5.4 2013—2016 年食品制造业平均产能利用率

"互联网+"背景下制造企业供给侧结构性改革的去产能路径 | 105

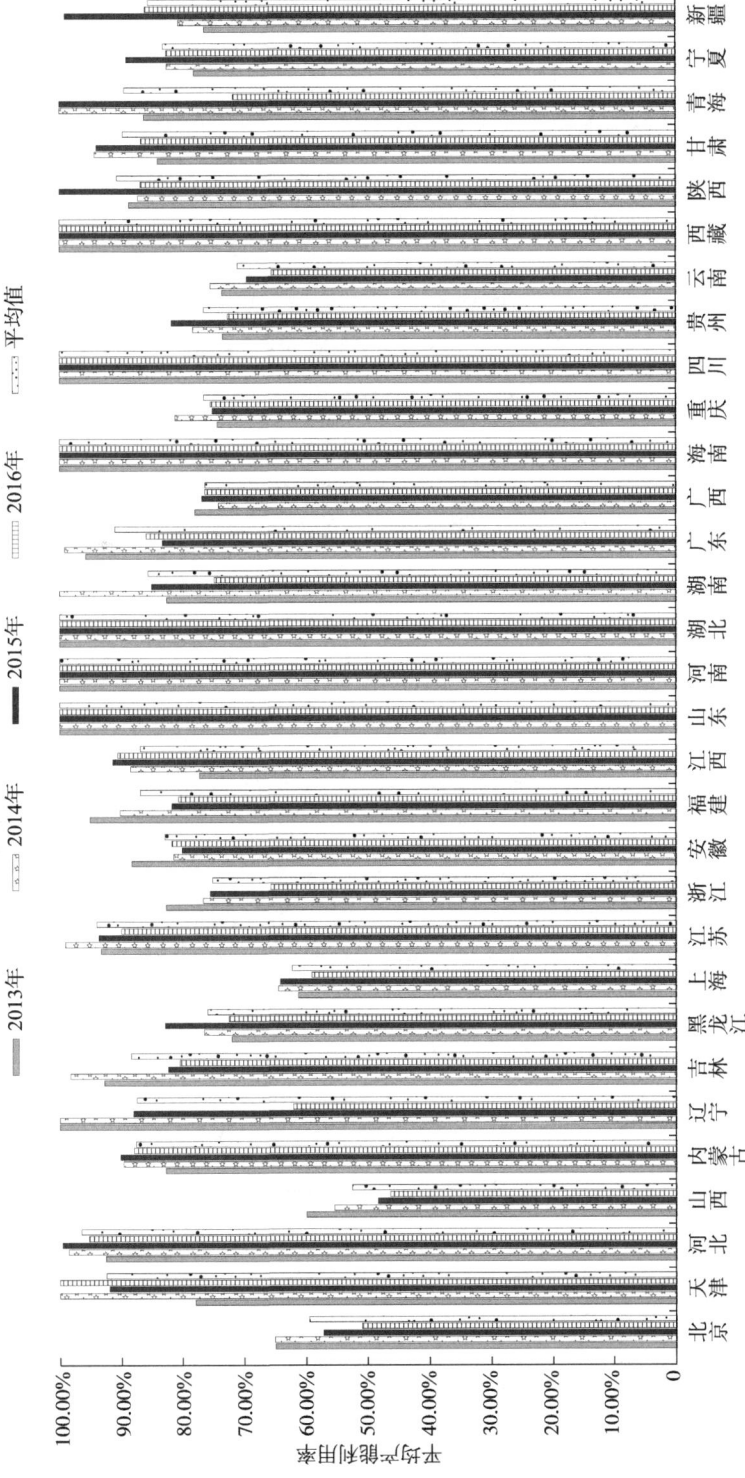

图 5.5 2013—2016 年酒、饮料和精制茶制造业平均产能利用率

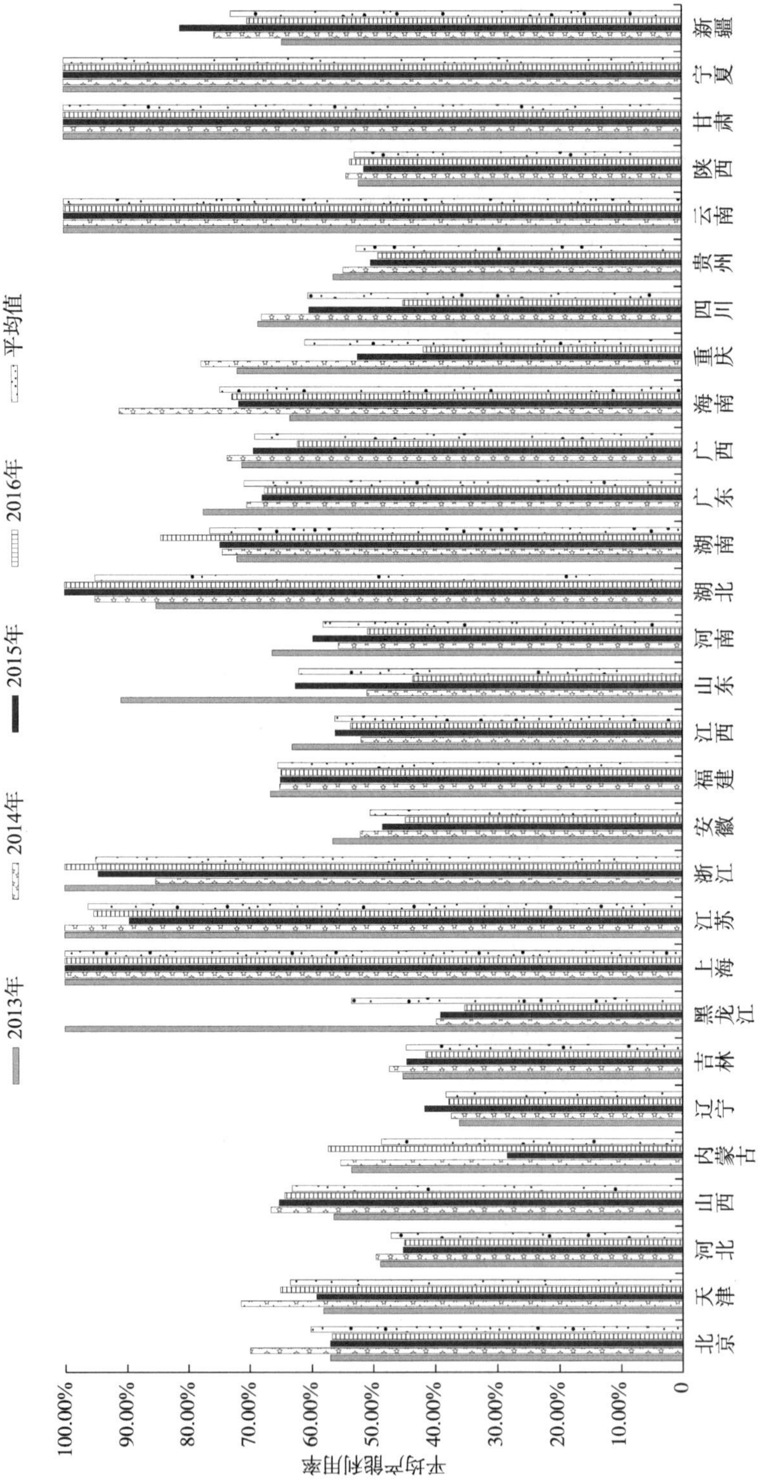

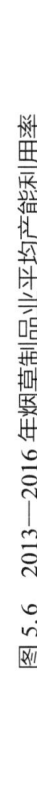

图 5.6 2013—2016 年烟草制品业平均产能利用率

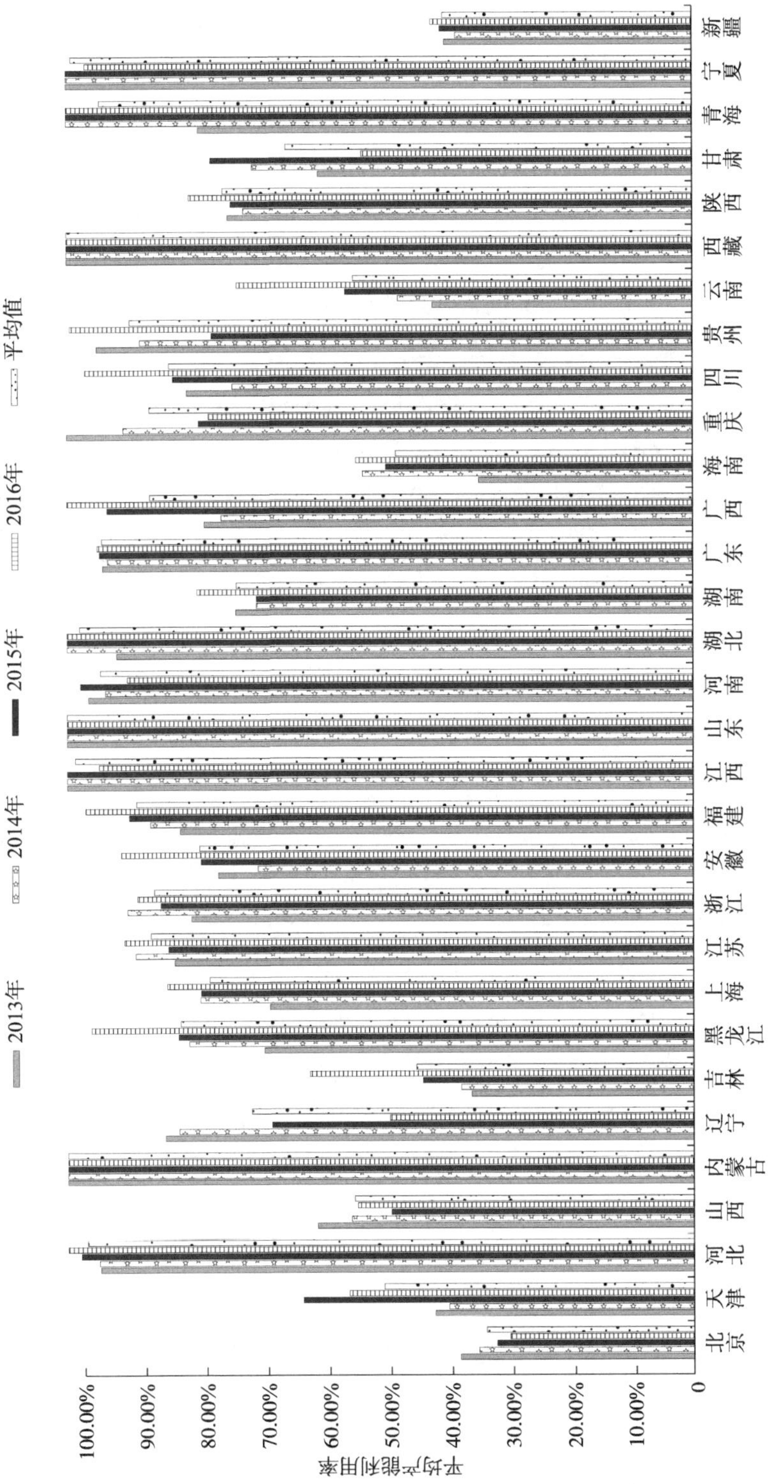

图 5.7 2013—2016 年纺织业平均产能利用率

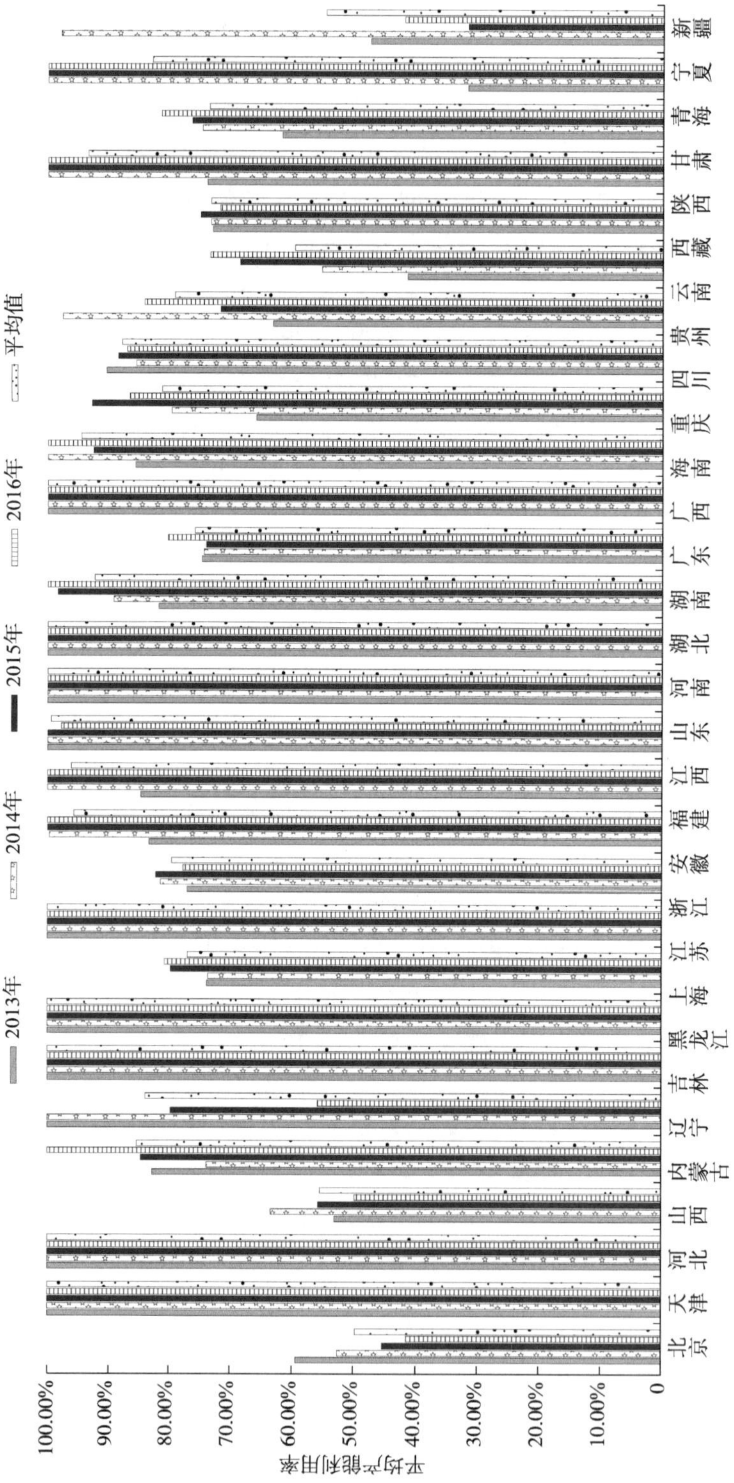

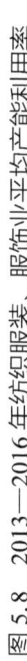

图 5.8 2013—2016 年纺织服装、服饰业平均产能利用率

5.2.3 "互联网+"背景下国际产能转移路径

(1) 研究区域范围及数据说明

参考赵东麒等的分类方法[212],将"一带一路"沿线65个国家分成7个地区,即东亚、东南亚、西亚、南亚、独联体、中欧和东欧地区。具体如表5.1所示。参考程广斌等和蒋琼琼的分类[226-227],选用SITC 3.0版本分类标准下的第5至第8类制成品代表制造业。其中第5类和第7类为资本密集型行业,第6类和第8类为劳动密集型行业[212]。考察的数据时间段为2014—2018年。

表5.1 "一带一路"沿线国家地区划分

划分区域	国家
东亚地区(1个)	蒙古国
东南亚地区(10个)	新加坡、马来西亚、印度尼西亚、缅甸、泰国、老挝、柬埔寨、越南(无数据)、文莱、菲律宾
西亚地区(18个)	伊朗(无数据)、伊拉克(无数据)、土耳其、叙利亚(无数据)、约旦、黎巴嫩、以色列、巴勒斯坦(无数据)、沙特阿拉伯、也门(无数据)、阿曼、阿联酋、卡塔尔、科威特、巴林、希腊(无数据)、塞浦路斯(无数据)、埃及
南亚地区(8个)	印度、巴基斯坦、孟加拉国(无数据)、阿富汗(无数据)、斯里兰卡(无数据)、马尔代夫、尼泊尔(无数据)、不丹(无数据)
独联体地区(12个)	哈萨克斯坦、俄罗斯、乌兹别克斯坦(无数据)、土库曼斯坦(无数据)、塔吉克斯坦(无数据)、吉尔吉斯斯坦、乌克兰、白俄罗斯、格鲁吉亚、阿塞拜疆、亚美尼亚、摩尔多瓦
中欧地区(4个)	捷克(无数据)、斯洛伐克、匈牙利、波兰
东欧地区(12个)	立陶宛、爱沙尼亚、拉脱维亚、斯洛文尼亚、克罗地亚、波黑、黑山、塞尔维亚、阿尔巴尼亚、罗马尼亚、保加利亚、马其顿(无数据)

注:无数据国家不参与计算。

(2) 中国与"一带一路"沿线国家竞争力的比较优势分析

衡量产业国际竞争力的指标有多种,裴长洪等把产业国际竞争力分为显示性指标和分析性指标[228]。而金碚等用两类指标来衡量:一类是产业国际竞争力的比较优势，包括各行业出口占该国出口总额的比例；另一类是国际产业竞争力的竞争优势，包括产业产品的国际市场占有率[229]。参考赵东麒等的做法[212]，采用产业国际竞争力的比较优势来衡量产业国际竞争力，选用各行业出口占该国出口总额的比例衡量国际竞争力的比较优势。一个国家行业出口占该国出口总额比例越大，说明该行业的国际竞争力越强，与它国的产业级差就越大，产能转移也就越容易施行。

由表5.2和表5.4可以看出，中国制造业的资本密集型行业的国际竞争力呈现出上升趋势，由表5.3和表5.5可以看出，劳动密集型行业的国际竞争力呈现出下降趋势。说明我国正在减少劳动密集型产品的生产，转向资本密集型行业发展。在"一带一路"沿线国家中，东南亚地区中的柬埔寨、泰国、菲律宾的制造业国际竞争力排名靠前，西亚地区中以色列制造业国际竞争力最强，中欧地区匈牙利、斯洛伐克、波兰的制造业国际竞争力排名靠前，东欧地区斯洛文尼亚、塞尔维亚、罗马尼亚、爱沙尼亚的制造业国际竞争力排名靠前，南亚地区巴基斯坦的制造业国际竞争力最强。从整个"一带一路"沿线国家制造业来看，中国的制造业国际竞争力是最强的，同"一带一路"沿线国家的制造业存在产业竞争力级差，这为中国制造业向"一带一路"沿线国家进行产能转移提供了理论基础。

表5.2 中国与"一带一路"沿线国家第5类行业国际竞争力的比较优势（单位：%）

国家	2014年	2015年	2016年	2017年	2018年	国家	2014年	2015年	2016年	2017年	2018年
阿尔巴尼亚	0.27	0.56	1.12	0.53	6.50	黎巴嫩	10.16	12.28	9.85	10.47	12.99
亚美尼亚	1.32	1.51	1.44	1.66	1.48	立陶宛	13.12	14.70	15.06	14.14	14.92
阿塞拜疆	0.82	1.15	1.17	1.15	0.96	马来西亚	6.78	7.21	7.59	6.92	7.61
巴林	4.83	4.83	4.91	4.98	5.23	马尔代夫	0.04	0.02	0.03	0.02	0.01
白俄罗斯	13.72	17.95	16.09	14.86	15.74	蒙古国	0.04	0.05	0.07	0.04	0.02
波黑	6.50	7.04	7.77	8.08	7.73	黑山	3.82	4.07	5.36	4.73	7.41
文莱	4.49	2.17	4.82	3.63	3.75	缅甸	0.09	0.09	0.13	0.45	0.34

续表

国家	2014年	2015年	2016年	2017年	2018年	国家	2014年	2015年	2016年	2017年	2018年
保加利亚	8.98	9.86	9.93	9.84	10.09	阿曼	7.16	8.41	7.00	8.32	7.14
柬埔寨	0.16	0.86	1.58	1.56	0.78	巴基斯坦	4.32	3.99	3.91	4.79	4.67
中国	5.74	5.70	5.81	6.24	6.74	菲律宾	3.56	2.81	2.70	2.51	1.94
克罗地亚	10.67	11.71	13.07	13.91	12.53	波兰	8.90	8.63	8.88	9.08	8.96
埃及	16.44	14.98	13.53	17.68	19.87	卡塔尔	0.05	1.23	8.69	7.14	6.43
爱沙尼亚	5.78	5.61	5.70	6.77	6.33	摩尔多瓦	7.52	6.65	5.54	5.26	4.79
格鲁吉亚	10.44	14.42	10.89	10.67	9.85	罗马尼亚	5.03	4.62	4.11	4.23	4.28
匈牙利	10.56	11.02	10.75	11.58	11.88	俄罗斯	4.73	5.84	6.27	5.93	4.97
印度	11.50	13.42	13.87	13.67	15.42	沙特阿拉伯	11.15	15.02	15.20	14.00	13.76
印度尼西亚	6.38	5.67	6.38	5.75	6.23	塞尔维亚	8.03	8.44	8.77	9.21	9.67
以色列	26.41	23.96	23.69	26.05	24.72	新加坡	12.74	13.40	13.95	13.47	14.08
约旦	31.80	28.99	27.43	28.64	30.53	斯洛伐克	4.74	4.68	4.51	4.34	4.24
哈萨克斯坦	3.59	6.51	6.31	4.39	3.57	斯洛文尼亚	15.32	14.43	14.47	13.81	13.91
科威特	3.23	4.94	4.74	4.25	4.60	泰国	10.87	9.69	9.18	9.31	10.49
吉尔吉斯斯坦	0.91	1.09	1.03	1.28	1.18	土耳其	5.50	5.48	5.21	5.24	5.65
老挝	3.32	5.54	4.17	3.46	4.79	乌克兰	5.24	4.95	3.78	3.45	3.65
拉脱维亚	6.96	7.40	8.17	8.14	7.91	阿联酋	1.61	1.89	2.56	3.07	3.90

表5.3 中国与"一带一路"沿线国家第6类行业国际竞争力的比较优势（单位：%）

国家	2014年	2015年	2016年	2017年	2018年	国家	2014年	2015年	2016年	2017年	2018年
阿尔巴尼亚	3.93	15.01	17.85	10.33	47.41	黎巴嫩	10.57	11.62	8.54	9.31	15.47

续表

国家	2014年	2015年	2016年	2017年	2018年	国家	2014年	2015年	2016年	2017年	2018年
亚美尼亚	29.41	22.16	19.48	15.99	16.98	立陶宛	10.30	10.68	11.50	11.35	11.43
阿塞拜疆	0.71	1.08	2.09	2.09	1.67	马来西亚	8.86	9.64	8.90	8.83	9.23
巴林	18.76	18.97	20.75	20.62	22.73	马尔代夫	0.00	0.01	0.01	0.00	0.00
白俄罗斯	13.08	12.95	15.51	15.31	14.95	蒙古国	1.50	2.39	2.37	2.15	1.68
波黑	23.36	22.81	21.06	23.15	24.62	黑山	24.84	30.52	26.56	28.96	27.62
文莱	0.51	0.84	0.77	0.44	1.00	缅甸	12.84	10.09	8.81	11.16	14.18
保加利亚	22.20	22.26	20.19	23.33	23.11	阿曼	4.91	6.94	6.52	6.51	7.76
柬埔寨	1.26	4.09	4.24	5.46	5.75	巴基斯坦	43.62	42.96	43.34	41.48	39.19
中国	17.15	17.27	16.81	16.36	16.44	菲律宾	8.93	8.47	8.01	7.40	5.54
克罗地亚	16.12	15.62	15.46	16.01	16.98	波兰	19.28	18.33	17.77	17.65	18.63
埃及	19.48	20.85	16.52	19.23	20.21	卡塔尔	0.02	0.94	3.11	3.08	2.65
爱沙尼亚	15.13	14.84	14.37	14.96	14.69	摩尔多瓦	7.43	6.99	8.40	6.95	6.65
格鲁吉亚	17.78	14.54	13.79	17.86	16.98	罗马尼亚	16.07	16.20	15.63	16.23	16.75
匈牙利	10.63	10.52	10.70	10.81	10.95	俄罗斯	10.62	12.74	15.00	14.80	13.43
印度	23.81	25.66	25.73	26.43	24.98	沙特阿拉伯	1.61	2.63	2.66	2.39	2.30
印度尼西亚	12.87	13.69	13.91	13.24	14.61	塞尔维亚	20.94	21.46	20.46	23.76	24.97
以色列	35.12	32.97	31.77	29.68	29.04	新加坡	4.08	4.03	3.92	3.49	3.44
约旦	9.46	8.83	7.85	8.16	7.50	斯洛伐克	16.80	16.65	16.41	17.23	16.84
哈萨克斯坦	9.15	14.14	18.31	19.08	14.41	斯洛文尼亚	17.76	17.49	17.26	16.56	16.43
科威特	0.57	0.68	0.73	0.70	0.54	泰国	12.61	12.59	12.30	12.32	12.61
吉尔吉斯斯坦	6.56	5.17	4.66	6.12	6.99	土耳其	25.38	23.54	23.01	23.58	25.54

续表

国家	2014年	2015年	2016年	2017年	2018年	国家	2014年	2015年	2016年	2017年	2018年
老挝	26.02	16.20	10.06	9.86	16.51	乌克兰	32.01	28.39	27.25	27.46	28.73
拉脱维亚	16.53	17.21	17.33	17.61	17.34	阿联酋	8.22	9.21	9.30	10.23	11.14

表5.4　中国与"一带一路"沿线国家第7类行业国际竞争力的比较优势（单位：%）

国家	2014年	2015年	2016年	2017年	2018年	国家	2014年	2015年	2016年	2017年	2018年
阿尔巴尼亚	0.79	2.77	3.97	0.54	2.39	黎巴嫩	10.47	10.93	8.93	8.40	8.93
亚美尼亚	1.71	1.77	2.30	2.33	2.82	立陶宛	19.71	18.17	18.56	20.41	19.96
阿塞拜疆	0.31	0.35	0.75	0.37	0.36	马来西亚	38.83	41.93	43.11	43.93	45.44
巴林	8.78	12.98	10.13	6.17	5.66	马尔代夫	0.05	0.28	0.14	0.11	0.16
白俄罗斯	13.70	12.37	16.63	17.05	15.46	蒙古国	1.62	1.53	2.81	0.63	0.73
波黑	13.99	14.61	14.24	14.37	14.97	黑山	6.86	9.39	9.55	11.22	8.80
文莱	1.36	2.86	4.91	2.51	2.61	缅甸	0.26	0.33	5.62	5.34	4.16
保加利亚	18.99	20.74	20.99	20.68	22.25	阿曼	2.24	15.38	3.72	3.61	6.81
柬埔寨	1.27	7.76	8.30	7.98	7.96	巴基斯坦	1.77	1.50	1.52	1.66	1.70
中国	45.76	46.66	46.98	47.96	48.74	菲律宾	57.29	64.38	63.27	65.72	66.08
克罗地亚	21.97	24.03	23.27	22.76	23.26	波兰	37.33	38.14	37.31	35.55	37.22
埃及	8.66	9.31	7.27	7.99	6.54	卡塔尔	0.00	2.59	3.01	2.92	2.44
爱沙尼亚	35.24	34.22	35.46	32.69	31.26	摩尔多瓦	14.40	15.94	15.90	17.79	21.67
格鲁吉亚	23.09	13.37	11.30	13.29	17.44	罗马尼亚	41.77	43.78	46.28	45.63	47.76
匈牙利	54.82	57.39	58.13	55.71	55.27	俄罗斯	4.05	5.42	6.66	6.37	4.65
印度	15.05	16.17	16.39	16.40	17.55	沙特阿拉伯	2.03	3.63	3.72	3.35	2.66
印度尼西亚	12.36	13.16	13.99	12.78	12.56	塞尔维亚	30.09	29.14	29.58	28.03	27.80

续表

国家	2014年	2015年	2016年	2017年	2018年	国家	2014年	2015年	2016年	2017年	2018年
以色列	24.12	28.76	27.47	26.51	26.90	新加坡	45.17	50.49	51.74	48.96	47.95
约旦	10.01	9.48	14.58	12.56	10.74	斯洛伐克	57.75	59.44	61.34	60.24	61.04
哈萨克斯坦	2.34	1.33	1.85	1.29	1.04	斯洛文尼亚	30.79	31.18	32.27	32.96	32.34
科威特	1.48	2.47	2.40	2.42	2.14	泰国	43.03	44.85	45.30	44.72	44.13
吉尔吉斯斯坦	7.78	12.99	9.84	12.04	7.63	土耳其	25.64	26.00	27.54	29.30	29.56
老挝	7.91	9.88	9.09	9.64	10.03	乌克兰	13.16	12.05	11.48	11.14	11.21
拉脱维亚	19.11	21.97	21.84	21.78	22.84	阿联酋	8.70	9.04	8.42	17.40	19.60

表5.5 中国与"一带一路"沿线国家第8类行业国际竞争力的比较优势（单位：%）

国家	2014年	2015年	2016年	2017年	2018年	国家	2014年	2015年	2016年	2017年	2018年
阿尔巴尼亚	26.62	36.20	45.38	44.45	40.66	黎巴嫩	10.63	9.85	8.92	8.14	8.24
亚美尼亚	7.07	8.90	12.93	10.08	14.49	立陶宛	15.16	15.77	17.16	15.98	16.35
阿塞拜疆	0.05	0.16	0.11	0.12	0.14	马来西亚	9.57	10.78	11.24	9.82	9.73
巴林	4.39	9.88	6.78	3.67	3.42	马尔代夫	0.00	0.00	0.00	0.03	0.01
白俄罗斯	6.07	5.66	6.99	6.95	6.55	蒙古国	0.55	0.71	0.96	0.76	0.73
波黑	25.46	25.96	26.94	26.87	26.59	黑山	3.28	4.34	3.54	3.21	3.23
文莱	0.44	0.75	0.92	2.99	1.01	缅甸	10.02	9.05	16.08	20.99	29.54
保加利亚	13.53	13.82	14.89	13.15	13.33	阿曼	0.58	0.65	0.50	1.50	1.48
柬埔寨	87.58	79.94	77.35	75.27	77.62	巴基斯坦	25.16	27.71	30.21	30.83	29.99
中国	26.44	25.70	25.10	23.98	22.71	菲律宾	9.70	9.70	9.72	8.16	8.29
克罗地亚	16.32	16.02	16.68	15.08	14.99	波兰	13.22	14.68	15.69	15.43	16.80
埃及	8.34	10.55	8.40	8.83	8.77	卡塔尔	0.07	0.36	0.56	0.40	0.37

续表

国家	2014年	2015年	2016年	2017年	2018年	国家	2014年	2015年	2016年	2017年	2018年
爱沙尼亚	15.78	16.42	18.15	16.87	15.88	摩尔多瓦	22.09	21.68	23.03	22.13	22.63
格鲁吉亚	4.52	5.92	5.40	4.87	4.84	罗马尼亚	14.78	14.72	14.95	15.61	15.22
匈牙利	9.70	8.95	9.84	9.08	8.80	俄罗斯	1.26	1.68	2.24	1.50	1.11
印度	13.11	14.75	16.09	14.43	12.92	沙特阿拉伯	0.39	0.58	0.70	0.66	0.44
印度尼西亚	10.94	13.58	14.62	12.41	11.96	塞尔维亚	13.07	13.16	13.28	13.26	12.83
以色列	8.04	8.43	9.66	11.73	12.60	新加坡	7.74	8.61	9.38	8.87	7.87
约旦	21.61	23.91	24.91	26.07	27.33	斯洛伐克	9.63	9.65	9.25	9.36	9.42
哈萨克斯坦	0.28	0.54	1.35	0.32	0.29	斯洛文尼亚	8.74	8.77	9.43	9.00	8.93
科威特	0.51	0.75	0.79	0.68	0.57	泰国	8.99	9.34	9.12	8.68	8.54
吉尔吉斯斯坦	7.04	5.95	6.58	9.67	11.80	土耳其	17.83	17.79	17.88	16.84	16.65
老挝	9.71	6.33	5.10	6.09	6.20	乌克兰	3.92	4.10	4.28	4.23	4.31
拉脱维亚	9.29	9.60	9.94	9.37	8.91	阿联酋	4.75	5.59	6.10	8.00	8.49

（3）国际引力模型构建

采用引力模型探究中国制造业产能转移的具体路径，引力模型最初被用于研究两个物体之间的作用力，后来被广泛用于经济学研究。参考张理娟等的研究将模型延伸至产能转移[230]：

$$F_{ij}=\beta\frac{Y_iY_j}{D_{ij}}。$$

其中，F_{ij} 为 i 国对 j 国的产能转移吸引力；β 为比例系数；Y_i 为 i 国承接条件的评估；Y_j 为 j 国转移条件评估，$Y_i = \sqrt[n]{a_1 a_2 a_3 \cdots a_i}$；$a_i$ 为标准化后的各项指标；D_{ij} 为 i 国首都到 j 国首都的距离。影响产能转移的因素很多，参考张理娟等、刘友金等、王鑫静等建立引力模型的指标体系[230-232]。具体指标及说明如表5.6所示。

表 5.6 引力模型指标体系

一级指标	二级指标	单位	数据来源
市场潜力	人均国民净收入	美元	World Bank
	人口总数	人	World Bank
承接条件	FDI	美元	World Bank
	GDP	美元	World Bank
	劳动力	人	World Bank
产业国际竞争力	比较优势	%	UN Comtrade

（4）确定转移路径

通过建立引力模型得到中国与"一带一路"沿线国家之间的产能转移吸引力，具体数值如表 5.7 至表 5.10 所示。从吸引力结果可以看出，对中国制造业吸引力靠前的有印度、印度尼西亚、菲律宾、俄罗斯、泰国、巴基斯坦、新加坡、马来西亚、波兰、土耳其。基本分布在南亚和东南亚地区。其中对中国制造业资本密集型行业吸引力较大的有印度、印度尼西亚、菲律宾、泰国、马来西亚、巴基斯坦、俄罗斯、新加坡和土耳其，对中国制造业劳动密集型行业吸引力较大的有印度、印度尼西亚、菲律宾、巴基斯坦、俄罗斯、泰国、波兰，二者有较大重叠。在 2014—2018 年研究期间，对中国制造业吸引力靠前且一直很稳定的有印度、印度尼西亚、菲律宾、马来西亚、巴基斯坦、俄罗斯、泰国和土耳其，其他国家时有波动。印度在这 5 年间对中国制造业的吸引力一直排在第 1 位，且对劳动密集型行业和资本密集型行业的吸引力均排在第 1 位。

基于上述分析，中国制造业劳动密集型行业产能主要以印度、印度尼西亚、菲律宾、巴基斯坦、俄罗斯、泰国和波兰为转移对象；资本密集型行业主要以印度、印度尼西亚、菲律宾、泰国、马来西亚、巴基斯坦、俄罗斯、新加坡和土耳其为转移对象。中国制造业产能转移重点以南亚和东南亚地区为主，兼顾俄罗斯和中欧地区个别国家，以达到产能转移高度匹配且转移对象多样化。

表 5.7 "一带一路"沿线国家对中国第 5 类行业吸引力结果

国家	2014年	2015年	2016年	2017年	2018年	国家	2014年	2015年	2016年	2017年	2018年
阿尔巴尼亚	1.83	2.16	2.74	2.44	3.66	立陶宛	5.39	6.92	7.65	7.99	7.29
亚美尼亚	2.56	2.47	2.95	2.93	2.69	马来西亚	34.93	37.64	44.16	41.12	39.10
阿塞拜疆	8.49	8.91	8.91	8.33	6.79	马尔代夫	0.69	0.71	0.94	0.87	0.83
巴林	4.84	3.15	4.43	5.17	3.80	蒙古国	6.78	6.39	13.44	10.19	8.93
白俄罗斯	10.41	10.66	10.38	10.60	10.30	黑山	1.36	1.57	1.54	1.79	1.80
波黑	3.18	3.24	3.54	3.88	3.76	缅甸	11.40	14.39	16.22	20.45	15.23
文莱	4.09	3.07	3.67	4.23	4.03	阿曼	8.17	10.19	10.93	11.86	12.16
保加利亚	6.56	7.99	8.39	9.02	7.97	巴基斯坦	32.91	37.15	44.38	46.39	40.39
柬埔寨	6.17	9.38	12.50	12.98	11.23	菲律宾	52.08	56.55	67.02	68.00	60.54
克罗地亚	7.06	3.86	6.14	6.40	6.95	波兰	31.76	32.26	36.65	34.90	35.05
埃及	22.77	27.73	30.92	27.75	26.89	卡塔尔	4.43	7.97	11.39	11.68	12.52
爱沙尼亚	4.52	4.12	4.82	5.64	5.05	摩尔多瓦	2.65	2.53	2.32	2.63	2.81
格鲁吉亚	5.80	6.41	6.67	6.83	5.90	罗马尼亚	13.66	14.74	17.18	17.52	17.36
匈牙利	14.34	13.38	22.88	17.61	22.25	俄罗斯	67.67	56.35	79.64	81.21	59.91
印度	178.66	216.07	246.59	250.16	237.57	沙特阿拉伯	30.89	35.10	38.19	28.81	33.00
印度尼西亚	65.86	68.86	62.54	80.34	74.31	塞尔维亚	6.48	7.06	7.91	8.34	8.58
以色列	19.41	23.51	26.70	29.33	28.31	新加坡	40.17	44.88	50.55	53.32	49.79
约旦	7.72	8.26	9.10	9.61	7.98	斯洛伐克	5.62	7.61	10.12	9.93	8.43
哈萨克斯坦	27.93	32.41	37.52	29.66	15.84	斯洛文尼亚	5.24	5.99	6.48	6.36	6.32
科威特	7.55	7.53	8.23	7.05	5.19	泰国	55.36	66.61	60.56	73.83	77.27
吉尔吉斯斯坦	3.72	5.04	5.03	3.97	3.89	土耳其	35.89	41.68	43.27	41.13	37.98
老挝	8.55	11.12	11.82	12.71	12.10	乌克兰	11.93	10.14	15.93	16.36	16.32

续表

国家	2014年	2015年	2016年	2017年	2018年	国家	2014年	2015年	2016年	2017年	2018年
拉脱维亚	4.64	4.79	4.66	5.81	4.68	阿联酋	19.40	20.61	24.34	25.67	25.23
黎巴嫩	7.23	8.09	8.95	9.02	8.75						

表 5.8 "一带一路"沿线国家对中国第 6 类行业吸引力结果

国家	2014年	2015年	2016年	2017年	2018年	国家	2014年	2015年	2016年	2017年	2018年
阿尔巴尼亚	3.09	3.94	4.45	4.15	8.89	立陶宛	5.60	6.93	7.50	8.00	13.73
亚美尼亚	4.64	4.08	4.68	4.43	5.52	马来西亚	39.46	41.70	46.48	44.44	48.03
阿塞拜疆	8.95	9.31	10.06	9.54	7.55	马尔代夫	0.51	0.66	0.81	0.60	0.46
巴林	6.56	4.17	5.78	6.80	8.66	蒙古国	13.51	12.79	24.89	20.27	12.44
白俄罗斯	11.16	10.65	10.58	11.06	16.49	黑山	2.01	2.32	2.06	2.51	5.19
波黑	4.25	4.16	4.29	4.80	8.19	缅甸	28.35	33.53	33.66	36.25	18.60
文莱	3.07	2.76	2.77	3.09	6.97	阿曼	8.28	10.42	11.07	11.82	19.39
保加利亚	8.23	9.65	9.68	10.80	14.73	巴基斯坦	52.27	58.24	67.92	68.99	48.82
柬埔寨	9.44	12.84	15.11	16.59	13.89	菲律宾	65.56	71.73	82.37	84.50	57.36
克罗地亚	8.17	4.28	6.47	6.80	13.51	波兰	39.02	38.59	42.17	40.47	46.99
埃及	25.30	30.92	32.76	29.20	33.65	卡塔尔	4.13	8.04	9.84	10.54	17.43
爱沙尼亚	5.73	5.12	5.76	6.68	11.20	摩尔多瓦	2.86	2.69	2.55	2.86	5.17
格鲁吉亚	6.85	6.78	7.11	7.73	11.23	罗马尼亚	17.91	19.16	22.00	22.75	25.73
匈牙利	15.51	14.01	23.43	18.07	34.23	俄罗斯	83.64	67.71	94.42	98.15	60.32
印度	217.87	254.03	280.18	289.78	193.67	沙特阿拉伯	24.16	27.70	29.28	22.28	32.65
印度尼西亚	79.96	84.16	73.00	95.81	68.81	塞尔维亚	8.21	8.70	9.34	10.14	16.12
以色列	21.99	26.17	28.74	31.11	52.47	新加坡	35.89	38.76	41.93	44.17	66.42

续表

国家	2014年	2015年	2016年	2017年	2018年	国家	2014年	2015年	2016年	2017年	2018年
约旦	6.82	7.15	7.57	8.09	12.75	斯洛伐克	7.50	9.92	12.86	12.96	15.24
哈萨克斯坦	35.26	38.92	45.94	39.32	22.90	斯洛文尼亚	5.80	6.53	6.84	6.80	13.40
科威特	6.11	5.70	6.17	5.41	5.42	泰国	61.30	73.42	65.18	80.29	85.66
吉尔吉斯斯坦	5.57	6.89	6.63	5.35	6.15	土耳其	50.02	56.08	56.81	54.86	48.72
老挝	13.02	14.03	14.03	15.71	20.74	乌克兰	17.42	14.31	22.70	23.99	23.11
拉脱维亚	5.79	5.81	5.42	6.85	10.07	阿联酋	27.51	28.32	30.94	32.57	36.69
黎巴嫩	7.86	8.46	8.96	9.18	15.98						

表5.9 "一带一路"沿线国家对中国第7类行业吸引力结果

国家	2014年	2015年	2016年	2017年	2018年	国家	2014年	2015年	2016年	2017年	2018年
阿尔巴尼亚	2.54	3.07	3.63	2.61	3.33	立陶宛	6.69	7.80	8.50	9.05	8.23
亚美尼亚	3.09	2.76	3.43	3.30	3.22	马来西亚	54.13	54.94	63.26	59.59	56.62
阿塞拜疆	8.36	7.95	8.88	7.35	6.19	马尔代夫	0.83	1.21	1.29	1.25	1.34
巴林	6.20	4.04	5.36	5.70	4.14	蒙古国	14.68	12.25	26.79	16.96	17.79
白俄罗斯	12.06	10.90	11.20	11.55	11.04	黑山	1.74	1.97	1.81	2.20	1.99
波黑	4.19	3.98	4.20	4.55	4.51	缅甸	15.91	19.57	32.68	32.91	24.87
文莱	3.88	3.50	3.94	4.23	4.08	阿曼	7.79	12.26	10.55	10.99	12.97
保加利亚	8.60	9.84	10.20	10.87	9.78	巴基斯坦	32.85	34.35	40.65	41.39	36.67
柬埔寨	10.15	14.74	17.68	18.14	17.78	菲律宾	95.85	103.72	121.60	124.80	117.17
克罗地亚	9.23	4.74	7.25	7.40	8.28	波兰	46.72	44.97	49.93	46.67	47.77
埃及	23.71	27.87	29.89	25.89	24.02	卡塔尔	3.31	9.83	10.23	10.72	11.45
爱沙尼亚	7.08	6.07	7.01	7.81	7.08	摩尔多瓦	3.42	3.18	2.97	3.43	3.89

续表

国家	2014年	2015年	2016年	2017年	2018年	国家	2014年	2015年	2016年	2017年	2018年
格鲁吉亚	7.67	6.89	7.19	7.55	6.97	罗马尼亚	22.52	23.32	27.58	27.74	27.90
匈牙利	21.87	19.17	32.50	24.37	30.90	俄罗斯	76.38	60.56	86.27	87.52	63.70
印度	216.46	242.58	271.90	274.64	260.97	沙特阿拉伯	26.93	30.14	32.39	24.17	26.98
印度尼西亚	85.18	86.22	76.44	97.74	89.77	塞尔维亚	9.36	9.44	10.39	10.70	10.99
以色列	22.15	26.38	29.35	31.33	30.86	新加坡	57.45	60.93	67.44	70.41	65.65
约旦	7.38	7.46	8.78	8.92	7.21	斯洛伐克	9.88	12.65	16.76	16.39	14.13
哈萨克斯坦	30.13	27.06	32.80	25.77	13.87	斯洛文尼亚	6.82	7.42	7.95	7.83	7.82
科威特	7.68	7.30	7.88	6.84	4.91	泰国	80.66	93.58	84.74	102.15	105.53
吉尔吉斯斯坦	6.15	8.29	7.86	6.15	5.71	土耳其	53.74	58.81	61.24	58.38	53.80
老挝	11.45	13.32	14.43	16.06	14.71	乌克兰	16.11	12.79	20.56	21.18	21.15
拉脱维亚	6.36	6.25	5.89	7.29	6.00	阿联酋	29.78	29.11	31.83	36.52	35.49
黎巴嫩	8.41	8.64	9.44	9.26	8.83						

表 5.10 "一带一路"沿线国家对中国第 8 类行业吸引力结果

国家	2014年	2015年	2016年	2017年	2018年	国家	2014年	2015年	2016年	2017年	2018年
阿尔巴尼亚	3.63	3.96	4.58	4.63	4.45	立陶宛	5.08	6.42	7.07	7.40	6.64
亚美尼亚	3.11	3.04	3.85	3.59	3.53	马来西亚	34.05	36.90	42.59	39.53	36.55
阿塞拜疆	4.94	5.87	5.47	5.21	4.42	马尔代夫	0.40	0.45	0.58	0.85	0.73
巴林	4.39	3.25	4.23	4.45	3.17	蒙古国	9.74	9.07	18.87	14.91	14.86
白俄罗斯	8.37	8.06	8.17	8.47	7.98	黑山	1.22	1.46	1.30	1.52	1.41
波黑	3.68	3.69	3.94	4.30	4.14	缅甸	23.18	28.61	32.80	35.20	28.78
文莱	2.56	2.36	2.51	3.71	2.90	阿曼	4.95	6.09	6.36	8.09	8.39

续表

国家	2014年	2015年	2016年	2017年	2018年	国家	2014年	2015年	2016年	2017年	2018年
保加利亚	6.46	7.75	8.11	8.58	7.49	巴基斯坦	40.63	47.03	56.37	57.38	49.40
柬埔寨	16.32	18.31	21.61	22.45	21.68	菲律宾	56.64	63.73	74.97	75.06	69.17
克罗地亚	6.97	3.73	5.78	5.89	6.42	波兰	31.22	32.31	36.41	34.58	34.91
埃及	18.71	23.97	25.80	22.42	21.05	卡塔尔	4.28	5.95	6.51	6.56	6.97
爱沙尼亚	4.92	4.52	5.28	5.96	5.28	摩尔多瓦	2.92	2.82	2.66	3.03	3.27
格鲁吉亚	4.64	5.07	5.36	5.44	4.70	罗马尼亚	15.05	16.38	19.25	19.76	19.24
匈牙利	13.01	11.85	20.36	15.34	18.98	俄罗斯	49.92	41.97	60.61	58.57	41.84
印度	168.03	201.22	228.36	228.93	206.93	沙特阿拉伯	16.25	18.71	20.66	15.69	16.66
印度尼西亚	66.31	73.01	64.87	82.83	74.31	塞尔维亚	6.47	6.97	7.66	8.04	8.06
以色列	14.65	18.11	20.77	23.29	22.70	新加坡	34.01	38.22	42.74	45.10	40.54
约旦	6.66	7.33	8.09	8.58	7.03	斯洛伐克	5.82	7.87	10.30	10.23	8.64
哈萨克斯坦	16.84	19.59	26.21	17.39	9.35	斯洛文尼亚	4.39	5.06	5.45	5.37	5.27
科威特	5.10	5.04	5.52	4.71	3.29	泰国	49.35	60.69	54.66	66.18	66.98
吉尔吉斯斯坦	4.80	6.13	6.19	5.05	5.12	土耳其	40.18	46.50	48.01	45.33	40.80
老挝	9.41	10.42	11.04	12.67	11.33	乌克兰	10.46	9.00	14.70	15.35	15.05
拉脱维亚	4.48	4.58	4.35	5.39	4.28	阿联酋	21.38	22.64	25.42	27.32	25.76
黎巴嫩	6.70	7.15	7.95	7.85	7.27						

5.2.4 "互联网+"背景下国内产能转移路径

(1) 国内引力模型构建

借助物理引力模型来定量研究产能转移路径，在物理学中，万有引力 $F=G\dfrac{m_1 m_2}{r^2}$，该引力模型定量测量了质量为 m_1、m_2，距离为 r 的两个物体之间的吸引力，两个物体质量越大，距离越小，吸引力就越大。两个地区产能转移和两个物体的引力模型有一定的相似之处，两个地区行业的工业销售产值越大，产能利用率、市场潜力、成本级差越大，距离越近，转移趋势就越大。因此，参考施红星等使用的引力模型进行改进之后来计算两个地区引力大小[233]，假设 i、j 两个地区的 m 行业之间的引力为：

$$F_{ij}^m = \frac{G_i^m G_j^m}{kS^2}(p_i^m q_i^m a_i^m - p_j^m q_j^m a_j^m)。 \quad (5.2)$$

其中，F_{ij}^m 为 i 地区 m 产业对 j 地区 m 产业的引力大小；i、j 为地区；m 为制造业行业分行业类型；G_i^m、G_j^m 分别为 i、j 两地区 m 行业的工业销售产值；S^2 是 i、j 两地区的距离平方，文中用各省份的省会城市或直辖市之间的公路距离代表 S，数据来源高德地图；k 为距离系数，随着两地距离的增大不确定因素也会增多，沟通成本会随之增大，心理距离（心理距离包括妨碍信息在各种市场间流动要素总和，如语言、教育、商业惯例、文化和工业发展水平等）也会增大，进而引力值受到影响。当 $S \leq 500$ km，$k=1$；500 km $< S \leq 1000$ km，$k=1.5$；1000 km $< S \leq 1500$ km，$k=2$；1500 km $< S \leq 2000$ km，$k=2.5$；2000 km $< S \leq 2500$ km，$k=3$。p_i^m、p_j^m 分别为 i、j 两地区的发展 m 行业的资源成本；q_i^m、q_j^m 分别为 m 行业在 i、j 两地区的市场潜力；a_i^m、a_j^m 分别为 i、j 两地区 m 行业的产能利用率。

（2）指标的选取与计算

产能转移涉及多个方面的因素，产能级差是内生动力，资源成本和市场潜力是外生动力，投入要素是产能转移的载体。资源成本指标参考刘友金等选用从业人员平均工资、人均水资源、人均发电量、商品房销售均价作为二级指标并配以相同权重进行衡量[231]。市场潜力采用年末人口数、市场增长率、人均可支配收入作为二级指标并配以相同权重进行衡量。产能优势选用产能利用率作为衡量产能优势的指标。

① 从业人员平均工资：劳动力成本是资源成本的重要组成部分，也是企业在选择产能转移目的地时重要的考虑因素，某地的劳动力成本越低越有可能成为产能转移承接地，劳动力成本指标以从业人员平均工资指标代替。

② 人均水资源、人均发电量：水电资源是制造业行业维持正常生产的重要资源，制造业对水电资源需求巨大，其成本越低对制造业企业越有利，所以选用

水电资源作为资源成本的组成部分,并以人均水资源、人均发电量为指标衡量。

③商品房销售均价:产能转移可能会导致承接地扩大企业规模进而新建或者改建扩大厂房面积,土地资源成本的高低成为影响企业扩大规模的一个重要因素,土地资源成本越低对企业进行扩大规模越有利,选用商品房销售均价作为土地资源成本的衡量指标。

④年末人口数:市场潜力的大小取决于存在一定规模的消费人群基础,人口基数越大其中消费人群基础也越大,选用年末人口数作为市场潜力的衡量指标之一。

⑤市场增长率:市场增长率代表了市场的发展潜力,市场增长率越大市场潜力也就越高,市场增长率计算公式为市场增长率=(比较期行业销售产值−前期行业销售产值)/前期行业销售产值。

⑥人均可支配收入:人均可支配收入越高代表该地区的购买力越高,市场潜力也就越大,选用人均可支配收入作为市场潜力的衡量指标之一。产能转移吸引力评价指标体系如表 5.11 所示。

表 5.11 产能转移吸引力评价指标体系

一级指标	二级指标	单位
资源成本	从业人员平均工资(—)	元
	人均水资源	立方米
	人均发电量(—)	千瓦
	商品房销售均价(—)	元/平方米
市场潜力	年末人口数	万人
	市场增长率	%
	人均可支配收入	元
产能优势	产能利用率	%

注:带(—)表示逆向指标,指标的值越低对引力值的贡献越大。

由于各指标的数据单位和量纲不同,对表 5.11 指标的数据进行标准化处理,区分了正逆指标,采用线性比例变换法进行标准化处理,计算公式如下:

正指标标准化计算公式:$y_{ij}=\dfrac{x_{ij}}{x_{ij\max}}$; (5.3)

负指标标准化计算公式:$y_{ij}=\dfrac{x_{ij\max}}{x_{ij}}$。 (5.4)

其中,y_{ij} 为标准化之后的指标值,x_{ij} 为指标原始值,$x_{ij\max}$ 为该指标中的最大值。

以上数据来源于《中国劳动统计年鉴》（2014—2017年）、《中国统计年鉴》（2014—2017年）、《中国房地产统计年鉴》（2014—2017年）、《中国环境统计年鉴》（2014—2017年）、《中国能源统计年鉴》（2014—2017年）。

（3）确定产能转移路径

以2013—2016年计算机、通信和其他电子设备制造业为例，通过上述引力模型计算各地区间的引力，计算结果如表5.12所示[①]。计算引力时转出地产能利用率为1的地区不参与计算，承接地为29个省份（新疆、宁夏由于缺少统计数据不参与计算），表格第一行地区为产能转出地，第一列为产能承接地，每一个引力值为对应列各个地区对应行相应地区的引力，转出地对应列最大引力值对应的地区即为承接地。

表5.12　2013年计算机、通信和其他电子设备制造业地区间引力

地区	河北	山西	辽宁	吉林	黑龙江	浙江	安徽	福建
北京	-0.013	-0.049	-0.056	0.002	0.000	-0.024	-0.048	-0.018
天津	0.259	0.041	0.003	0.006	0.001	0.021	-0.026	-0.002
河北	0.000	-0.042	-0.005	0.000	0.000	-0.004	-0.011	-0.004
山西	0.042	0.000	-0.002	0.000	0.000	-0.001	-0.007	-0.002
内蒙古	0.009	0.022	0.003	0.000	0.000	0.003	0.002	0.001
辽宁	0.005	0.002	0.000	0.027	0.002	0.002	-0.001	0.000
吉林	0.000	0.000	-0.027	0.000	0.000	0.000	0.000	0.000
黑龙江	0.000	0.000	-0.002	0.000	0.000	0.000	0.000	0.000
上海	0.033	0.022	0.014	0.002	0.001	11.808	0.272	0.335
江苏	0.621	0.378	0.248	0.022	0.004	54.352	48.922	3.946
浙江	0.004	0.001	-0.002	0.000	0.000	0.000	-0.257	-0.104
安徽	0.011	0.007	0.001	0.000	0.000	0.257	0.000	0.023
福建	0.004	0.002	0.000	0.000	0.000	0.104	-0.023	0.000
江西	0.005	0.004	0.002	0.000	0.000	0.137	0.060	0.109
山东	2.310	0.666	0.345	0.018	0.003	1.178	0.841	0.278
河南	0.908	0.989	0.088	0.005	0.001	0.699	0.715	0.274

---

① 由于篇幅原因，只展示了2013年的引力值计算结果，备索。

续表

地区	河北	山西	辽宁	吉林	黑龙江	浙江	安徽	福建
湖北	0.016	0.013	0.002	0.000	0.000	0.095	0.043	0.043
湖南	0.012	0.012	0.004	0.001	0.000	0.145	0.056	0.150
广东	0.151	0.164	0.096	0.008	0.002	2.235	0.899	7.291
广西	0.003	0.003	0.002	0.000	0.000	0.024	0.010	0.049
海南	0.000	0.000	0.000	0.000	0.000	0.000	0.000	0.001
重庆	0.016	0.023	0.052	0.001	0.000	0.057	0.038	0.050
四川	0.033	0.061	0.018	0.002	0.000	0.131	0.074	0.107
贵州	0.000	0.000	0.000	0.000	0.000	0.000	0.000	0.000
云南	0.000	0.000	0.000	0.000	0.000	0.000	0.000	0.000
陕西	-0.005	-0.013	-0.002	0.000	0.000	-0.011	-0.016	-0.007
甘肃	0.000	0.000	0.000	0.000	0.000	-0.001	0.000	0.000
青海	0.000	0.000	0.000	0.000	0.000	0.000	0.000	0.000
新疆	0.000	0.000	0.000	0.000	0.000	0.000	0.000	0.000

地区	江西	湖北	湖南	广西	四川	云南	陕西	甘肃
北京	-0.021	-0.043	-0.046	-0.011	-0.142	0.000	0.011	0.001
天津	-0.017	-0.026	-0.044	-0.013	-0.163	0.000	0.023	0.002
河北	-0.005	-0.016	-0.012	-0.003	-0.033	0.000	0.005	0.000
山西	-0.004	-0.013	-0.012	-0.003	-0.061	0.000	0.013	0.000
内蒙古	0.001	0.002	0.001	0.000	-0.001	0.000	0.002	0.000
辽宁	-0.002	-0.002	-0.004	-0.002	-0.018	0.000	0.002	0.000
吉林	0.000	0.000	-0.001	0.000	-0.002	0.000	0.000	0.000
黑龙江	0.000	0.000	0.000	0.000	0.000	0.000	0.000	0.000
上海	-0.014	0.049	-0.064	-0.032	-0.208	0.001	0.032	0.002
江苏	2.055	4.456	1.232	0.004	-0.240	0.005	0.302	0.016
浙江	-0.137	-0.095	-0.145	-0.024	-0.131	0.000	0.011	0.001
安徽	-0.060	-0.043	-0.056	-0.010	-0.074	0.000	0.016	0.000
福建	-0.109	-0.043	-0.150	-0.049	-0.107	0.000	0.007	0.000
江西	0.000	0.083	-0.168	-0.015	-0.072	0.000	0.008	0.000
山东	0.169	0.638	0.204	0.008	0.003	0.001	0.178	0.009

续表

地区	江西	湖北	湖南	广西	四川	云南	陕西	甘肃
河南	0.234	1.177	0.412	0.014	0.076	0.001	0.586	0.009
湖北	-0.083	0.000	-0.465	-0.029	-0.213	0.000	0.033	0.001
湖南	0.168	0.465	0.000	-0.051	-0.163	0.001	0.020	0.001
广东	2.088	2.465	4.146	0.745	-0.150	0.028	0.170	0.012
广西	0.015	0.029	0.051	0.000	-0.026	0.003	0.004	0.002
海南	0.000	0.000	0.000	-0.010	-0.002	0.000	0.000	0.000
重庆	0.025	0.129	0.065	-0.035	-4.925	0.005	0.097	0.005
四川	0.072	0.213	0.163	0.026	0.000	0.014	0.221	0.026
贵州	-0.001	-0.001	-0.004	-0.008	-0.043	0.000	0.000	0.000
云南	0.000	0.000	-0.001	-0.003	-0.014	0.000	0.000	0.000
陕西	-0.008	-0.033	-0.020	-0.004	-0.221	0.000	0.000	0.000
甘肃	0.000	-0.001	-0.001	-0.002	-0.026	0.000	0.000	0.000
青海	0.000	0.000	0.000	0.000	0.001	0.000	0.000	0.001
新疆	0.000	0.000	0.000	0.000	0.000	0.000	0.000	0.000

注：引力值的正负表示方向，正值代表 i 地区对 j 地区有吸引力，负值代表 j 地区对 i 地区有吸引力。

通过表 5.12 引力值的计算可以得出 2013—2016 年计算机、通信和其他电子设备制造业最优转移路径如图 5.9 至图 5.12 所示。

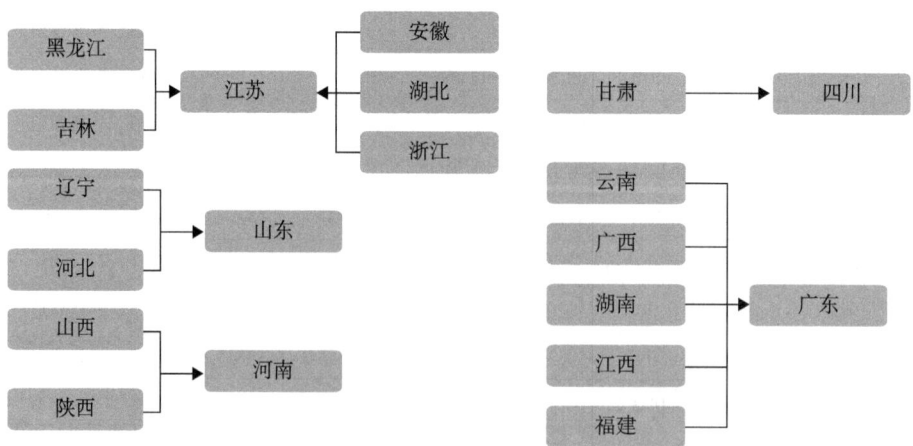

图 5.9 2013 年计算机、通信和其他电子设备制造业最优转移路径

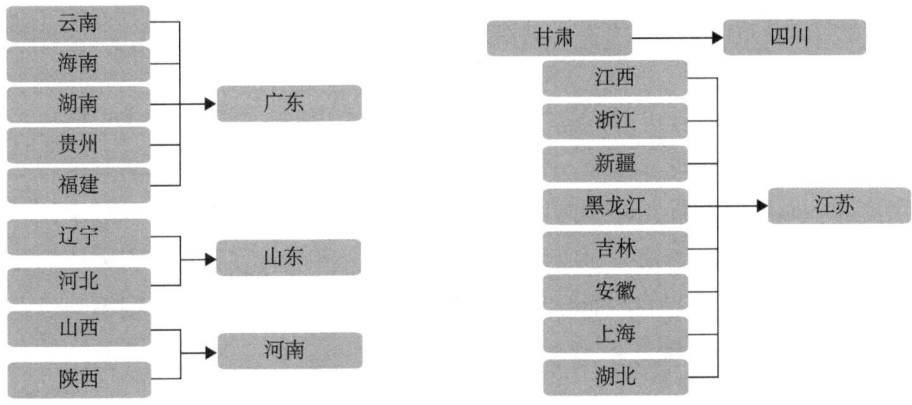

图 5.10 2014 年计算机、通信和其他电子设备制造业最优转移路径

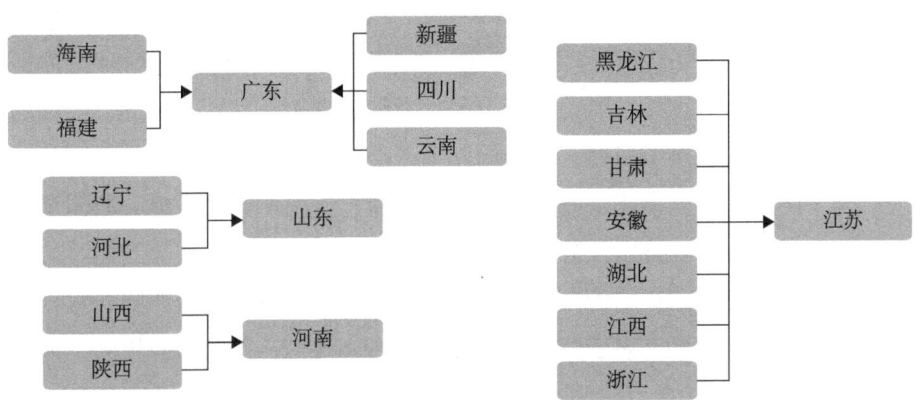

图 5.11 2015 年计算机、通信和其他电子设备制造业最优转移路径

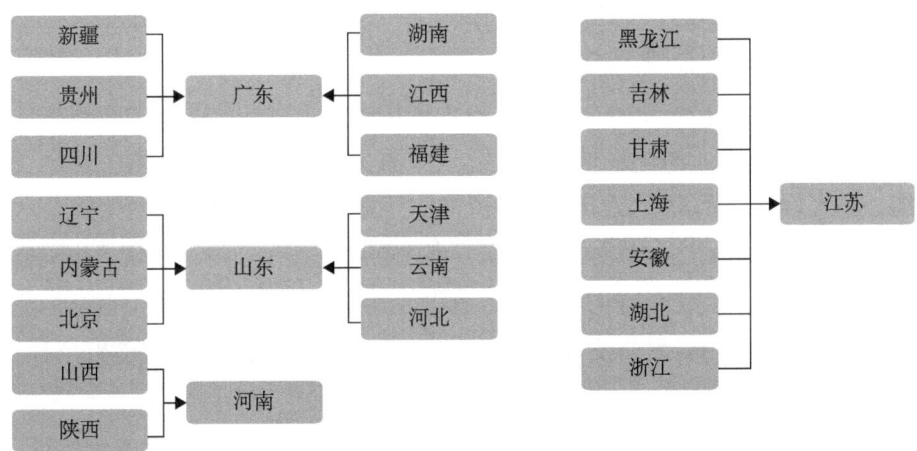

图 5.12 2016 年计算机、通信和其他电子设备制造业最优转移路径

结果显示，2013年江苏、山东、河南、广东、四川5个省份是产能冗余省份的承接地。江苏承接了吉林、黑龙江、浙江、安徽、湖北的冗余产能，山东承接了河北、辽宁的冗余产能，河南承接了山西、陕西的冗余产能，广东承接了福建、江西、湖南、广西、云南的冗余产能，四川承接了甘肃的冗余产能。另外，根据表5.12的计算结果，吉林的冗余产能本应转入辽宁，但是辽宁的产能利用率仅为68.2%，将吉林的冗余产能转移至对它引力值排在第二的江苏后，江苏的产能利用率达到了100%。四川的产能利用率未达到100%，所以作为产能转出地参与了产能转移，但根据表5.12的计算结果显示，甘肃的冗余产能转移至四川；根据产能利用率测算结果可知，四川的产能利用率达到了97.9%，所以把四川作为甘肃冗余产能承接地但不参与产能转移较为合理。

2014年江苏、山东、河南、广东、四川5个省份是产能冗余省份的承接地，江苏承接了吉林、黑龙江、上海、浙江、安徽、江西、湖北、新疆的冗余产能，山东承接了河北、辽宁的冗余产能，河南承接了山西、陕西的冗余产能，广东承接了福建、湖南、海南、贵州、云南的冗余产能，四川承接了甘肃的冗余产能，另外，根据表5.12的计算结果，吉林的冗余产能本应转入辽宁，但是辽宁的产能利用率仅为60.7%，若将吉林的冗余产能转移到对它引力值排名第二的江苏，江苏的产能利用率达到了100%。四川的产能利用率未达到100%，所以作为产能转出地参与了产能转移，但根据表5.12的计算结果，甘肃的冗余产能转移到了四川；根据产能利用率测算结果可知，四川的产能利用率达到了87.2%，所以把四川作为甘肃冗余产能承接地但不参与产能转移较为合理。

2015年江苏、山东、河南、广东、贵州5个省份是产能冗余省的承接地，江苏承接了吉林、黑龙江、浙江、安徽、江西、湖北、甘肃的冗余产能，山东承接了河北、辽宁的冗余产能，河南承接了山西、陕西的冗余产能，广东承接了福建、海南、四川、云南、新疆的冗余产能，贵州承接了自己的冗余产能，从表5.12的结果可以看出，其他省份对贵州的引力值都是负数，说明其他省份对贵州没有正向引力，所以贵州无须进行产能转移，只需承接自己的冗余产能。

2016年江苏、山东、河南、广东4个省份是产能冗余省份的承接地，江苏承接了吉林、黑龙江、上海、浙江、安徽、湖北、甘肃的冗余产能，山东承接了北京、天津、河北、内蒙古、辽宁、云南的冗余产能,河南承接了山西、陕西的冗余产能,广东承接了福建、江西、湖南、四川、贵州、新疆的冗余产能。

分析2013—2016年的产能转移路径可以得出:产能承接地呈现区域差异性,东部以山东、江苏、广东三地为产能承接地,中部以河南为产能承接地,西部以四川和贵州为产能承接地。2013—2016年江苏作为承接地承接的数量出现轻微浮动,变化不大。2013—2016年山东作为承接地承接的数量有增加的趋势,由2013—2015年的2个增加到2016年的5个。2013—2016年广东作为承接地承接的数量有增有减。2013—2016年河南作为承接地承接的数量一直都是2个,即陕西和山西。四川在前两年一直作为甘肃的承接地,后两年不再作为产能承接地。总体来说,东部和中部的产能承接地比较固定并且承接数量也比较稳定,东部承接地承接的转移省份在不同年份会有所改变,中部承接地承接的转移省份很稳定,西部的承接地在不同年份会出现改变。

(4)计算投入要素冗余量

产能转移的实质是冗余投入要素的转移,DEA模型的投入要素有固定资本存量、管理费用、劳动投入3个,前两个都是以资金为单位计量的,为了统一量纲,选用行业从业人员平均人数乘以从业人员平均工资代替劳动投入。投入要素冗余量如表5.13至表5.16所示,产能利用率为1的地区由于没有投入要素冗余,表5.13至表5.16没有列出这些地区。

表5.13　2013年计算机、通信和其他电子设备制造业部分地区投入要素冗余量(单位:亿元)

地区	固定资本存量	管理费用	劳动投入	冗余总量
河北	85.6600	11.1700	20.3306	117.1606
山西	53.5200	7.8400	17.6638	79.0238
辽宁	83.1700	15.1700	11.9530	110.2930
吉林	25.0700	3.5700	2.4876	31.1276
黑龙江	3.9200	2.1800	1.2231	7.3231
浙江	222.0700	112.3000	116.6561	451.0261
安徽	247.7600	20.1700	24.3627	292.2927

续表

地区	固定资本存量	管理费用	劳动投入	冗余总量
福建	71.2600	105.4100	55.3266	231.9966
江西	42.2500	7.3900	16.4136	66.0536
湖北	99.2900	25.8900	27.2937	152.4737
湖南	98.5700	67.8300	40.4393	206.8393
广西	7.1000	1.4000	2.2307	10.7307
四川	896.8000	1.9800	2.8262	901.6062
云南	4.8600	1.4100	1.3855	7.6555
陕西	88.2600	16.9900	13.6702	118.9202
甘肃	24.7100	3.3900	2.6066	30.7066

表 5.14　2014 年计算机、通信和其他电子设备制造业部分地区投入要素冗余量（单位：亿元）

地区	固定资本存量	管理费用	劳动投入	冗余总量
河北	115.9986	11.0856	19.2790	146.3632
山西	74.8660	11.4952	19.7379	106.0991
辽宁	66.1075	20.7458	14.5658	101.4191
吉林	27.1896	4.2971	2.6982	34.1849
黑龙江	5.3700	2.2174	1.3397	8.9271
上海	191.9560	21.9765	14.0809	228.0134
浙江	224.1698	124.2704	107.9208	456.3610
安徽	411.7496	30.3324	34.1027	476.1847
福建	112.7432	36.6500	47.2449	196.6381
江西	61.4973	12.3304	21.5087	95.3364
湖北	83.8960	53.6964	29.6114	167.2038
湖南	116.1885	25.6784	33.4784	175.3453
海南	0.3252	0.9748	0.9245	2.2245
四川	360.2220	15.8596	20.0835	396.1651
贵州	15.7654	7.4327	3.2878	26.4859
云南	6.7320	2.2632	1.8184	10.8136
陕西	371.4768	26.8353	13.3590	411.6711
甘肃	22.9664	4.0296	2.3794	29.3754
新疆	1.5291	0.1000	0.1191	1.7482

表 5.15　2015 年计算机、通信和其他电子设备制造业部分地区投入要素冗余量（单位：亿元）

地区	固定资本存量	管理费用	劳动投入	冗余总量
河北	171.8066	14.1612	25.1562	211.1240
山西	48.2453	4.5207	13.5051	66.2712
辽宁	62.7294	21.2041	18.2109	102.1443
吉林	16.7311	3.1356	2.1841	22.0508
黑龙江	3.7030	1.9584	1.1254	6.7868
上海	229.6941	54.2260	44.8751	328.7951
浙江	236.1284	135.6797	141.6413	513.4494
安徽	310.9174	19.0330	24.4612	354.4115
福建	124.7335	41.3516	54.9973	221.0824
江西	145.2698	18.1946	39.6985	203.1629
湖北	72.3871	36.8157	28.6229	137.8257
湖南	120.7449	32.0767	35.5359	188.3574
海南	0.3700	1.6747	0.6231	2.6679
四川	115.5711	31.2307	42.9644	189.7662
贵州	3.3164	29.0212	0.5257	32.8633
云南	6.1980	2.2575	1.9904	10.4459
陕西	445.5739	24.5755	19.7577	489.9071
甘肃	18.1343	3.7344	2.0193	23.8880
新疆	2.9528	0.2400	0.3039	3.4968

表 5.16　2016 年计算机、通信和其他电子设备制造业部分地区投入要素冗余量（单位：亿元）

地区	固定资本存量	管理费用	劳动投入	冗余总量
北京	149.4905	116.3194	0.7139	266.5238
天津	8.0125	16.5870	3.9402	28.5397
河北	120.8044	11.3872	24.1653	156.3569
山西	59.7966	4.3863	17.8376	82.0205
内蒙古	93.0746	3.0813	0.6376	96.7935
辽宁	125.0795	27.2600	20.9153	173.2548
吉林	19.5188	4.2609	2.4237	26.2033

续表

地区	固定资本存量	管理费用	劳动投入	冗余总量
黑龙江	4.7742	1.9953	1.1889	7.9584
上海	208.5570	70.6220	43.5939	322.7730
浙江	223.7756	160.4478	133.3675	517.5908
安徽	195.7602	27.0681	29.5083	252.3366
福建	179.2433	43.4554	58.8023	281.5010
江西	151.3423	22.9859	42.3419	216.6701
湖北	70.9369	58.3645	25.8417	155.1431
湖南	69.8100	16.4245	22.2610	108.4955
四川	242.3542	36.8388	49.4513	328.6443
贵州	6.0132	13.9891	4.3497	24.3520
云南	4.2568	2.9006	1.9242	9.0817
陕西	442.9035	34.8628	15.6169	493.3832
甘肃	26.1523	4.7245	2.1591	33.0360
新疆	2.9350	0.1202	0.3285	3.3837

可以看出，各个地区的固定资本存量是3个投入冗余要素中冗余最多的，反映出各地区固定资产投资过热，出现林毅夫所指出的"潮涌现象"，进而出现产能过剩现象[234]，2013—2016年，大部分地区的冗余总量都是在逐年增加的，过剩产能不减反增。

（5）产能转移可行性检验

在进行过剩产能转移后，进行产能转移省份的产能利用率是否提高了？承接地会不会因为承接过多的过剩产能而造成自己产能过剩？经过产能转移后制造业整体利用率会不会得到提高？

这些疑问在得出产能转移路径时是不可知的，利用产能转移之后的数据通过DEA模型测量产能利用率验证的产能转移路径是否可以达到去过剩产能的目的。以2013—2016年计算机、通信和其他电子设备制造业为例计算产能转移前后产能利用率，结果如图5.13至图5.17所示。

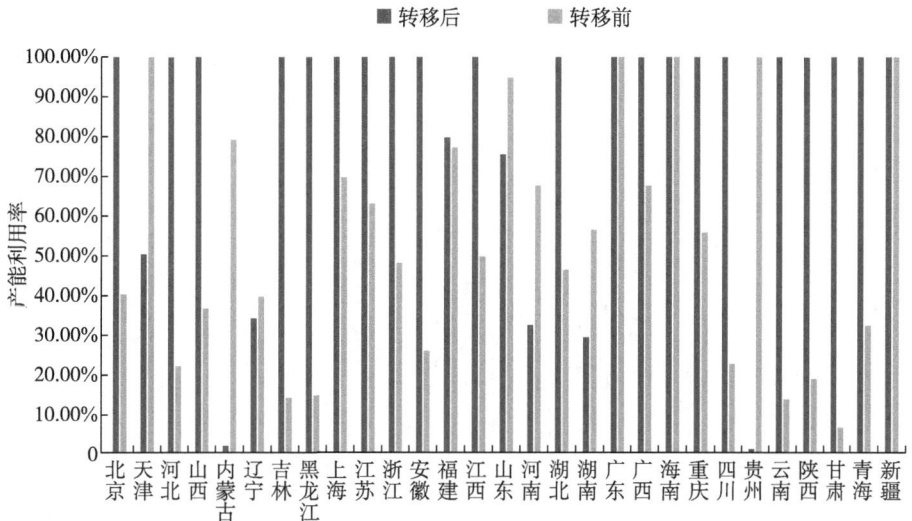

图 5.13 2013 年计算机、通信和其他电子设备制造业各省份产能转移前后产能利用率对比

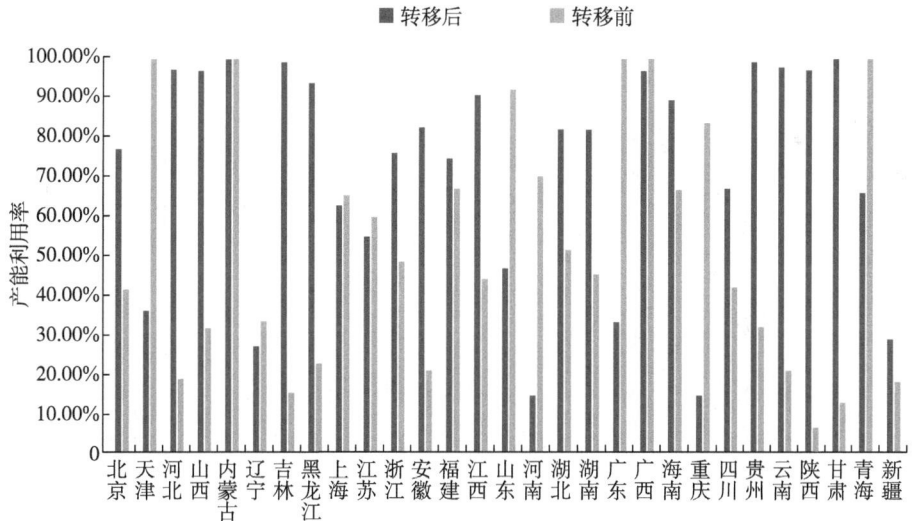

图 5.14 2014 年计算机、通信和其他电子设备制造业各省份产能转移前后产能利用率对比

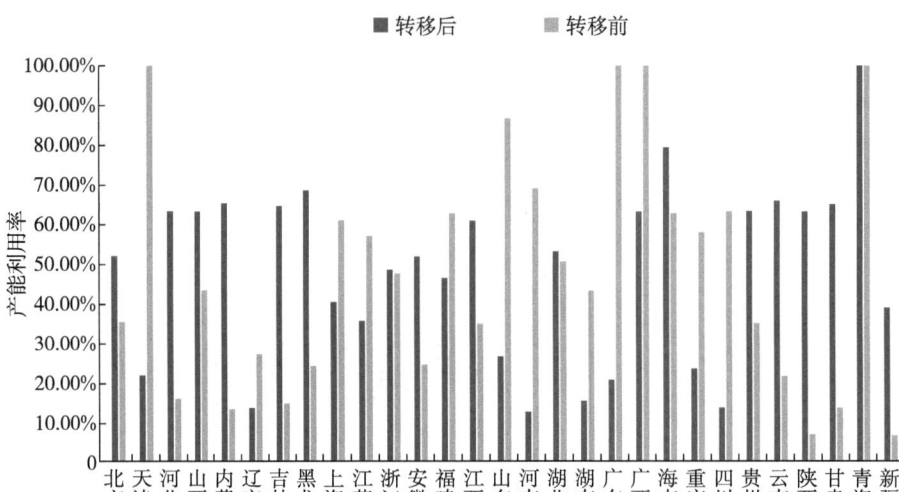

图 5.15 2015 年计算机、通信和其他电子设备制造业各省份产能转移前后产能利用率对比

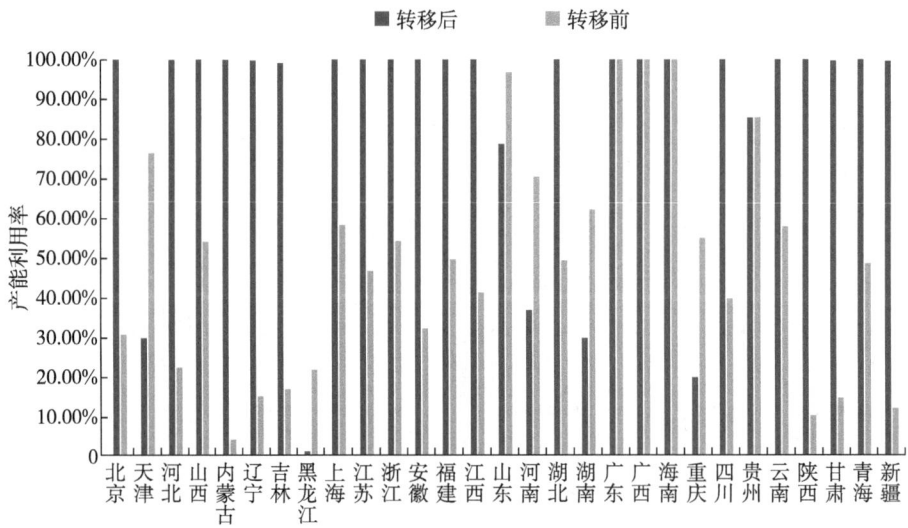

图 5.16 2016 年计算机、通信和其他电子设备制造业各省份产能转移前后产能利用率对比

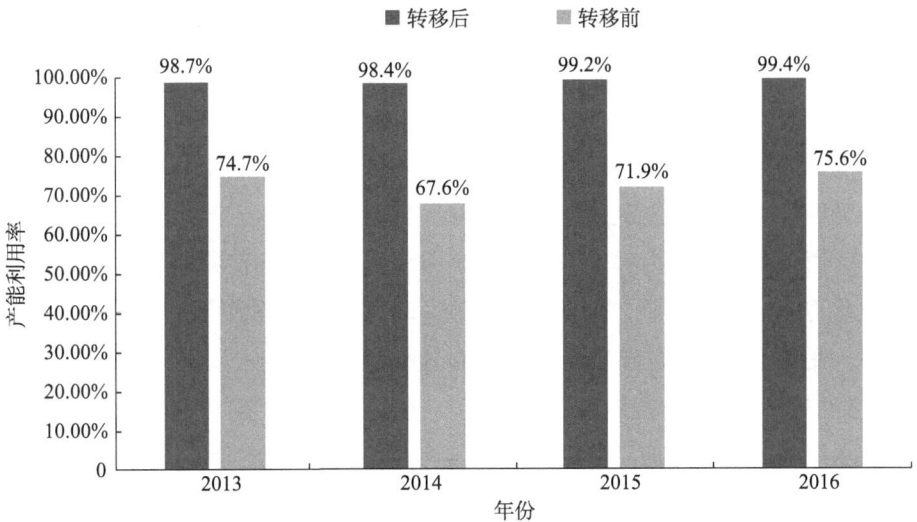

图 5.17 2013—2016 年计算机、通信和其他电子设备制造业各省份产能
转移前后全国平均产能利用率对比

从图 5.13 至图 5.17 可以看出，承接地并没有因承接过剩产能而出现产能过剩的现象，只有山东和河南的产能利用率出现了一点下降，但下降后依然在正常的产能利用率之内。进行产能转移之后的省份的产能利用率比没有进行产能转移之前有大幅提升，并且进行产能转移后，整个计算机、通信和其他电子设备制造业行业的产能利用率比没转移之前有显著提高。从对比结果可以看出，产能转移是解决产能过剩问题的有效方法。

5.2.5 产能转移主要举措

利用 2013—2016 年省级数据测算了制造业 28 个细分行业的产能利用率和投入要素冗余量，对测算结果进行行业和地区比较并利用引力模型进行产能转移路径分析之后得到以下几点结论。

① 使用纯技术效率作为制造业产能利用率衡量指标更适合产能转移路径的确定。产能转移的载体是冗余投入要素，纯技术效率是测量生产单元对现有投入要素的利用能力，可以更好地反映投入要素冗余程度，纯技术效率越低，投入冗余要素越多，产能利用率也越低。相比于董敏杰等与郑传均等使用 DEA 方法以实际产出与生产能力的比值衡量产能利用率不同在

于[235, 224]他们的产能利用率衡量指标是产出导向型，并不能反映出投入要素冗余，以纯技术效率表示产能利用率高低的优点是，可以直接反映投入要素的冗余程度。

② 改进的引力模型有效地解决了制造业产能转移的最优承接地选择难题，又保证了全国产能利用率提升。首次将引力模型引入产能转移的路径研究中，通过两地的引力差额确定转移方向。引力模型不仅考虑了产能转移的内生动力——产能级差，而且考虑了外生动力——资源成本和市场潜力，通过引入距离系数 k，把随着距离增加而对引力值有影响的因素都放入系数 k 中，类似于计量经济学中的随机扰动项，使引力大小的确定更加科学，也使产能承接地的确定更加高效，避免了影响因素单一导致承接地的选择范围缩小，造成产能转移后承接地产能利用率降低。引力模型的 k 值是把随着距离增加而对引力值有影响的因素都放入系数 k 中，由于影响因素太多且不易量化，并没有把给出影响引力值的具体因素，后续研究可以定量给出这些影响因素和具体的量化算法，这样可以使引力模型更加完整。

③ 国内大循环下产能转移比简单去过剩产能更优。去产能是通过淘汰过剩产能达到缓解产能过剩的目的，但过剩产能也是一种生产性资源，技术效率低的地区的过剩产能在技术效率高的地区可以作为一种投入要素进行正常生产，促进资源再分配。通过行业分地区产能利用率测算结果可以看出，同一行业不同地区的产能利用率存在明显的差异，有的地区呈现出严重的产能过剩，少数地区却出现产能不足的情况，这种产能级差的存在为产能转移的实现提供了理论依据，而两地市场潜力和资源成本的级差为产能转移提供了外生动力，并且实证结果也表明，产能转移不会导致产能承接地产能过剩现象出现。与引力模型在产业转移研究的应用类似[233, 236]，产能承接地可以实现更好发展，可以说产能转移是产业转移的一种方式，也是以企业为主导的生产要素流动，产能从一个区域转移到另一个区域的经济行为和过程，也是国家或地区产业结构调整和升级的重要途径，这种正向产能转移至少能保证承接地和全行业层面的双赢。

④ 产能转移可有力促进国内国际双循环格局形成。国内大循环的形成有赖于供需匹配，产能从过剩区域转出，转入技术效率高的区域，使得供需匹配可能性增大，采用改进引力模型中加入市场潜力因素，使得产能转移变为促进供需匹配的前置措施，虽然这类措施有可能使得某个省份的产值降

低，但在局部区域看，可以实现区域产能利用率整体提升，并且容易带来新增长极，促进局部区域小循环形成，更有利于全国大循环形成。这种产能转移兼顾了全国不同区域经济发展，不会因为产能转移造成强区越强，弱区越弱。另外，产能转移也是对国内产能的一种保护，随着国际市场好转，逐渐进行国际产能转移，从而实现国内国际产能双循环，若是把过剩产能去掉或在市场竞争中退出，就会失去国际产能转移机会，更会延缓国内国际双循环格局形成的进程。

⑤ 我国制造业部分行业的产业国际竞争力还有待进一步提高。从表5.2可以看出，我国制造业第5类行业的产业国际竞争力并不是非常靠前，排在中国前面的大多是中欧和东欧地区。可以通过与中欧和东欧地区国家进行产能合作、产业转型和升级，从而提高我国整体制造业的产业国际竞争力。

⑥ 我国制造业出口结构正在发生改变。制造业资本密集型行业出口占比逐年提高，而制造业劳动密集型行业的出口占比逐年下降。我国制造业出口结构正由以前的劳动密集型行业主导转变成资本密集型行业主导。说明我国的产业结构正在转型，除保持传统劳动密集型产业优势外，资本密集型产业优势也在上升，这与赵东麒的研究发现基本一致[212]。

⑦ 南亚和东南亚地区是我国制造业产能转移的重点地区。从吸引力结果可以看出，南亚和东南亚地区是中国制造业产能转移最合适的地区，其中印度、印度尼西亚、菲律宾、泰国、巴基斯坦、新加坡和马来西亚这些国家制造业产业国际竞争力与中国相差不大，有利于中国制造业产能转移。因为制造业产业国际竞争力相差不大，意味着这些国家发展制造业的工业基础和配套设施与中国相差不大，有利于产能承接。并且南亚和东南亚地区人口众多，市场潜力大，对制造业产品需求量大，有利于中国制造业产能的转移。

依据以上主要结论，制造企业可采用的产能转移举措如下。

① 制造企业充分利用"互联网+"平台进行产能转移。"互联网+"平台可以及时反映各地区客户不断变化的需求方向，实现对客户需求的精准把握，从而使企业获得与各地市场的良性互动，实现产能精准转移。

② 制造企业去产能绝不能仅仅依靠市场这只看不见的手进行调节，需要政府加以引导和合理规划。在新冠疫情和全球贸易下滑双重冲击下，中国制造企业的产能向外转移通路暂时不畅，会造成制造业部分行业产能相对过剩，在此特殊时期需要对这部分产能加以合理引导与保护。更不能简单化一

刀切或按某种形式的配额分配去产能任务指标，应遵循研究发现的产能转移路径，在全国制造业产能利用率增长的红线内，对制造企业的产能进行有效转移，而非简单粗暴地按照配额去除。

③ 充分利用制造企业产能转移实现供需匹配前置，从而实现国内大循环。国内大循环本质仍然是供需匹配，是在激发国内需求的基础上的供需匹配，通过国内制造企业的产能转移可以实现供需匹配的前置，将落后冗余的产能转移给先进的产能利用率高的且有潜在市场需求的企业，对国内需求和制造业产能实现非市场交易环节的前置性匹配。简单点说，就是将落后的产能交给先进的、有需求的且自身产能利用率有提高空间的企业，既能保证全国制造企业产能利用率提升，又能推动供给需求在更高层次、更高水平上实现动态均衡，又为国内循环提供持续发展动力，从而促进国内大循环的实现。

④ 构建承接地与转移地的双向转移路径。构建要素和技术双向转移路径形成承接地企业+转移地资源、承接地市场+转移地产品、承接地总部+转移地基地、承接地研发+转移地制造的合作模式，达到转移地辐射承接地，承接地融入转移地的良性大循环。更应充分利用产能转移多种形式，精准缓解某区域产能过剩，打破单向转移的固定模式，形成冗余要素正向转移，技术、管理、市场需求对接等反向转移的双向转移路径，通过"一去一补"去冗余投入要素补先进技术和管理，提高产能转出地行业的产能利用率，实现产能升级或小循环，确保产能转移和区域经济发展不停滞双赢，又能解决国内大循环守底线保就业的问题。

⑤ 推进我国制造企业产能转移需要兼顾两个方向。中国在与"一带一路"沿线国家进行产能转移时要兼顾"走出去"与"引进来"。首先，要"走出去"，国内制造业产能过剩的局面一直存在，而国内需求疲软，正需要通过"走出去"进行产能转移来缓解国内过剩的制造业产能。随着我国经济的发展，中国企业也开始走向国际舞台，对外投资也不断增加，化解产能过剩不仅立足国内，还应将目光转向国际市场。中国应该加强与"一带一路"沿线的许多亚洲和非洲国家的经济合作，优势互补，帮助其进行基础设施的建设，转移我国过剩产能，同时扩大我国的出口市场，增加供应资源。南亚和东南亚地区是我国制造业产能转移的主阵地。加强与这些地区的产能合作，一方面可以帮助缓解我国制造业产能过剩的现状；另一方面可以促进这

些地区的发展,帮助其更好地融入全球产业链和价值链的体系中,促进全球一体化进程。其次,要"引进来",我国制造业有些行业还是存在"大而不强"的局面,需要通过引进"一带一路"沿线国家先进生产科技,提高我国制造企业资源利用率。

⑥ 充分发挥产能转移,形成跨省级区域的新增长极和小循环,完善企业供应链和销售链。为了避免全国的产能利用率下降,产能接收地可吸收产能有限条件下,全国各省制造企业应在临近区域内选择最优接受地进行转移。加之产能转移受到诸多因素的影响,尤其是在国家西部大开发和振兴东北老工业基地战略背景下,临近区域内的产能转移,既能提高转移可能性,又能保证不降低区域经济增长实力,形成更多的增长极,避免形成新的恶意竞争局面。

5.3 产能升级路径

在产能未能有效转移的情况下,若企业还有部分剩余落后产能,则多数制造企业应依据技术进步和技术创新的现状,对现有产能进行升级,既能避免全社会资源浪费,又能实现企业利益最大化。产能升级是一个系统工程,是产业升级的一部分。在"互联网+"背景下,传统产业与互联网的融合渗透是现代产业转型和升级的主要推动力,主要针对制造业研发方式、供应方式、生产方式、销售方式、配送方式和服务方式等进行升级,其中与产能升级相关的主要有研发方式、供应方式和生产方式,而推动产能升级的技术创新、专利申请和高附加值制造实现需要升级的营销、品牌、配送及服务,不是产能升级核心问题,是第6章补高价值制造短板的重点研究内容。

产能升级主要针对两个方向:一个是提高资源或要素利用率,降低产品单位成本,提升产品竞争力;另一个是提高产品性能,增强与中高端需求对接能力,化解低端过剩产能。企业应充分利用"互联网+"平台进行产能升级,可以将企业的生产要素数字化,有利于产能升级改造,相比于线下,线上升级改造不仅可以节约成本,且易量化和透明化。还可利用数据实现供给与需求的精准对接,创新价值链流转方式,放大劳动力、资本等要素在产品中价值,实现降低成本,提高产能竞争力,达到产能升级的目的。

首先,利用互联网升级产品研发方式和效率。制造企业的产品研发,应通过"互联网+"加强不同企业之间的合作研发或委托研发力度,尤其通过"互联网+"发挥供应商、制造企业和客户间三方合作研发,可大大提升产品研发效率。另外,也可以通过平台,发挥企业间产业联盟所构建的技术创新网络的作用,整合创新资源,提升联盟的创新水平,掌握产品核心关键技术,提升研发效率[237]。

其次,利用"互联网+"生产方式,提升生产效率。"大智移云物"尤其工业大数据处理和物联网,为制造业生产升级提供了技术基础。云服务、物联网、传感网等技术的应用,可以实现生产过程网络实时监控和调节,节约生产过程成本、供应成本和仓储成本。有些落后产能,若能建设智能工厂或共享工厂,实现数字化转型,能够建设成为数字化车间,或者应用工业机器人、智能物流等提高运营效率、降低生产环节成本、节约生产时间、提高产品交付速度,就可以大大提高生产效率。

最后,落后产能之所以落后,多数是不能满足新时代的个性化需求。"个性化"就意味着高成本,非个性化就意味着落后,"互联网+"个性化生产,可以解决"个性化"产品生产和"规模化"成本降低的两难问题,是制造企业产能升级的主要途径。落后产能意味着与消费者需求脱节,制造企业大多按照自己生产能力与规划大规模生产,导致无法卖给消费者,此时消费者不是没有需求,而是需求无法得到满足,不是不想选择,而是只能在现有产品中选择。因此,企业发挥网络的沟通功能长尾效应,通过互联网技术让制造业生产各个环节与市场消费者需求紧密结合起来,把所有个性化集中起来达到规模化胜场数量,又能实现个性化、柔性化的敏捷生产。若能在整条供应链或供应网络中都应用新"互联网+技术",使供应各环节高效运转,就能实现既能提高生产与需求的匹配度,又能保证个性化生产与规模化成本并存的产能升级目标。

6 "互联网+"背景下制造企业供给侧结构性改革的补短板路径

第 5 章研究证明了将落后产能进行升级改造,是去产能路径的一种有效方式,解决了高价值制造的中段——高价值生产的问题。而高价值制造的前端——技术和专利、后端——营销和品牌就成了制造企业高价值制造需要解决的短板。根据制造企业不同类型短板的紧迫现状,结合制造企业内外部经营环境分析,尤其是在"互联网+"背景下,全球绿色制造兴起,以及后疫情时代制造企业生存压力加大,价值创造挑战加剧,我国制造企业补短板的重点应放在增强高价值制造和绿色竞争两个方面。

6.1 "互联网+"背景下补高价值制造短板路径

高价值制造既是供给侧结构性改革解决供需匹配的重要手段,又是解决人民日益增长的美好生活的物质需要和高价值产品制造不平衡、不充分之间矛盾的重要途径,也是升级落后产能的有效途径,更是去过剩产能路径另一种有效方式。因此,在"互联网+"背景下弥补高价值制造的短板是供给侧结构性改革的应有之义,也是制造企业可持续高质量发展的必经途径。

6.1.1 补高价值制造短板的重要意义

改革开放至 21 世纪初期,我国制造业生产力水平低,无法自主创造生产高新技术产品,只能承接发达国家转移的劳动密集型与资源密集型产业,这种方式在改革初期既可以快速形成我国的工业制造业体系,又能极大地促进我国经济的发展,打破了单线发展模式。发展至今天,我国已经成为世界第二大经济体,曾经粗放式的发展模式惯性已经极大影响了我国当前的高价值创造氛围，甚至"造不如买，买不如租"的经商逻辑也常有耳闻。经过40年的引进、学习、创新、发展中国制造业生产力水平螺旋上升，尤其是经过了中美贸易战，体会到美国对我国技术出口管制的扼制瓶颈效应后，我国制造业整体高技术高价值制造意愿猛增。打破技术垄断，占据世界价值链主导权，向"微笑曲线"两端发展成为制造企业的共识，更是我国制造企业转变发展模型、参与国际价值分工与价值分配竞争的有效手段。

党的十八大以来，我国明确提出创新驱动发展战略，强调要坚持走中国特色自主创新道路、实施创新驱动发展战略。高价值创造是创新驱动发展战略的重要发展路径之一，结合"微笑曲线"，高价值创造可以高效整合制造业企业上下游生产线，形成我国独特的国际竞争优势，我国高新技术发展不再受国外关键技术或专利的影响。面对我国供给侧结构性改革深化发展、构建国内国外双循环架构的迫切要求，寻找造成高价值创造短板的原因是解决高价值创造难题的重要步骤。近年来，以互联网、人工智能、大数据、云计算为代表的互联网技术降低了消费者和生产者之间的信息不对称性，使得消费者越来越注重产品品质和个性化需求；并且全球经济已呈现出制造与服务相互融合、相互增强的趋势，制造业的价值创造从"有形产品"朝"无形服务"的方向延伸。国内制造企业现存的这种以量取胜的低价值经营模式，使得企业缺乏竞争力，难以在如今以高价值为导向的市场环境下继续生存。这就要求制造业企业要依托于"互联网+"大力推动高价值创造，一方面可以整合信息、物料、设备及一切生产要素，形成高质量高度融合网络，提升企业内的信息传递效率，从而降低全过程生产要素投入、提升资源配置效率；另一方面不仅可以根据用户的差异化需求生产个性化产品，也可以通过传感器将互联网置于设备之间，实现定制化产品的大规模生产，充分发挥国内制造业的成本优势，达成"微笑曲线"上游、中游、下游三端提升。以高价值为导向推动国内制造企业向以用户为中心、为用户创造价值的高价值创造企业转型，是中国特色社会主义进入新时代的必然要求，是推进国内经济高质量发展的基本路径，也是中国制造业顺应世界制造业发展的必然趋势。

总之，深入贯彻实施创新驱动发展战略，补齐制造业企业高价值创造短板，才能更好地实现科技成果落地，激发国内市场潜力，引领经济高质量发展[238]。高价值制造需要贯穿社会生产的全过程，为供给侧结构性改革的深化和双循环新发展格局的构建提供必要的前置基础。

6.1.2 "微笑曲线"与高价值制造

最早在 1985 年波特提出了价值链的概念，强调企业的价值创造是由一系列活动构成的，进而学者对一个国家内部不同企业在产品制造过程中的分工协作进行研究，提出价值分工的概念。在此基础上，联合国工业组织综合众多学者的观点，将全球价值链重新界定为：为实现产品或服务价值而将采购、制造、销售等环节连接在一起的全球性企业网络。它涉及从产品原材料的采购、研发设计到产品半成品的生产制造，再到产品的后期销售和回收处理等全过程。虽然学者所选用的研究方法不同、研究视角不同，但都强调在全球生产活动中各个价值环节之间的相互关联性和相关依存度，全球价值链本身就含有国际分工的意义，因为是不同企业间的分工，价值分工就伴随着企业间的价值分配。

"微笑曲线"理论（Smiling Curve Theory）是宏碁集团创始人施振荣，于 1992 年为再造宏碁而提出的，揭示了国际分工模式由产品分工向要素分工的转变。该理论经发展演变成了产业"微笑曲线"理论，全球产业链以制造加工环节为分界点，可以分为产品研发、制造加工、流通 3 个环节（图 6.1）。

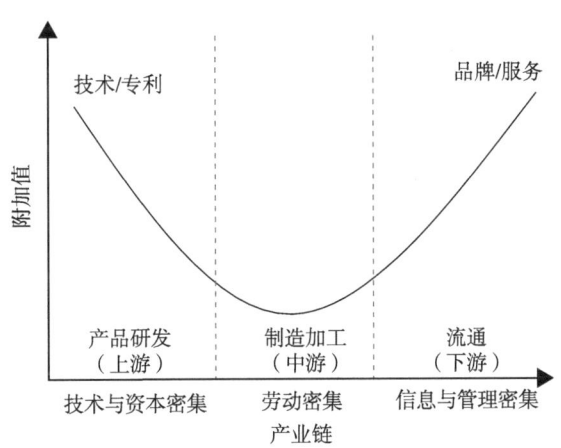

图 6.1 产业"微笑曲线"理论模型

发展中国家的企业由于缺少核心技术，主要从事制造加工环节的附加值生产。制造加工环节贡献的土地、厂房、设备、水电和劳动力等要素，牺牲了资源和环境，但由于不同国家间具有可替代性，常常被压低价格，降低价值分配比例，而处于产业"微笑曲线"两端、掌握着研发环节和流通环节的核心整合企业，其所投入的信息、技术、品牌、管理、人才等属知识密集要素，比制造加工环节更高端，难于学习和模仿，具有不可替代性，掌握着价值分配的主动权，易于获取更多价值。

6.1.3 高价值制造短板现状

中国制造企业已经深度参与了全球价值链分工，但多处于附加价值较低的位置。很多国内学者的研究认为，目前多数制造行业的价值链中，发达国家占据了"微笑曲线"附加值较高的两端，而我国的制造企业在很长一段时间内处于微笑曲线的低端，甚至在有些行业中从事组装环节，与经典价值链"微笑曲线"底部的加工制造相比，利润更低，从而形成了富有中国特色的低价值"微笑曲线"。根据近16年的投入产出表来看中国装备制造企业的全球价值链，中国装备制造企业有向全球价值链高端攀升的迹象，但多数制造业分行业仍处在全球价值链低端，尤其是高技术行业在全球价值链分工中遭遇了"低端锁定"的困境。

（1）制造企业技术现状

目前，我国制造企业拥有的生产技术多以代理加工（OEM）与模仿高端产品为主，自主设计创造并引领全球发展的重要生产技术、成熟产品及服务模式仍然较少。我国制造企业生产技术发展具有生产供应链齐全、原材料与人力资源丰富的巨大优势，但又由于缺乏原始研发设计，造成了制造企业高价值创造不足的缺陷。作为世界第二大消费市场（2020），我国巨大的工业产品销售量并未给我国制造企业带来预期丰厚的利润，许多产品所包含的进口成本与专利成本就占据了售价的大部分数额。许多重要工业产品及其核心科技部件，如高端的数控机床、医疗仪器、光刻机、手机电脑的中央处理器等都严重依赖进口。

除了部分核心生产技术落后，部分领域技术创新能力低下也是我国制造企业目前面临的重要技术问题之一。在国家大力支持的高铁、新能源及5G通信等行业，我国制造企业已经达到了世界领先地位；但在其他科技领域，如电子信息、生物化学制药及互联网科技等，仍与世界一流制造企业存在较大的差距。有研究机构认为，中国的技术创新能力主要集中在服务创新（如海底捞）、性价比创新（如拼多多）、物流优化创新（如美团外卖、滴滴）及平台应用创新（如腾讯、阿里巴巴），这些创新都是对既有生态框架下的延伸补充，没有开辟出新的生态领域市场，更未在国际上形成自身不可替代且具有完善产业链的竞争力。在2020年的中美贸易纠纷中，我国制造企业与发达国家制造企业的技术差距体现得淋漓尽致。我国在全面深化供给侧结构性改革的同时，技术生产与创新能力也需要结构性的战略调整与加强。

（2）制造企业专利现状

我国专利有很大一部分来源于制造技术领域，制造技术领域的专利数量分布反映了我国专利技术的构成与产业构成是高度吻合的，也反映了我国制造产业的技术发展状况和技术市场的发展状况，从专利结构、专利类型和先进程度分析，我国专利主要以初级加工制造技术为主，这也印证了"微笑曲线"分析结论。据世界知识产权组织（WIPO）在瑞士日内瓦发布的《2020世界知识产权指标报告》披露，中国虽然在专利申请总量上处于领先地位，但在高质量、高价值专利方面仍与发达国家存在一定差距，同时在国际专利申请方面还存在不足和隐患。提高专利数量和质量、增强国际先进高价值专利申请，是未来中国制造业参与国际分工、实现国际价值链价值分配改进的必经之路。我国制造业及整个社会专利发展现状如下。

① 近十年，我国制造企业专利申请数与有效发明专利数快速增加，同时相比于国有制造企业，私营制造企业专利申请数大幅领先。根据国家统计局数据显示，2011—2020年我国规模以上工业企业专利相关情况如图6.2所示。由图中相关数据可以得出，自2011年以来，我国规模以上工业企业无论是专利申请数，还是有效发明拥有专利数，都实现了大幅增长，其中规模以上工业企业2019年专利申请数比2011年增长了174.51%，年平均增速为13.65%；有效发明专利拥有数增长幅度高达505.74%，年平均增速为25.56%。

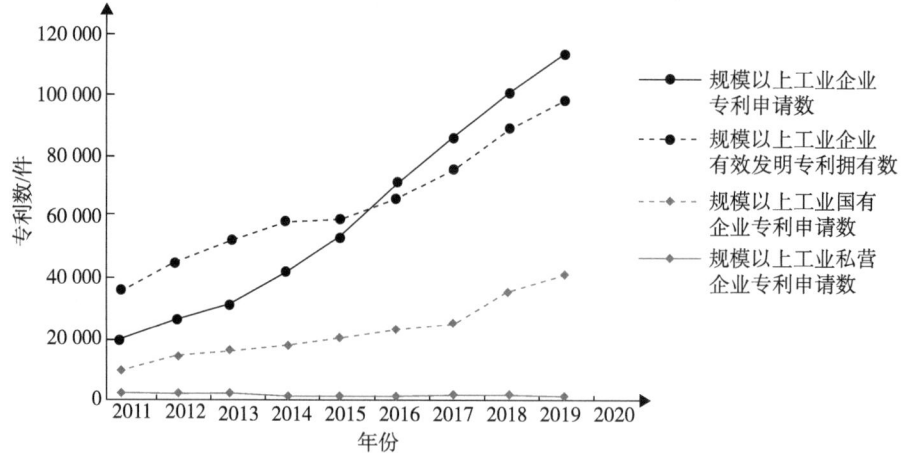

图 6.2　2011—2020 年我国规模以上工业企业专利相关情况

② 美国继续保持着专利数量与质量领先的优势，我国专利申请数量与质量和美国等发达国家仍有差距。根据 2019 年全球海外同等专利申请数据显示，美国共向海外提交了 23.6 万件同等专利申请，远高于中国 8.4 万件同等专利申请。在我国专利数大幅增长的同时，专利质量却参差不齐。相关数据显示，我国专利申请撤回或被驳回的比例较高。撤回或驳回申请都反映了我国部分专利质量不合格，无法进一步落地实现高价值创造的现状。

③ 目前，我国专利技术申请与竞争的重点仍然是加工制造技术，但是从增长来看，国内在信息技术方面的专利数量增长得最快。这表明信息技术是中国专利技术增长的热点领域，也说明我国的产业技术结构正在发生重大转变，从传统制造技术向信息技术融合跃迁，再向智能制造转变。同时，我国的通信制造业和电子产业也具有一定的专利优势，涌现出华为、中兴、中芯国际、京东方等一批名企。有一些电商产业掌握部分销售通道，如阿里巴巴、京东和苏宁等大的电商平台，为我国制造企业"微笑曲线"后段价值分工提供了现实基础，也为我国制造企业打造了从研发到销售服务的整条价值链，并且为打造国内国际双循环基础上的国际价值链奠定了基础，尤其为销售中的品牌打造和服务优化提供了互联网时代独特的变道超车路径。

（3）制造企业品牌现状分析

品牌作为一个企业重要的无形资产，在一定程度上代表着企业当前阶段的发展水平与社会价值，制造企业品牌更是需要长久地经营发展才能实现品牌效应带来的高价值附加。品牌价值的计量较为主观且动态，为了更好地分析我国制造企业品牌现状，参考了两大知名且较为公正的品牌排行榜，分别为知名市场研究机构 Interbrand 和 BrandZ 的 Interbrand 全球最佳品牌排行榜与 BrandZ 全球最具价值品牌百强榜。

Interbrand 机构发布的 2020 年 Interbrand 全球最佳品牌排行榜显示，苹果、亚马逊、微软排在前三，其品牌价值均超过了 1500 亿美元。在全球企业价值百强榜中，仅有华为一家中国企业，同时是我国制造企业。2020 年华为品牌价值为 63.01 亿美元，排在第 80 位，相较于 2018 年的第 68 名，排名略有下降。在 2020 年 BrandZ 全球最具价值品牌百强榜中，共有 17 个中国品牌进入全球品牌百强榜单。在这 17 个中国品牌中，茅台、海尔等制造企业在一众科技互联网企业（如阿里巴巴、腾讯及字节跳动等）中，仍有令人亮眼的品牌增值表现。其中，茅台是全球品牌价值排行榜中增值速度最快的品牌，而海尔是唯一蝉联在榜的物联网生态品牌。

根据这两份榜单我们可以看出，虽然目前我国制造企业品牌已经取得了一定的成绩，但仍未形成完善的价值体系，无法通过品牌效应带来良好的品牌溢价与消费者的忠诚度，在国内市场与国际市场中没有显著的竞争力。在两大品牌排行榜中，新兴互联网科技企业占据了榜单中的大部分位置，但并不代表着制造企业品牌价值低下。主要原因为在现代全球互联网经济中，制造企业品牌价值计量方式与互联网企业品牌价值计量方式的结构性脱节，相同的一套计量指标已经无法合理统筹多类型的企业品牌价值，制造企业应当在"互联网+"背景下寻求自身独特的品牌价值发展路径。

（4）制造企业服务化现状分析

我国制造企业服务化导入率非常高，已达到甚至超过发达国家水平，而涉及的服务项数均值达 3.69（2020），说明制造企业在价值分工中更倾向选择多元化的服务，而不是单一服务。同时，制造企业对不同类型服务的导入率存在显著差异，其中导入率最高的是销售服务、进出口服务和设计与开发服务，均超过 50%，这些类型的服务与企业基本价值链活动联系比较紧密，说明企业更倾向于从最熟悉的环节向价值链的两端延伸，尤其是下游销售环节，这是向"微笑曲线"两端延伸的重要举措，也是我国制造企业为赢得高价值分配权力而进行的价值链升级与改造。

同时应注意到，技术和服务虽然在"微笑曲线"的两端，但在"互联网+"背景下，尤其是制造企业服务化转型的背景下，二者有着紧密联系互为支撑，在价值共创模式下，服务化除了是价值创造的来源，更是技术创新的来源，合作创新和创新服务是提升合作共创价值的两个主要途径。但因我国制造企业的自主创新能力较弱，与之相匹配的生产性服务业发展较落后，这使得中国制造企业在全球价值链中仍处于较低位置，中国制造企业无法通过国际分工获得更多学习机会和创新资源，极易被锁定在全球价值链低端，因此用服务化与技术创新两条腿同时走路，才是中国制造业变道超车的关键。

6.1.4 高价值制造短板的原因分析

目前高价值制造短板的主要原因如下。

依据"微笑曲线"理论分析，创新研发缺乏是高价值制造与高价值分配权短板的主要原因。我国高价值制造研发投入不足，尤其是基础研究投入不足，导致缺少重要高附加值的专利创新产出。制造业企业是我国高价值制造领域最大的参与者与贡献者，其研发创新水平也在一定程度上代表着我国的高价值创造水平。2020年，我国研发经费投入总量达24426亿元，占GDP的2.4%，其中基础研发经费占研发经费总投入的6%，同期美国研发经费投入占GDP的2.8%，基础研发经费占比为15%（2019年数据），相比之下我国仍有很大的提升空间。基础研发是高价值制造的重要来源之一，基础研发创新可以形成自身独特的品牌服务或技术专利，开辟蓝海市场。在当前双循环新发展格局背景下，米晋宏等研究发现，当政府基础研发和技术市场化两种政策搭配使用时，不仅促进了创新及技术转移，而且能够缩小地区间的收入差距[239]。当前我国仅有很小一部分企业拥有核心自主知识产权，创新投资整体水平偏低，仍需要继续加大研究投入实现高价值创造。

专利给企业带来的绩效低，是制造企业高价值制造短板的原因之一。目前制造业企业高价值制造不足，所带来的创新绩效较低，不足以支撑长时间的研发周期，与高精尖高质量专利缺乏形成了难以突破的低端循环。2018年以来，我国国内发明专利授权审核更加严格，授权率降至50%以下，但同时，国外专利在我国申请授权率则高达80%。国内发明专利授权率低代表我国高价值制造能力不足，未形成自身独特的产业生态系统，无法兼顾高价值曲线左端的高价值专利或技术，难以形成良好的创新绩效。

科技成果转化率较低是高价值制造短板形成的另一个因素。我国制造企业处在由加工装配向高价值制造转型的阶段，各个行业内不同企业具有不同的研发能力和科技成果转化能力，在我国现有产学研体系下，有些高素质科技人才与资金支持也不再是无法逾越的鸿沟，科技创新成果不断涌现，但所有企业都面临着如何进行高效的资源配置，将科技成果转化为企业所需的可用资源和优势的结构性问题。2020年相关研究表明，我国科技成果转化率为30%，而发达国家为60%~70%，沈健根据相关数据测算得出，我国大学专利转化率为6%，而美国大学专利转化率高达50%[240]。企业相较于高校与科研机构更加注重发明专利成果的实际落地情况，质量不佳的发明专利更加阻碍了制造业企业研发投入的热情，弱化了制造企业在创新产业链上的主导地位。我国富士康等代工企业通过代理加工所获得的利润在整条产业链中也仅仅占2.5%左右，对于整个产业链的影响微不足道。实践证明，即使投入了大量的物力、人力，若未掌握关键核心技术、没有高价值制造能力，仍无法带来高价值的创新绩效。

由加工装配向高价值制造转变过程比较漫长。高价值制造是一个国家的系统工程，不是企业、政府、高校、消费者等形成共识就能够一蹴而就地完成转型。营商环境和政企制度仍然是不能忽视的主要因素。例如，上海自贸区"负面清单"诞生之前，我国相关领域制度不完善、办事效率低甚至存在隐形规则的报道屡见不鲜，引发的负面效应日渐凸显，"负面清单"是我国制度发展的重要一步，极大地促进了我国高价值创造氛围的形成。市场机制完善尤其是鼓励创新，避免"劣币驱逐良币"现象的制度完善更是高价值制造的顶层设计，需要全社会共同努力，高价值产品或服务的需求拉动高价值制造，高价值制造提供满足日益升级的物质文化需求，二者形成良性循环，才是高价值制造落地，并形成可持续发展的根本机制。虽然产学研合作已经提出20多年，但目前我国高校与科研机构、企业及市场之间未做到有机合作，纵向创新产业链较为薄弱，科研活动与市场需求二者之间仍然存在供需不匹配的结构性问题，导致科研成果滞后于市场需求。同时，除了纵向的创新产业链，横向的相关创新产业合作链也较为松散，各学科科研与行业需求不匹配、科研创新实力与科研创新绩效不匹配等系统性问题，给我国高价值制造机制带来障碍。

6.1.5 补高价值制造短板举措

"微笑曲线"的两端分别是以技术专利和品牌服务为代表的高附加值环节，也是目前中国制造业企业高价值导向下供给侧结构性改革的主要方向，由此高价值制造提升举措如下。

（1）以企业研发主导为基础，发展用户—企业开放式创新模式

"互联网+"技术的发展为弥补高价值制造短板提供了低成本解决技术基础。一方面制造企业应增加创新研发投入，夯实企业研发创新基础。增加研发创新投入，可以提升企业挖掘行业技术领域的空白与欠缺点的能力，有效帮助企业接触互联网尖端技术，有利于企业展开创新研发活动，促进创造更多个性化、高价值的产品，进而找到适合企业自身的技术创新发展道路，提升企业供给水平。

另一方面，依托"互联网+"技术，搭建符合企业自身及用户需求的新型开放式创新平台，进一步提升企业内部与外部信息时效性与资源利用率，实现"微笑曲线"前端的提高。在"互联网+"开放式创新平台上，消费者与制造者之间的信息壁垒逐步缩小，可以从传统的以内部为主体的创新模式向新型开放式转变，利用大数据广泛吸取用户建议，在此基础上将用户与企业内外部研发相结合，进行产品设计研发，构建全新开放式用户—企业开放式创新平台，缩短用户需求与企业生产研发间的距离，延长中小型企业创新周期，提高制造企业创新绩效。

（2）提升制造业服务化水平，实现高价值创造

打破传统观念壁垒，提升制造服务协作水平，实现多方价值共创，弥合"微笑曲线"的两个分界线，使加工制造向研发和销售上下游延伸，实现高价值制造。互联网的发展，尤其是万物智能和万物链接打破了原有的产业边界，促进了制造与服务的融合，加速了制造服务生态系统的构建。制造业向服务化转型必须打破原有有形产品和无形产品割裂的观念，树立制造服务系统观。服务必须向研发、设计等价值链上游扩展，提高出口产品附加值，并围绕产品功能扩展服务业务，向营销、售后等服务下游延伸，提高互补性资源整合程度，摆脱服务化困境。

依据前文分析可知，制造企业对价值网络中互补性资源的整合程度是影响价值创造的重要因素，其通过价值网络与其他个体进行交互、整合资源共

同创造价值,因此基于"互联网+"的资源整合是高价值制造的源泉,企业应当根据自身条件选择适合自身的服务化价值共创模式,整合资源网中满足价值共创合作企业的互补性资源,根据自身条件选择适合自己的服务化价值共创模式,提高自身在价值共创行为中的整合主导地位,降低服务化风险,避免陷入"服务化困境",实现可持续发展的价值共创,使得"微笑曲线"向两端扩展,从而实现两端的高价值制造。

(3) 培育智能制造,修炼高价值创造内功

智能制造是制造技术与计算机技术的深度融合,能帮助企业更好地适应市场动态变化,实现产品服务一体化的新业态,使得"微笑曲线"两端共同攀升。智能制造可使生产和销售智能化,实现柔性供给。从制造业产业链来看,高价值创造着重于满足客户日益增强的个性化需求。因此,在"互联网+"时代,制造企业可以引入"互联网+技术",建立面向客户的数据库,整合客户信息,打造企业与客户互动的定制服务平台,通过大数据、云计算等工具分析消费者偏好,制定个性化、更加贴合市场需求的产品,避免盲目生产导致的产能过剩,提高生产效率;同时增加营销体验、完善售后服务,随时跟进市场需求的变化,进一步挖掘有效供给,可深度提高高价值制造水平。

(4) 抓住"互联网+"传播机遇,重塑制造企业品牌

"互联网+"的应用使得信息越来越公开透明,仅凭借营销技巧的运用而获利的机会被有效降低,而基于服务效率与互动参与的用户体验会成为衡量产品附加值的重要组成部分,也将会转变为企业在营销与服务环节中获取竞争优势的关键环节。因此,重塑自有品牌、改善用户体验,才能使企业在市场上站稳脚跟,进而加强消费者对品牌的认可度,高价值品牌可以让企业在市场占据主动地位,获取最大市场份额,为企业带来丰厚的利润回报。

6.2 "互联网+"背景下补绿色竞争力短板路径

6.2.1 补绿色竞争力短板的必要性

随着制造业对世界经济发展作用的不断提高,绿色制造成为各国制造

业必选的发展模式[241]。制造企业在传统发展模式下，生产过程中排放大量有害气体和固体颗粒物，废物利用率也过低，这些都造成全球变暖、环境污染、环境优化程度弱等问题[242]。为此必须适应经济发展方式的转变，推进低碳发展方式，实行低碳生产[243]，大力发展绿色制造、提升绿色产出、增强制造企业的绿色竞争力是必然趋势；另外，消费的升级推动着产业升级，产业升级促进市场竞争变化，市场竞争变化影响绿色竞争力发展，各国制造企业都不断调整产业结构、优化产能、引进绿色制造技术、提高绿色生产能力、提升制造企业绿色竞争力。

"碳达峰、碳中和"使得绿色竞争力成为我国制造企业较大的短板。如图6.3所示，截至2021年底，我国作为制造业大国，也是碳排放量最大的国家，碳排放量占全球排放量的1/4以上，且我国承诺力争在2030年前碳排放达到峰值，2060年碳排放实现中和，这就意味着未来的制造企业在碳排放方面将会受到严格的限制，实行绿色制造才是制造企业赢得竞争、保持发展的唯一途径。在此背景下，中国制造业目前和未来的明显短板是绿色竞争力。中国制造企业在发展中需要更加注重绿色环保，利用低碳制造模式来提升企业生存能力和绿色竞争力。随着我国互联网经济快速发展，互联网改变着制造企业的生产销售模式，尤其是对节能环保的促进作用明显[244]，消费领域的电子商务和工业互联网对企业绿色竞争力的影响也越来越大，既是制造企业培育绿色竞争力的有利条件，更是制造企业绿色竞争力的重要衡量因素。

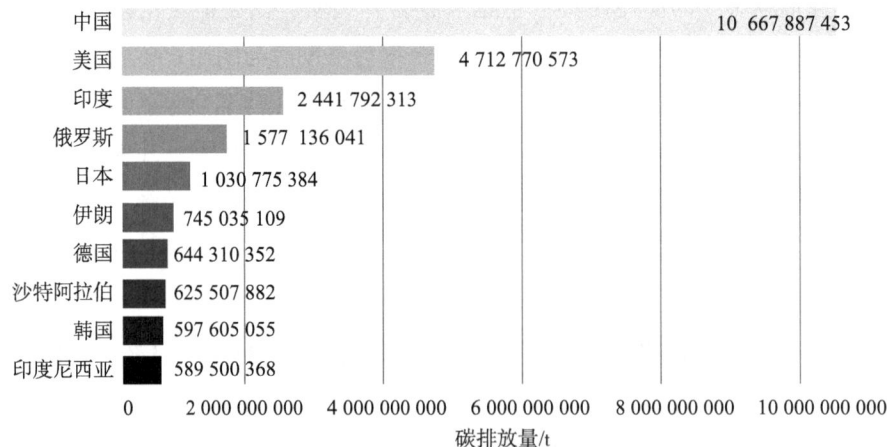

图 6.3　2021 年世界各国碳排放量排行榜

（数据来源：华正产业研究）

制造业的绿色竞争力也是一个区域均衡问题，它能吸引经济活动到一个特定的地区，更是建立严格的区域经济与环境协调发展约束机制的本质要求[245-246]。区域均衡是促进中国区域制造业特别是发展水平较低省份的区域制造业绿色发展的有效途径[247]。分析制造企业绿色竞争力在省级区域城市地理信息系统的空间集聚效应，对制造企业"互联网+"背景下的绿色竞争力现状进行评价，研究区域制造企业绿色竞争力是否存在空间相关性，以及空间集聚效应的特征，并找到全国制造企业均衡发展绿色竞争力的有效路径，是学界和企业界亟须进行研究的问题。

6.2.2 绿色竞争力的来源及评价研究

（1）绿色制造与绿色竞争力

绿色制造更多的是一种理念。它的主要核心是可持续性，使制造企业产品和工艺设计浪费和污染最小化[248]。为了在全球范围内促进经济更好增长，美国提出了绿色新政[249]。印度非常重视绿色制造研究，并且发现中小企业在绿色制造过程中发挥着重要作用[250]。印度学者对印度制造业的研究为绿色制造实践提供了路线图和绩效度量[251]。绿色竞争力问题是目前世界范围内研究领域和行业关注的焦点。欧盟正在考虑引入边界碳的价格调整计划，以确保进口到欧盟的价格更准确地反映其碳含量的环境成本，该计划的核心关注是绿色制造和产业竞争力[252]。绿色竞争力的区域调查被广泛用于反映各国发展的不平衡。例如，在对波兰地区绿色竞争力的研究中，将绿色竞争力划分为若干组，每一组都有其独有的特征[253]。在印度绿色竞争力不仅被认为是经济指标，也被认为是文化发展指标[254]。

（2）绿色竞争力的驱动因素和影响因素

许多学者认为政府关于绿色法规对企业绿色竞争力起到了积极的促进作用，这必然会受到许多政府决策者的重视和实施[255]。许多研究考察了环境规制对技术创新和绿色生产率提高的激励机制，发现环境规制对绿色生产率的促进具有显著的影响[256]。研究表明，绿色制造实践与埃及中小企业竞争力之间的关系是积极且显著的[257]。很多学者指出绿色发展在制造企业改革中是不可避免的，并提出了相应的实施路径和策略[255]。

尽管环境规制、市场竞争和利益是绿色竞争力的驱动因素[250]，但更多学者关注绿色制造和绿色竞争力的绩效和利润，而不是关注它们作为驱动因素的作用[258-260]。经济压力和危机迫使企业为了经济利益而采用绿色制造，它们通过优化资源和能源来降低成本，无意中形成了绿色竞争力[261]。征收碳关税和推广碳标签等碳壁垒政策是迫使企业减少能源消耗和碳排放的国际驱动力。

从以往的研究中可以看出，影响绿色竞争力的因素有以下几个。基于环境关注的可持续发展战略对企业的绿色竞争力产生了重要影响[261]。Papadas等从战略绿色营销及其对环境驱动竞争优势影响的综合角度研究了内部绿色营销行为对持续竞争优势发展的调节作用，揭示了战略和人员之间的重要相互作用，有助于创造环境驱动的竞争优势[262]。为了响应绿色竞争力的发展要求，当前研究领域出现了绿色创新，并迫使企业采用新的可持续策略[261]。研究表明，绿色创新在克服来自客户、竞争者和监管机构的压力方面是有效的。同时发现绿色创新的3个主要类别（绿色产品创新、绿色过程创新和绿色管理创新）与环境绩效和竞争优势呈正相关[258, 260, 263]。有学者通过对209家重污染制造企业上市公司的实证研究，发现绿色工艺创新对绿色产品创新具有正向影响，两者都可以改善公司的财务业绩。绿色竞争力调节了绿色产品创新与经济绩效的关系[264]。

互联网经济是影响绿色竞争力的另一个因素。信息和通信技术导致了"协同生产"模式的出现，互联网企业不仅购买材料，还共享存储资源，计算资源，机器、设计等制造资源。"产业云平台"是对电子商务B2B模式的转型，整合区域工厂和技术资源，让企业以较低的租赁成本获得各种服务和支持[244]。因此，B2B和工业互联网有效驱动了绿色竞争力。最近的研究已经证明了工业物联网的低成本、高便利性和关键制造流程实用性的优势使得企业将绿色竞争力的目标聚焦于节能、低排放和客户成本节约。

此外，物联网作为一种新兴的智慧城市技术，通过互联网连接各种数字设备，可以为产业界提供多种创新设施[242]。第五代无线传输技术可能会对工业物联网产生重大的推动作用，帮助企业实现更先进的绿色竞争力[265]。表6.1给出了绿色竞争力的驱动因素和影响因素。随着经济的发展，互联网的应用和电子商务的发展已经成为推动电子商务发展的重要动力。而将这两个因素融入绿色竞争力的评价中，以适应经济社会的快速发展，是非常合理和富有意义的。

表6.1 绿色竞争力的驱动因素和影响因素

绿色竞争力的驱动因素和影响因素	参考文献	绿色竞争力的驱动因素和影响因素	参考文献
政府的绿色法规	Song（2018）[255]	推广碳标签	Govindan等（2015）[261]
环境规制	Song（2018）[255]，谢荣辉（2017）[256]	绿色营销活动	Papadas等（2019）[262]
低碳经济	Aboelmaged（2018）[257]，Cheng等（2018）[266]	绿色创新	Cherrafi等（2018）[260]，Govindan等（2015）[261]，Zhang等（2019）[263]
市场竞争与效益	Seth等（2018）[250]	互联网经济	Sodhro等（2019）[242]
征收碳关税	Govindan等（2015）[261]		

（3）绿色竞争力的评价指标

绿色竞争力的评价指标是所有相关研究的核心问题，同时，绿色竞争力作为竞争力的一个新分支，受到越来越多学者的青睐。有研究开发了一个工具箱（绿色测量器）来评估制造业的绿色程度[267]。建立了钢铁企业绿色竞争力评价指标，结合层次分析法和熵值法，实现了企业绿色竞争力评价模型[268]。

随着这一领域研究的深入，绿色竞争力已经从企业扩展到制造全领域，学者更关注区域制造业绿色竞争力的评估，多采用省级面板数据和多种计算方法。绿色发展不仅关系到"一带一路"建设的成败，更关系到各国的可持续发展[269]。翟璐等构建了包含"绿色生产要素"和"产品竞争力"的指标体系，对辽宁省工业企业竞争力进行了研究。他们运用因子分析对辽宁省产业转型升级绩效进行评价，发现产品竞争力低下成为制造企业转型升级的最大障碍[270]。伍鹏等[271]运用因子分析研究了湖北省绿色发展理念下的县域经济发展，制定了差别化县域绿色发展政策，培育了县域绿色社会体系。应用相关性分析，运用模糊粗糙集、熵权法对21个指标进行选择和分析，建立了区域绿色竞争力指数。这些指标包括衡量自然资源、生态环境、能源消耗和节能、经济和社会可持续性及人类健康的竞争力。根据所得指标，将绿色竞争力光谱分为浅绿色、中绿色和深绿色3个层次，考察2004—2014年中国30个省份的绿色竞争力光谱变化。绿色竞争力的空间差异由东向西呈现由高到低的趋势[266]。中国区域智能手机的绿色发展，可以通过互联网进一步发展，带动绿色信息技术在智能手机领域的应用，促进清洁能源改革，这一前景为绿色改革提供了新的方向，扩大了视野，开辟了新的道路[272]。

因此，互联网基础设施和应用已被纳入区域制造业竞争力评价体系，该体系目前包括制造企业市场份额、制造企业市场优化指数、互联网普及率等多个指标[275]。因子分析法被用来评估制造企业跨境电商的竞争力[277]，跨境营销能力和技术采用能力已经被认为是制造业中影响跨境电商企业绿色竞争力的重要因素[268]。相关研究评价指标和研究方法如表 6.2 和表 6.3 所示。

表 6.2　绿色竞争力的评价指标

绿色竞争力的评价指标	参考文献
人均二氧化碳排放量	郭兆晖等（2017）[273]
单位 GDP 能耗	伍鹏等（2018）[271]
城市环境保护投资指数	郭兆晖等（2017）[273]
森林覆盖率	伍鹏等（2018）[271]，李妍等（2017）[274]
高技术产业增加值占国内生产总值的比重	伍鹏等（2018）[271]
工业固体废物综合利用率	李妍等（2017）[274]
制造业人均增加值	李琳等（2017）[275]
制造业市场份额	李琳等（2017）[275]，郭兆晖等（2017）[273]，刘晋飞等（2018）[276]
制造业市场优化指数	李琳等（2017）[275]
R&D 支出占区域制造业主营业务收入的比重	李琳等（2017）[275]
环境保护支出占财政支出的比重	李琳等（2017）[275]
互联网普及率	李琳等（2017）[275]
每万人高技术产业有效发明专利数	李琳等（2017）[275]
占跨境电商销售收入的比例	刘秋玲等（2018）[268]

表 6.3　绿色竞争力的研究方法

绿色竞争力的研究方法	参考文献
定量评价	郭兆晖等（2017）[273]
因子分析	刘秋玲等（2018）[268]，翟璐等（2018）[270]，伍鹏等（2018）[271]，李妍等（2017）[274]

续表

绿色竞争力的研究方法	参考文献
基于遗传算法的投影寻踪模型	李琳等（2017）[275]
模糊粗糙集	Cheng 等（2018）[266]，李妍等（2017）[274]
层次分析法	李妍等（2017）[274]
熵权法	Cheng 等（2018）[266]，李妍等（2017）[274]
相关分析法	Cheng 等（2018）[266]

从以上分析我们得出这样的结论，在分析制造企业绿色竞争力方面，特别是从区域的角度，相关研究较少，也缺乏在省级区域级别上探究绿色竞争力的聚集分析。大多数研究没有考察"互联网+"在绿色竞争力中的作用，也没有将互联网应用水平作为绿色竞争力评价指标体系的重要组成部分。因此，本书将互联网应用指标和电子商务发展指标引入我国区域制造企业绿色竞争力评价体系中，构建了新的区域制造企业绿色竞争力评价指标。

6.2.3 "互联网+"背景下绿色竞争力新评价指标体系

（1）"互联网+制造"发展水平

"互联网+制造"是新一轮科技革命和产业变革的核心特征，是中国制造企业转型升级的关键[278]。它不仅方便、高效，而且还是环保和绿色的[279]。云计算、物联网、智能工业机器人、3D打印等在制造业中的深度融合，可以实现清洁生产，减少有毒有害物质的使用，从而提高制造企业的绿色竞争力和可持续发展能力[280]。

互联网制造运营的核心仍然是提高产品的经济价值。工业互联网代表了智能制造发展中最重要的进步[281]。制造企业中的工业互联网是一种包含环境、经济和社会需求的方法，通过5个关键因素：可持续性可信度、对环境影响的关注、对利益相关者的仔细考虑、资源效率和整体理念[282]。工业互联网将互联网的智能理念系统地嵌入制造绿色发展体系中，可以提高各市场的制造效率和制造效率[283]。因此，互联网应用水平是衡量制造业绿色竞争力的重要指标之一。

(2) 企业间电子商务发展水平

基于互联网技术的电子商务可以在制造企业中带动线上和线下的互动，实现业务流、物流、资金流、信息流的"四流"，大大提高了企业进入出口市场的概率，促进了出口量的扩大，使制造企业具有更大的国际竞争力[284]。

在电子商务中，交易活动主要发生在 B2B 环境中，组织间对工业产品的购买超过了终端消费者的交易额。B2B 制造企业由于产品对环境和社会的重大影响，面临着强有力的政府监管和公众压力，因此 B2B 交易需要更环保。B2B 制造企业利用社会性和可持续性创新举措来巩固客户和供应商关系，同时实施以客户为中心的绿色供应链管理，以应对供应链对环境绩效日益增长的需求。通常 B2B 制造企业利用其供应链从事环境和社会管理[282]，B2B 制造企业可以正向影响它们的客户和供应链成员通过各种环境可持续性措施，来降低温室气体排放量和其他关键环境指标，实现绿色生产和绿色竞争力提升。

根据金砖四国 1995—2009 年的产业投入产出矩阵实证结果，企业通过使用更清洁的投入，并从发达国家进口更环保投入，显著改善了环境绩效。在国内产业对绿色服务没有足够支持的情况下，通过贸易自由化购买清洁采购原料来实现环境效益是可行的[285]。B2B 制造企业采用基于创新的可持续发展战略，实施技术创新，促进环境和商业伙伴可持续发展，或营销和管理方面的非技术创新，这将对竞争力产生积极影响。B2B 制造企业也开始通过大数据和商务智能等技术[286]来提高销售，节约营销费用，由此可以预见，其绿色化程度将会被进一步提高。制造业在 B2B 中处于核心地位，在整合供应链方面具有独特的优势，因此，制造企业的 B2B 交易量在一定程度上代表了整个制造企业的绿色程度[287]。

(3) 绿色竞争力新评价指标体系

李琳等在《我国区域制造业绿色竞争力评价及动态比较》一文中构建的区域绿色竞争力的评价体系为本书提供了很大的帮助[275]。在此基础上，本书构建了新的评价指标体系。在现有的评价指标体系中类似的指标太多，有些指标不能反映新的生产要素（如"互联网＋活动"）的特征，不能准确地表征区域制造业绿色竞争力的发展状况。因此，引入基于电子商务发展、

B2B平均交易量、互联网普及率的评价指标，分析"互联网+制造"新发展模式下制造企业的绿色竞争力。

但因为区域内制造企业相关数据获取困难，有些测量指标采取省级区域内制造业的总体数据作为制造企业数据的总和。为了避免在每个地区使用绝对数值指标造成测量误差，引入了制造业的人均科技支出指标和每万人高新技术产业有效发明专利数量指标。这些指标可以帮助我们研究区域制造业的绿色创新能力。此外，高技术产业中高新技术新产品的人均销售收入和制造企业的人均附加值的引入反映了制造企业的高新技术价值产出，因此其可代表绿色市场竞争力。在大力推进生产和环境发展的同时，考虑高能耗和高污染水平，区域制造业的绿色竞争力也需要体现环境友好性的特点。因此，引入区域生产总值的废弃物处理利用率、能耗降低率等指标，构建新的区域制造业绿色竞争力评价指标体系。表6.4给出了制造企业绿色竞争力评价指标体系。它包括绿色市场竞争力、绿色制造能力和绿色创新能力3个一级指标。每个一级指标下又包含几个二级指标。

表6.4 制造企业绿色竞争力评价指标体系

一级指标	二级指标
绿色市场竞争力 A	人均区域制造业增加值（Aa） 区域制造业资产占全国资产比重（Ab） 区域制造业市场占有率（Ac） 区域制造业市场优化指数（Ad） 区域制造业固定资产新度系数（Ae） 高技术新产品人均销售收入（Af）/万元 高技术产业人均制造业增加值（Ag） 人均电子商务交易额（Ah） B2B平均交易额（Ai） 网络普及率（Aj） 电子商务发展指数（Ak）
绿色制造能力 B	亿元制造业增加值二氧化硫排放量（Ba）/万吨 亿元制造业增加值污水排放量（Bb）/万吨 工业废物治理利用率（Bc） 环境保护支出占财政支出的比重（Bd） 万元地区生产总值能耗降低率（Be）

续表

一级指标	二级指标
绿色创新能力 C	区域制造业 R&D 人员数占比（Ca） 区域制造业 R&D 经费占主营业务收入的比重（Cb） 高技术制造业就业人数占制造业就业人数的比重（Cc） 人均科技经费支出（Cd）/万元 每万人高技术产业有效发明专利数（Ce）/件 高技术投资额占社会投资额的比重（Cf）

6.2.4　绿色竞争力评价方法及数据来源

（1）评价方法和过程

熵权灰色关联分析法是熵值法与灰关联分析法的结合，是因为熵值法与灰关联分析法有一定的缺陷，单独使用两种方法，无法达到预期的结果。最初灰色关联分析法是用来研究磷渣各粒径范围颗粒含量与水泥强度之间的关系。灰色关联分析法是一种多因素统计方法，是进行系统分析的一种基本方法，常用于灰色系统理论中，将定性分析和定量研究相结合，当一些小的样本存在信息不准确、不完整的情况时，可以采用灰色关联分析法分析从而得到更为准确的结果[277]。该方法可以通过测算各指标间的关联度来判断各指标间是否存在一定的关联关系。但是灰色关联分析模型的评价精度过低，无法实现准确的测量，要在此方法上融合熵值法理论来提高评价精度。熵值法是通过计算各个指标的权重值来评价发展水平，属于一种较为客观的赋权法，可以降低赋权过程中的主观因素，更具有科学、准确、严格的意义。因此，将两种方法结合，从而建立熵权灰色关联分析模型。

构建了制造企业绿色竞争力指标体系，分三步进行评价（图6.4）。

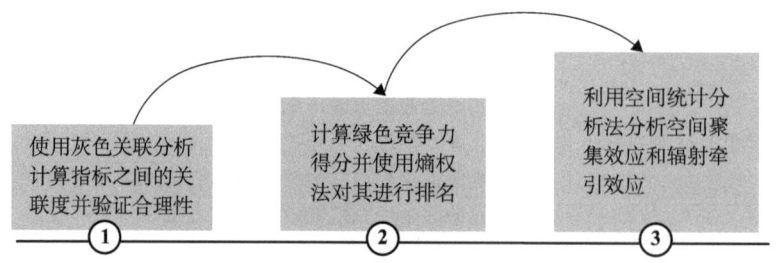

图 6.4　熵权灰色关联分析法评价方法和过程

第一步，利用灰色关联分析法计算各指标之间的关联度，验证所构建指标体系的合理性；第二步，计算绿色竞争力得分并使用熵权法对全国 31 个省份进行比较排名；第三步，利用空间统计分析，考察区域间制造业绿色竞争力发展状况的空间集聚效应，分析各省份之间的辐射牵引效应。

（2）熵权模型

运用熵权法求得绿色竞争力指标的权重，所求得的指标权重可以反映指标中的大部分原始信息[288]。具体的步骤如下。

① 设参与评价的省份有 a 个，评价指标有 b 个，某个具体的指标用 k_{ij} 表示（k_{ij} 是指第 i 个评价省份的第 j 个评价指标的值），由此可以得到一个 $a \times b$ 的决策指标矩阵：

$$\boldsymbol{K}=(k_{ij})_{a \times b}=\begin{bmatrix} k_{11} & k_{12} & & k_{1b} \\ k_{21} & k_{22} & \cdots & k_{2b} \\ & \vdots & \ddots & \vdots \\ k_{a1} & k_{a2} & \cdots & k_{ab} \end{bmatrix}, i=1, 2, 3, \cdots, a; j=1, 2, 3, \cdots, b_{\circ} \quad (6.1)$$

② 将决策矩阵标准化。由于矩阵汇总的指标存在不规范的情况，以及量纲因素的存在，为避免该因素，对决策矩阵进行标准化处理：

$$q_{ij}=\frac{k_{ij}}{\sum_{i=1}^{a} k_{ij}} \ (j=1, 2, 3, \cdots, b)_{\circ} \quad (6.2)$$

在式（6.2）中，q_{ij} 的取值范围为 [0, 1]，q_{ij} 表示第 i 个省份的第 j 个指标的标准化值，形成新的决策矩阵：

$$\boldsymbol{Q}=(q_{ij})_{a \times b}=\begin{bmatrix} q_{11} & q_{12} & & q_{1b} \\ q_{21} & q_{22} & \cdots & q_{2b} \\ & \vdots & \ddots & \vdots \\ q_{a1} & q_{a2} & \cdots & q_{ab} \end{bmatrix}, i=1, 2, 3, \cdots, a; j=1, 2, 3, \cdots, b_{\circ} \quad (6.3)$$

③ 计算第 j 项指标的熵值 e_j：

$$e_j=-\frac{1}{\ln a}\sum_{i=1}^{a}q_{ij}\ln q_{ij \circ} \quad (6.4)$$

当 q_{ij} 为 0 或者 1 时，令 $q_{ij}\ln q_{ij}$ 为 0。

④ 计算第 j 个指标的差异性系数 d_j：

$$d_j=1-e_{j \circ} \quad (6.5)$$

指标权重随着 d_j 的增加而变大，即 d_j 的值越大，指标权重越大。

⑤ 确定各指标的权重：

$$w_j = \frac{d_j}{\Sigma_{j=1}^{b} d_j}。 \quad (6.6)$$

（3）灰色关联分析模型

① 将各指标规范化[267]，并将矩阵 $\boldsymbol{K}=(k_{ij})_{a\times b}$ 标准化，得到

$$p_{ij}=\frac{k_{ij}-\min\limits_{1\leq m\leq a}(k_{mj})}{\max\limits_{1\leq m\leq a}(k_{mj})-\min\limits_{1\leq m\leq a}(k_{mj})}, i=1,2,3,\cdots,a; j=1,2,3,\cdots,b。 \quad (6.7)$$

式（6.7）中，k_{mj} 表示第 m 个样本的第 j 个指标值。

得到新的无量纲矩阵

$$\boldsymbol{P}=(p_{ij})_{a\times b}=\begin{bmatrix} p_{11} & p_{12} & & p_{1b} \\ p_{21} & p_{22} & \cdots & p_{2b} \\ & & \vdots & \\ p_{a1} & p_{a2} & \cdots & p_{ab} \end{bmatrix}, i=1,2,3,\cdots,a; j=1,2,3,\cdots,b。 \quad (6.8)$$

② 将式（6.8）[289]归一化处理后得到一新数列，该数列为分类标准数列，记为 k_0。计算灰色关联系数[269]，数列 $p_{ij}(i)=(p_{i1},p_{i2},\cdots,p_{ib})$ 在第 j 个指标上的关联系数为

$$\varsigma_i(j)=\frac{(\min\limits_{1\leq i\leq a}\min\limits_{1\leq j\leq b}|k_{0j}-p_{ij}|+\rho\max\limits_{1\leq i\leq a}\max\limits_{1\leq j\leq b}|k_{0j}-p_{ij}|)}{(|k_{0j}-p_{ij}|+\rho\max\limits_{1\leq i\leq a}\max\limits_{1\leq j\leq b}|k_{0j}-p_{ij}|)}, i=1,2,3,\cdots,a; j=1,2,3,\cdots,b \quad (6.9)$$

在式（6.9）中，部分数学公式解释如下：令 $\rho=0.5$，ρ 为分辨系数。$|k_{0j}-p_{ij}|$ 是指标 k_0 与 $p(j)$ 的绝对差；$\min\limits_{1\leq j\leq b}|k_{0j}-p_{ij}|$ 为第一级最小差，$\min\limits_{1\leq i\leq a}\min\limits_{1\leq j\leq b}|k_{0j}-p_{ij}|$ 为第二级最小差；$\max\limits_{1\leq j\leq b}|k_{0j}-p_{ij}|$ 为第一级最大差；$\max\limits_{1\leq i\leq a}\max\limits_{1\leq j\leq b}|k_{0j}-p_{ij}|$ 为第二级最大差。

③ 熵权优化后的综合灰色关联度为：

$$G_i=\Sigma_{j=1}^{b}w_j\varsigma i(j), i=1,2,3,\cdots,a; j=1,2,3,\cdots,b。 \quad (6.10)$$

最后可根据 G_i 的值对绿色竞争力指标的关联度进行客观评价，当 G_i 的值越大时，说明绿色竞争力指标间的关联度越高。

④ 省级区域制造企业绿色竞争力计算：计算全国各省份制造企业绿色竞争力，并通过绿色竞争力得分对各省份进行排名：

$$C_i=\Sigma_{j=1}^{b}w_j q_{ij}。 \quad (6.11)$$

（4）数据来源

选取全国 31 个省份作为研究对象，通过检索相应的指标数据对其绿色竞争力进行评价。研究中的工业数据主要来源于 2013—2018 年的《工业企业科技活动统计年鉴》《中国高技术产业统计年鉴》《中国工业统计年鉴》《中国环境统计年鉴》《中国能源统计年鉴》《中国统计年鉴》[290-295]。互联网数据主要来源于 2013—2018 年的《中国互联网发展状况统计报告》《中国电子商务发展指数报告》《中国电子商务市场数据监测报告》[296-298]。

6.2.5 "互联网 +" 背景下制造企业绿色竞争力现状

（1）绿色竞争力关键指标识别

指标人均区域制造业增加值（Aa）、高技术产业人均制造业增加值（Ag）、高技术新产品人均销售收入（Af）均可代表一个省份制造业先进性收益程度，这 3 种指标值越大，说明企业先进性收益越好，代表区域制造企业绿色竞争力越强。但决定区域制造业绿色竞争力的因素并不单一，对应的评价指标比较多样化，因此判断区域制造企业绿色竞争力不同指标的重要程度，可计算得出各指标间的关联度，尤其是与制造企业先进性收益之间的关联度为例，从而得到决定区域制造企业绿色竞争力的重要因素。分别选取与指标人均区域制造业增加值（Aa）、高技术产业人均制造企业增加值（Ag）、高技术新产品人均销售收入（Af）相关的 21 个指标进行灰色关联度分析，从而证明所构建的绿色竞争力指标体系的合理性。经过计算得到如表 6.5 至表 6.7 所示的结果。

表 6.5　人均制造业增加值（Aa）的关联度

指标	关联度						均值	排名
	2013 年	2014 年	2015 年	2016 年	2017 年	2018 年		
Ab	0.894	0.887	0.900	0.894	0.895	0.844	0.8857	13
Ac	0.880	0.873	0.886	0.879	0.875	0.867	0.8767	16
Ad	0.934	0.929	0.934	0.925	0.925	0.832	0.9132	3
Ae	0.905	0.896	0.903	0.897	0.898	0.895	0.8990	9

指标	关联度						均值	排名
	2013年	2014年	2015年	2016年	2017年	2018年		
Af	0.805	0.846	0.864	0.871	0.877	0.873	0.8560	21
Ag	0.871	0.868	0.889	0.890	0.890	0.879	0.8812	14
Ah	0.872	0.856	0.876	0.875	0.868	0.868	0.8692	17
Ai	0.879	0.856	0.864	0.859	0.864	0.864	0.8643	19
Aj	0.897	0.897	0.907	0.904	0.902	0.891	0.8997	7
Ak	0.924	0.879	0.877	0.932	0.916	0.929	0.9095	5
Ba	0.897	0.887	0.891	0.870	0.864	0.856	0.8775	15
Bb	0.892	0.888	0.901	0.902	0.899	0.887	0.8948	10
Bc	0.900	0.895	0.907	0.895	0.885	0.868	0.8917	12
Bd	0.908	0.893	0.902	0.903	0.900	0.891	0.8995	8
Be	0.913	0.906	0.897	0.900	0.884	0.856	0.8927	11
Ca	0.869	0.864	0.873	0.872	0.866	0.855	0.8665	18
Cb	0.920	0.918	0.925	0.924	0.925	0.916	0.9213	1
Cc	0.904	0.897	0.909	0.908	0.915	0.901	0.9057	6
Cd	0.909	0.904	0.913	0.915	0.919	0.914	0.9123	4
Ce	0.863	0.851	0.871	0.870	0.866	0.858	0.8632	20
Cf	0.915	0.910	0.923	0.919	0.912	0.911	0.9150	2

表6.6 高技术产业人均制造业增加值（Ag）的关联度

指标	关联度						均值	排名
	2013年	2014年	2015年	2016年	2017年	2018年		
Aa	0.844	0.843	0.873	0.860	0.867	0.825	0.8520	10
Ab	0.863	0.861	0.878	0.861	0.872	0.808	0.8572	7
Ac	0.870	0.866	0.884	0.865	0.870	0.773	0.8547	9
Ad	0.832	0.829	0.853	0.829	0.835	0.798	0.8293	14
Ae	0.797	0.793	0.821	0.795	0.808	0.758	0.7953	19
Af	0.807	0.899	0.921	0.908	0.913	0.901	0.8915	2
Ah	0.887	0.866	0.872	0.855	0.870	0.845	0.8658	4
Ai	0.890	0.858	0.872	0.842	0.852	0.824	0.8563	8

"互联网+"背景下制造企业供给侧结构性改革的补短板路径

续表

指标	关联度						均值	排名
	2013年	2014年	2015年	2016年	2017年	2018年		
Aj	0.816	0.840	0.859	0.828	0.843	0.788	0.8290	15
Ak	0.847	0.833	0.846	0.839	0.861	0.807	0.8388	12
Ba	0.784	0.779	0.808	0.778	0.784	0.715	0.7747	21
Bb	0.844	0.841	0.863	0.848	0.853	0.761	0.8350	13
Bc	0.791	0.795	0.832	0.804	0.822	0.742	0.7977	18
Bd	0.801	0.798	0.825	0.813	0.830	0.762	0.8048	17
Be	0.800	0.805	0.825	0.809	0.805	0.715	0.7932	20
Ca	0.866	0.862	0.877	0.856	0.861	0.825	0.8578	6
Cb	0.827	0.826	0.855	0.828	0.838	0.770	0.8240	16
Cc	0.849	0.846	0.867	0.844	0.853	0.803	0.8437	11
Cd	0.897	0.896	0.913	0.895	0.901	0.878	0.8967	1
Ce	0.885	0.874	0.888	0.868	0.870	0.838	0.8705	3
Cf	0.862	0.859	0.880	0.860	0.865	0.842	0.8613	5

表6.7 高技术新产品人均销售收入（Af）的关联度

指标	关联度						均值	排名
	2013年	2014年	2015年	2016年	2017年	2018年		
Aa	0.827	0.814	0.830	0.830	0.836	0.831	0.8280	10
Ab	0.822	0.845	0.854	0.843	0.843	0.830	0.8395	7
Ac	0.822	0.847	0.855	0.845	0.840	0.776	0.8308	9
Ad	0.839	0.795	0.805	0.789	0.786	0.808	0.8037	16
Ae	0.837	0.763	0.775	0.760	0.759	0.752	0.7743	19
Ag	0.853	0.897	0.912	0.903	0.903	0.908	0.8960	1
Ah	0.862	0.853	0.840	0.844	0.839	0.836	0.8457	6
Ai	0.860	0.845	0.840	0.825	0.825	0.822	0.8362	8
Aj	0.833	0.817	0.823	0.799	0.802	0.789	0.8105	14
Ak	0.852	0.811	0.815	0.815	0.827	0.816	0.8227	11
Ba	0.813	0.752	0.764	0.75	0.742	0.732	0.7588	21
Bb	0.826	0.824	0.829	0.822	0.817	0.767	0.8142	12

续表

指标	关联度						均值	排名
	2013年	2014年	2015年	2016年	2017年	2018年		
Bc	0.807	0.786	0.818	0.803	0.804	0.755	0.7955	17
Bd	0.833	0.756	0.775	0.772	0.777	0.771	0.7807	18
Be	0.838	0.778	0.781	0.771	0.754	0.720	0.7737	20
Ca	0.827	0.872	0.880	0.869	0.867	0.871	0.8643	4
Cb	0.844	0.796	0.818	0.805	0.805	0.776	0.8073	15
Cc	0.851	0.806	0.821	0.801	0.804	0.798	0.8135	13
Cd	0.842	0.856	0.879	0.880	0.873	0.889	0.8698	2
Ce	0.843	0.876	0.881	0.869	0.864	0.857	0.8650	3
Cf	0.829	0.845	0.858	0.854	0.855	0.862	0.8505	5

从表6.5至表6.7可以看出，2013—2018年，通过灰色关联度分析得到的各指标关联度均大于0.75。大部分指标之间的灰色关联度都接近于1，说明这些指标表征了制造企业绿色竞争力水平，因此构建的绿色竞争力指标体系具有一定的合理性。

从表6.5可以看出，2013—2018年Aa与Cb的相关程度最高，与Cf的相关程度排在第二，与Ad的相关程度排在第三，Cd紧随其后，Aa与Ba的相关程度最小。这些结果说明，高新技术人才的引进和研发的高投入影响了区域制造企业的绿色竞争力水平，制造市场的智能优化和互联网的发展推动了智能制造的绿色发展。

由表6.6可知，2013—2018年Ag与Cd的相关程度排在第一。与Af、Ce的相关程度分别排在第二、第三。结果表明，我国高新技术产业的发展应以投资高新技术产品为主，高新技术方向在某种程度代表了绿色竞争力的发展方向。

由表6.7可知，2013—2018年Af与Ag的相关程度最高，与Cd的相关程度次之，与Ce的相关程度排在第三。结果表明，制造企业市场的合理优化和科研经费的投入对制造企业的绿色竞争力发展具有重要的推动作用。

表6.5至表6.7表明各指标与参考指标的相关性呈下降趋势。我们可以推断得出，随着绿色竞争力评价指标的多元化，代表区域制造企业绿色竞争

力的因素也趋于多元化，单个指标的重要性呈下降趋势，相关系数也随之下降。在此期间，Ad、Aj、Ak、Cd、Ce 和 Cf 的相关程度排名靠前。这些结果也表明，虽然各指标之间的相关性整体下降，但代表制造企业绿色竞争力水平的显著指标仍较为集中。从这 6 个指标的重要性可以看出，高新技术产业的引进和废弃物的合理利用对区域制造企业向"高技术"和"绿色"方向发展至关重要。与此同时，Ak 与 Aa 的相关程度排在第五。电子商务的发展扩大了区域制造企业的绿色市场，互联网的普及与企业的利益关系更加密切。区域制造企业绿色创新能力的提升得益于"互联网+"的发展。综上所述，该评价指标体系具有一定的合理性和实用性。

（2）制造企业绿色竞争力得分

依据确定的各指标的权重，运用 SPSS 26.0 对数据计算处理，得到各省份的综合得分并进行排名如表 6.8 所示。为了便于观察，以柱状图的形式绘制表 6.8，结果如图 6.5、图 6.6 所示。

表 6.8　2013—2018 年我国 31 个省份制造企业绿色竞争力得分及排名

年份	2013		2014		2015		2016		2017		2018	
省份	得分	排名	得分	排名	得分	排名	得分	排名	得分	排名	得分	排名
安徽	5.730	13	5.099	18	5.520	14	5.733	12	5.763	12	7.446	7
北京	8.573	6	8.855	5	8.786	5	8.537	6	8.827	5	8.772	3
重庆	5.559	15	5.516	13	5.857	11	5.871	11	6.100	11	6.995	9
福建	6.573	8	6.460	9	6.259	10	6.219	9	6.214	9	5.921	11
甘肃	3.298	30	3.251	29	3.268	27	2.980	28	3.294	25	3.751	23
广东	12.323	1	13.250	1	13.108	1	13.227	1	13.450	1	12.970	1
广西	4.678	20	3.925	22	3.864	23	3.597	23	3.408	24	2.168	29
贵州	3.574	26	3.749	24	3.784	24	3.957	21	4.125	22	4.292	20
海南	3.624	25	3.076	30	3.288	26	2.837	29	2.486	30	3.094	26
河北	6.077	10	6.097	10	6.465	9	5.972	10	6.183	10	5.523	16
河南	6.483	9	6.615	8	6.919	8	6.633	8	6.670	8	7.020	8
黑龙江	4.015	22	3.825	23	3.902	22	3.369	25	2.927	28	1.074	31
湖北	5.471	18	5.146	17	5.186	17	5.497	14	5.299	15	5.666	14

续表

年份	2013		2014		2015		2016		2017		2018	
省份	得分	排名	得分	排名	得分	排名	得分	排名	得分	排名	得分	排名
湖南	5.944	11	5.410	14	5.705	13	5.702	13	5.605	13	5.646	15
内蒙古	5.513	17	5.226	16	5.230	16	4.814	18	4.631	20	4.562	19
吉林	3.754	24	4.178	21	3.695	25	3.130	26	3.094	26	2.517	28
江苏	12.304	2	12.144	2	12.613	2	13.185	2	12.735	2	10.434	2
江西	4.650	21	4.248	20	4.579	20	4.803	19	4.823	19	5.705	12
辽宁	5.870	12	5.644	12	5.358	15	5.359	15	4.935	18	3.715	24
宁夏	3.845	23	3.632	26	4.119	21	3.781	22	4.577	21	4.576	18
青海	3.470	28	3.312	28	3.174	29	2.751	30	2.582	29	2.537	27
山东	10.240	3	10.057	3	10.552	3	10.773	3	10.417	3	8.718	4
山西	5.660	14	4.901	19	4.713	19	4.689	20	5.127	16	6.074	10
陕西	5.537	16	5.650	11	5.832	12	5.006	17	5.114	17	4.107	21
上海	8.593	5	8.023	7	8.441	6	8.967	5	8.761	6	7.918	6
四川	4.98	19	5.329	15	5.186	18	5.336	16	5.532	14	5.689	13
新疆	3.537	27	3.716	25	3.197	28	3.003	27	2.967	27	3.888	22
天津	7.986	7	8.204	6	8.420	7	7.132	7	6.763	7	4.944	17
西藏	2.360	31	1.701	31	1.985	31	1.606	31	1.597	31	1.984	30
云南	3.366	29	3.331	27	3.163	30	3.504	24	3.423	23	3.549	25
浙江	9.496	4	9.280	4	9.951	4	9.691	4	9.395	4	8.206	5

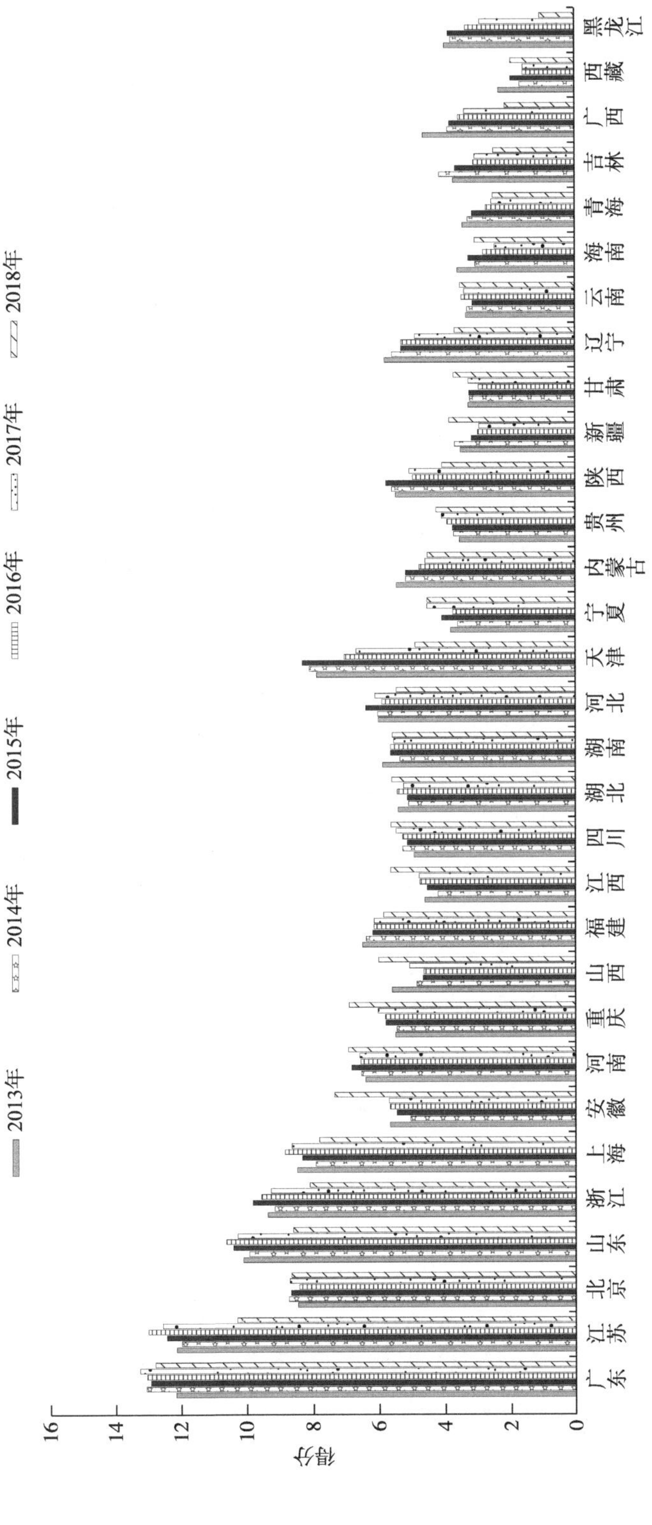

"互联网+"背景下制造企业供给侧结构性改革的补短板路径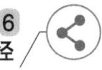

图 6.5 2013—2018 年 31 个省份的制造企业绿色竞争力得分变化趋势

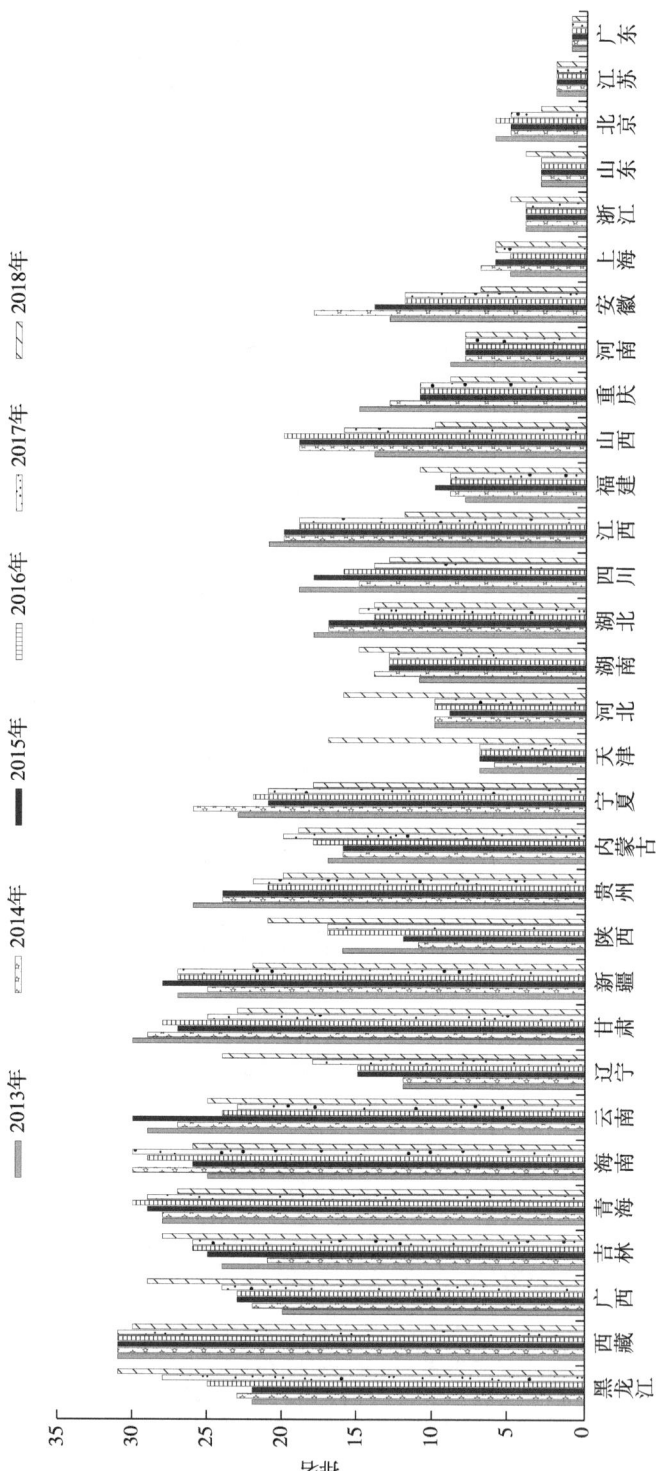

图 6.6 2013—2018 年 31 个省份的制造企业绿色竞争力排名变化趋势

从表 6.8、图 6.5 和图 6.6 可以看出，2013—2018 年，江苏、上海、北京、浙江、广东等经济发达地区在绿色竞争力排名中位居前列。这些地区高新技术产业发展最快。高技术产业中，高新技术新产品人均销售收入和制造企业人均附加值较高。在互联网的发展中，它们也排在相对较高的位置。这主要源于电子商务的迅速发展。2013—2018 年，江苏绿色竞争力排在第 2 位，逐步取代直辖市，迅速成为绿色竞争力强的地区。江苏虽不是一线发达省份，但该地区工业废物利用率很高、绿色制造能力强、区域制造企业绿色发展程度极高。

江西是中国东南部的一个代表性省份。区域制造业绿色竞争力从 2013 年的第 21 位上升到 2018 年的第 12 位。这得益于江西大力发展高新技术产业，并且其高新技术产业增加值高。值得注意的是，江西的互联网普及率和电子商务发展指数都接近较发达地区，环境保护支出在财政支出中占比大。在环境保护方面的大量投资，使甘肃拥有了强大的绿色制造能力。但人均科技投入过少，区域制造业研发人才数量低于发达省份，因此，甘肃绿色创新的驱动力仍然不足。

综合表 6.8 来看，江西和甘肃表现出相对较快的增长速度。从 2013 年到 2018 年，它们分别上升了 9 位和 7 位，而天津、黑龙江和广西分别下降了 10 位、9 位和 9 位。海南、西藏和青海发展缓慢。虽然它们的区域制造企业二氧化硫和污水排放水平都低，但由于互联网的低速发展，使得它们的绿色创新能力和绿色制造能力排名靠后。区域制造业市场较小，绿色市场竞争力较弱，导致它们的绿色竞争力同样排名也靠后。总体而言，虽然中国各地区制造企业的绿色竞争力都有所改善，但情况参差不齐，绿色发展整体水平不高，需要进一步提高绿色竞争力水平。

在当前制造企业面临环境和竞争压力的双重背景下，本书引入互联网应用和电子商务发展水平指标，构建了科学评价的体系综合评价各省级区域制造业绿色竞争力程度。用熵权灰色关联分析每个指标后，发现评价指标之间的熵权灰色关联度高，各指标之间具有很高的关联度。结果表明，引入的新评价指标是合理的。

利用新的评价指标体系计算出 2013—2018 年我国省级区域制造企业绿色竞争力排名，根据该时间段的熵值，中国省级制造企业的绿色竞争力持续提高，但整体综合得分较低，区域发展差异较大。北京、上海、江苏、浙江广东等经济发达地区在绿色竞争力排名中居前。西北和西南两地制造企业较少，二氧化硫和污水排放较少，但它们的排名却没有预期中的高，通过数据分析找到了其中原因。这些地区的高新技术产业相对欠发达，高新技术产品的人均销售额低于具有较高竞争力的顶级地区、B2B交易量数量比顶级地区更有限，这些因素都是造成西北、西南两地制造企业绿色竞争力偏低的主要原因。而位于中国东南的江西和西北的甘肃，高新技术产业发展良好、电子商务发展指数较高、环境保护投资水平较高，使得这两省份排名逐年上升。以上结果说明，绿色竞争力中低污染低排放并不代表先进，而在市场中确实能够占据高份额，又能获得高的先进性收益，并且降低单位排放、减少污染才是真的绿色竞争力。从这个视角更证明了引入互联网应用水平和电子商务指数等指标的迫切性、重要性、可行性和合理性，以及新评价指标体系的合理性。也说明绿色市场竞争力、绿色制造能力和绿色创新能力作为区域制造企业绿色竞争力的一级评价指标的合理性和实用性。

（3）绿色竞争力空间集聚效应分析

基于 GeoDa 软件平台并利用 Moran I 指数对 2013—2018 年我国 31 省份制造企业绿色竞争力熵权值进行分析，得到历年全局莫兰指数（图 6.7）。

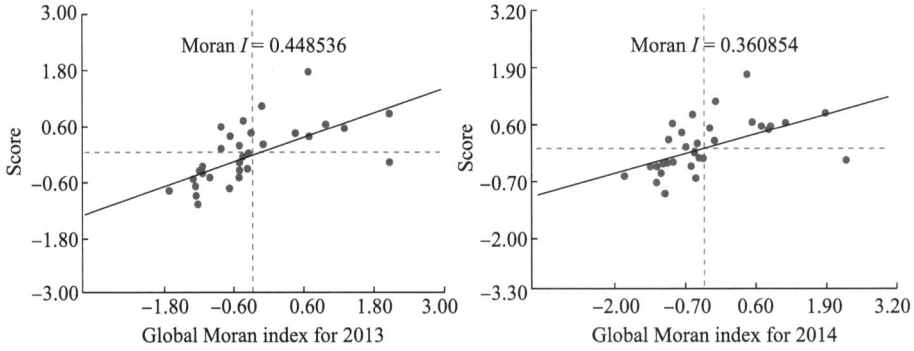

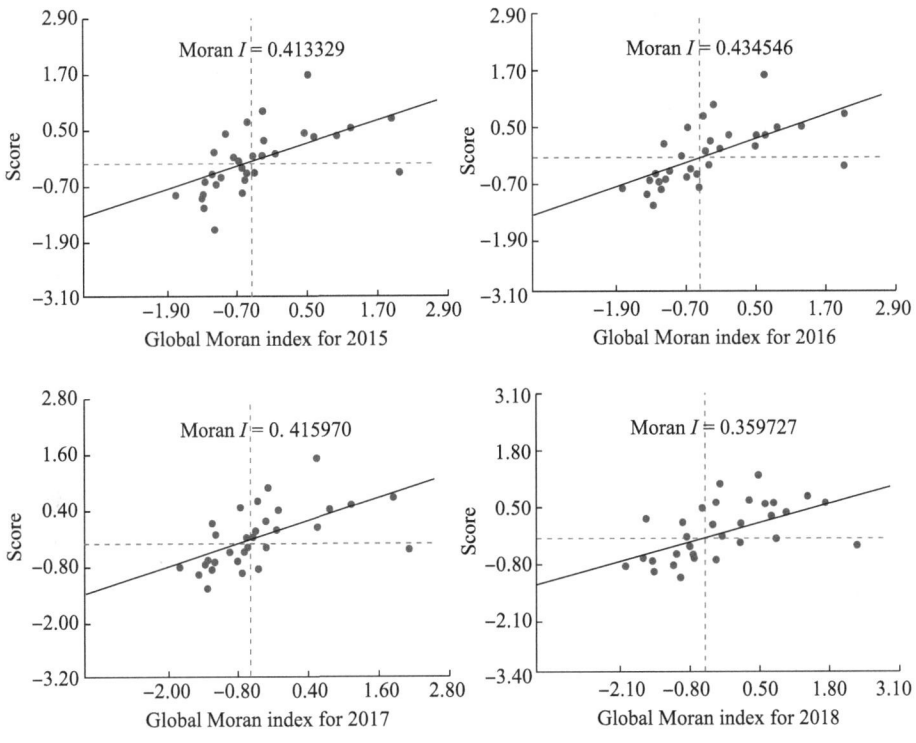

图 6.7 2013—2018 年我国制造企业全局空间莫兰指数

全局空间莫兰指数反映的是空间集聚态势，从分析结果可知，2013—2018 年的全局空间莫兰指数均为正值，莫兰指数的数值范围为 0.359 ~ 0.448，表明全国各区域的制造企业绿色竞争力在空间上呈正相关，存在集聚效应；从时间上来看，2013—2018 年的莫兰指数先增加后降低，说明在空间上全国各区域的制造企业绿色竞争力的空间集聚效益先加强后减弱；各年份中第一、第三象限的省份数量变化不大，各年份省级制造企业绿色竞争力有着明显且稳定的空间效应。

从结果上看，2013 年的局部空间效应表现为西部地区呈现明显的"低-低"集聚，主要分布在西藏、新疆、甘肃、青海、四川、云南、宁夏；东部沿海地区呈现明显的高-高集聚，主要分布在福建、浙江、上海、江苏；安徽呈现"低-高"集聚。2014 年与 2013 年相比，缺少了浙江的"高-高"集聚。2015 年与 2014 年相比，增加了内蒙古的"低-低"集聚。2016 年在 2015 年基础上增加了浙江的"高-高"集聚；2017 年没有变动。2018 年变动较大，"低-低"集聚主要分布在新疆、西藏、青海、云南、内蒙古、吉林；

"高-高"集聚分布在山东、江苏、上海、浙江、福建、江西、安徽;"高-高"集聚与"低-低"集聚分异明显,四川为"高-低"集聚。

综合来看,我国制造企业绿色竞争力整体上呈现显著的集聚效应,具体来看,西部欠发达地区的制造企业绿色竞争力存在"低-低"集聚,西藏、新疆、青海、云南、宁夏一直处于"低-低"集聚,而上海、福建、浙江一直处于"高-高"集聚。中国区域制造业绿色竞争力的发展在这些地区较为稳定。

6.2.6 "互联网+"背景下补绿色竞争力短板举措

(1) 研究结论

通过纳入绿色市场竞争力、绿色制造能力和绿色创新能力3个一级指标,构建了区域制造企业绿色竞争力评价指标体系,选取2013—2018年中国31个省份制造企业为样本,采用熵权灰色关联分析法测算区域制造企业绿色竞争力并进行评价。本书研究的主要贡献是将互联网应用指标和电子商务发展指标引入区域制造企业绿色竞争力评价体系,通过实证分析,证明了新评价指标的合理性和实用性,并且做出了不同理论贡献:熵权灰色关联分析法,将互联网应用指标和电子商务发展指标结合起来进行绿色竞争力评价,能满足新时代制造企业竞争力评价需要。经济发达地区(北京、广东、江苏、山东、上海和浙江)往往在绿色竞争力排名中居前。甘肃高新技术产业发展良好,电子商务发展指数高,环保投入水平高,绿色竞争力排名上升很快。综合6年动态对比,增长最快的是江西和甘肃,而天津、黑龙江和广西排名呈下降趋势。

研究结论对绿色制造理论和企业绿色竞争力理论有一定的指导性。迄今为止,没有研究将"互联网+"和电子商务等评价指标引入绿色竞争力评价指标体系,也缺乏省级地理区域上的相关性分析。所建立的评价指标间具有较高的相关性,特别是,互联网普及率和电子商务发展指数位居相关性前列,证明了它们对制造企业绿色竞争力有重要的影响,并为制造企业绿色竞争力的驱动因素和培育模式相关研究提供了有用的见解。

研究还发现了工业互联网的应用和扩散是制造企业绿色竞争力的新来源,这将激发供应链管理和生产模式创新的新潮流,也为制造企业弥补绿色竞争力短板提供新的应用场景。相关结果也证实,与能源消耗和研发能力相关的指标在关联度方面也排名靠前，环境管制和区域绿色创新是制造企业绿色竞争力的两个重要驱动力。研究发现区域制造企业的绿色竞争力有集聚现象，将有助于在国家环境规制下，利用集聚效应和区域均衡举措，规划和提升制造企业绿色竞争力，来实现不同区域内不同省份制造企业绿色竞争力的提升。相关研究结论也为制造企业绿色竞争力的发展模式、路径、解决方案和政策提供了新的启示，不仅对区域内制造企业有理论指导意义，而且对其他行业的绿色竞争力提升也有推广价值。

（2）"互联网+"背景下，补绿色竞争力短板举措

研究发现中国制造企业绿色竞争力存在明显的省级层面空间集聚效应，也证明了我国制造企业绿色竞争力提升存在均衡难题，也为制造企业补绿色竞争力短板找到了新途径，即在内循环背景下省级区域间有共同补充绿色竞争力短板操作的可能性，在国内国际双循环、"一带一路"倡议背景下，不同地域的省份间用合力提升绿色竞争力短板，从而增强局部区域制造企业国际竞争力的途径，且这种途径比单个省份或单个制造企业的提升形式既可行又高效。

第一，制造企业应充分认识"互联网+"作为绿色竞争力评价指标和实现途径的重要作用，切实转变生产销售组织方式，实施网络技术背景下的绿色供应链管理策略，用网络、技术、算法、数据等新生产要素，降低消耗和排放，补绿色竞争力新技术背景下发展模式短板。

第二，充分应用区域制造企业间绿色竞争力的集聚效应，在局部区域内形成有特色的绿色竞争力提升机制，在全国绿色竞争力发展格局中找准本区域制造企业绿色竞争力的特色定位，充分利用地理区位优势提高制造企业绿色竞争力水平。例如，在环境控制严格区域，制造企业发展面临诸多控制，可以充分利用地理区位形成的政策优势和市场交易便利优势，只做供应链前端设计或做供应链后端销售，增加工业互联网应用范围，弥补制造企业间绿色竞争力低端重叠恶性竞争的短板。

第三，制造企业切实要提高环保制造能力，减少污染和排放，提高绿色制造能力，这是补充制造企业绿色竞争力短板的第一步，也是关键一步。因此，有必要避免区域制造业生产过程能源持续过度消耗的趋势，加大对制造企业内部技术革新和技术创新的投入，提高区域制造业的绿色生产能力，补制造企业绿色竞争力的基础短板。

第四，制造企业也应改变绿色竞争力即为"降污减排"的单一观念，充分认识到制造企业竞争力的不同特点，其绿色竞争力仍然是以市场成交量和先进性收益为检验标准的，即绿色市场竞争力为主要检验标准，制造企业充分降低单位产值能耗和排放，只是补充了绿色制造能力短板，并未补充实现绿色市场竞争力和绿色产品创新力两个短板，这也就是很多平均排放很低的省份，绿色竞争力却也很低的原因，补制造企业绿色竞争力的观念短板。

第五，制造企业应利用互联网产业的发展，提高自身绿色创新能力，增强绿色市场竞争力。要尽力发挥行业集聚效应，突破工业软件、工控安全等工业互联网领域没有核心技术、核心产品的瓶颈，推动制造企业"高附加值""高技术""智能""绿色"发展，让制造企业更加绿色、更具竞争力。为提升区域制造业的绿色竞争力集聚，发展理念需要围绕"互联网+制造"来创新，结合绿色需求提升绿色创新能力，补制造企业绿色竞争力的核心短板。

第六，制造企业应通过共享工厂和新型制造生态系统，促进区域制造业的绿色竞争力均衡发展。技术共享和价值共享的新型绿色制造生态有助于跨区域制造构建更协调、更高效、更有特色的绿色竞争力，补全国制造企业绿色竞争力不均衡的短板。

本书研究通过理论分析和未来趋势预测方法，得出了制造企业绿色竞争力存在短板的结论，缺乏实证研究支持，未来相关研究可以将我国制造企业绿色竞争力与其他国家制造企业绿色竞争力进行比较，从而分析我国制造企业绿色竞争力是否存在短板，存在哪些短板，将会有更大理论贡献实际意义。本书研究使用的是2013—2018年官方统计的省级数据，也带来两个局限性：首先，绿色竞争力的评估指标相对从公司收集的数据来说不太直接；其次，绿色竞争力的培养需要较长的时间，区域聚集效应也需要一定的时间才能显现。因此，只有6年的数据可能导致在观察和测量绿色竞争的特定方面时存在时间上的不足。2013—2018年，互联网与制造业的融合才刚刚开始。工业互联网在中国也处于早期阶段，它们对绿色生产和绿色竞争力的影响还不完全明显，这可能会对互联网应用和其他指标造成不确定性。因此，未来的研究应该基于企业经营和绩效来构建新的评价指标体系，基于本书研究的结果，研究者还可以继续探索省级区域间制造企业绿色竞争力均衡发展的模式、路径和更有效的政策，或在互联网与制造业融合发展趋势下，研究制造企业个体层面上的绿色竞争力短板问题。

7 "互联网+"背景下制造企业供给侧结构性改革的价值共创路径

前文证明了价值共创是制造企业"互联网+"背景下实现供需匹配的关键路径。本章将研究制造企业价值共创水平的判断标准，在判断制造企业价值共创水平的基础上，为不同阶段制造企业的价值共创水平提升指明实施路径。

7.1 价值网络视角下的价值共创

"互联网+"的发展进一步推动了互联网由"消费互联网"向"产业互联网"、"生态互联网"和"价值互联网"的跃升，"互联网+"逐步成为一种思维方式和价值传递方式，重构了新的生产力要素和网络时代的新型生产关系[299]。利用"互联网+"将企业及其合作方之间复杂的相互作用及资源加以整合利用形成价值网络。价值网络由多方行动主体、资源及活动构成，行动主体主要包括其他利益相关者、专业服务提供商及客户。基于网络视角对价值创造进行探究，打破了传统价值链创造价值的固有思维，即认为企业间的线性关系是资源和价值流向的传递基础，使得对价值创造的研究向网络化发展。以价值网络视角研究价值共创问题改变了基于价值链的传统价值创造的单一思考方式，重视主体间的互动和资源整合，拓宽问题研究的视角，揭示价值共创的本源[300]。冯长利以网络化视角探索了不同行动主体之间进行价值共创的方式，认为价值共创的源泉是主体间的互动活动和资源整合[301]。大多数学者针对企业价值网络的研究，包括构建不同服务化阶段的价值网络类型[300]、分析通过价值网络进行价值创造的机制[302]、从多维度阐述价值网络的特征（网络密度、网络大小等）[303]和基于不同价值网络的商业模式创新等[304]。制造企业的身份在网络中转变为制造服务集成商，专业服务提供商和其他利益相关者统称为网络主体,制造企业通过与各网络主体(包括客户)进行互动实现价值共创[102, 301-302]。制造企业服务化价值网络模型如图7.1所示。

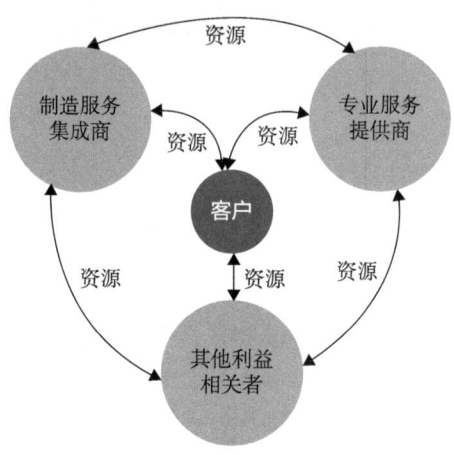

图 7.1　制造企业服务化价值网络模型

由图可以看出,价值共创网络是服务化的网络,将价值网络应用于服务化研究领域,分析企业及其合作方如何利用价值网络实现价值共创,从而推进制造服务化,打开了制造企业服务化价值共创过程的黑箱[302]。价值共创网络更是企业与各网络主体间的资源整合网络,强调各网络主体资源有效流动与整合,进行价值共创而非企业自身单独创造[305]。

Lavie认为价值共创机制是为系统内所有合作伙伴创造分享利润的过程[306],价值网络也是价值分享的网络,因为网络以客户为中心,价值分配自然以客户为中心,因此价值网络是由客户提出需求,整个价值网络为客户创造价值,并与客户进行价值分享的网络。因此,基于价值网络的价值共创是供需匹配的前置。

7.2　"互联网+"背景下价值共创水平测量

首先研究确认价值共创水平的测量维度与指标,通过测算确定价值共创水平所处阶段。

7.2.1 价值共创水平测量维度

(1) 服务化程度

价值共创是制造企业进行供给侧结构性改革的前提条件,而企业要想进行价值共创首先需要通过实施服务化战略来促进消费需求;其次在开展服务化战略的过程中,企业根据其所处服务化阶段与各主体进行不同程度的互动,为客户提供多样化服务,所有参与方将会获得规模经济效益,从而实现价值共创[102]。令狐克睿等提出制造业服务化过程中价值创造方式由传统的"企业—客户"和"企业—利益相关者"二元关系转向包含更多价值创造主体的生态系统[307]。赵艳萍等以服务衍生视角探究制造企业实现价值创造的机制,归纳出基础性服务衍生价值创造和提升性服务衍生价值创造[308]。丁兆国等在整理国内外文献的基础上通过对服务型制造的价值演变过程的归纳,总结出服务化过程中制造业的4种价值创造模式[309]。不同服务化程度将导致企业创造的服务价值不尽相同,价值共创方式也存在较大差异,由此可以看出,服务化程度是制造企业进行价值共创水平测量的关键维度。

(2) 资源整合程度

资源更是制造企业在深化供给侧结构性改革中去产能和去库存进而创造价值的重要因素,是制造企业进行服务化深入的重要源泉[309],是服务化制造企业实现价值共创的重要前提[310],资源的有效利用更是实现更高契合程度供需匹配的必经过程。价值共创实质上是社会技术能力主体多方参与,对产品服务系统提供资源性支持的结果。企业提供产品服务系统的目的在于提高服务质量从而提升客户的服务体验,这对当前企业资源需求和能力要求是一种挑战,因此企业间资源的整合和优势的互补是价值创造的重要途径[311]。Potts J指出价值共创的关键是网络主体间的互动,而互动活动主要表现为整合资源[312]。Windal C提出被主体控制的资源只有通过整合才能创造价值进而使各主体实现价值共创[313]。由此可以看出,主体间的互动及吸收和整合企业网络资源的程度是伴随服务化深入企业基于价值网络实现价值共创的重要影响因素,实际上主体间的互动就是为了识别资源、整合资源、实现资源共享和资源对接。企业需要通过价值网络的外部效应,使各行动主体通过拥有不同资源的互补来共同创造价值,对价值共创的探讨应当由企业层面的资源视角转向网络层面的资源视角[302]，因此，资源整合程度是价值共创水平测量的另一重要维度。

（3）价值共创水平测量及其提升路径

随着制造企业服务不断升级，其所提供的服务从基础性附加服务逐渐转变为以"产品+服务"为中心的综合解决方案，在这个转变过程中对企业资源的要求越来越高，网络中主体间的合作和互动是获取价值创造所需相关资源的重要途径之一，企业能够在主体间交互、整合和应用资源的过程中实现价值共创[312, 314]。价值共创实现的前提是进行服务化转型，而转型实现的基础是主体间的互动活动。互动的本质主要聚焦于对互补性资源的整合，因此互补性资源在服务化各阶段的利用和整合程度是制造企业在服务化转型时能否顺利进行价值共创实现供需匹配的关键。基于这两个维度，划分出制造企业4种价值共创水平阶段及其提升路径，具体如图7.2所示。

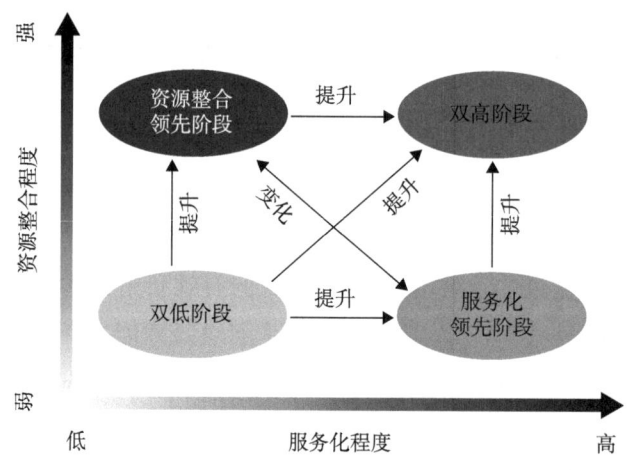

图 7.2　制造企业价值共创水平阶段及其提升路径

7.2.2　双低阶段

如图7.2所示，双低阶段位于坐标系的左下角，服务化程度和资源整合程度均处于较低水平。企业提供以产品为中心的相关基础性延伸服务，如提供基础物流、安装、维修、培训等与出售产品相关的配套服务，同时主要以利用企业内部资源为主开展相关服务，以增加服务价值来实现价值创造。该阶段是以向客户提供有形产品为主，附加服务为辅，通过交换产品和相关服务实现与客户的价值共创。企业在价值共创过程中居于主导地位，客户属于被动接受方，价值经过价值链单一流向客户，创造的价值为交换价值。此时企业与各网络主体基本没有互动活动，互补性资源整合程度最低，价值共创范围最小。

该阶段的制造企业处于价值共创的初级阶段，服务经验不足，服务创新能力较低，服务类型基本属于售后服务，价值创新效率低。与各网络主体之间几乎不对话，企业透明度极低，无法弥补自身缺陷，导致与各主体间的合作绩效水平也较低。且外部价值网络尚未形成，缺乏能够利用的外部网络资源，主要利用企业内部的自有资源提供商品基础性延伸服务。企业将其仅有的资源以满足客户显性需求为出发点用于核心产品研发的技术创新，更关注于高质量、稳定性好的产品制造，企业风险大多独自承担，与各网络主体的供需关系仍处于"供应管理"阶段。

7.2.3　服务化领先阶段

如图 7.2 所示，服务化领先阶段位于坐标系的右下角，即企业服务化程度较高，但资源整合程度较弱。企业在提供商品附加服务的基础上，沿着价值网络将服务类型扩大延伸至售前、售中和售后，如提供研发设计、保养、使用说明等延伸性服务。或直接满足客户需求提供商品的功能服务而不直接提供商品，如直接提供共享、租赁等功能性服务，同时伴随服务化程度的深化，企业也更加关注与各网络主体的服务合作，参与到价值网络中的主体逐渐增多，主体间互动频率呈现增长趋势，各网络主体之间定制化服务、产品较多，服务技术和概念不断更新，创造的价值主要体现为使用价值沿着价值网络进行传递。

该阶段适用于由提供产品相关基础性延伸服务转变为提供服务一体化解决方案的制造企业。采用该阶段价值共创的制造企业具有一定的服务经验，服务创新能力强，外部价值网络初步形成。企业的价值理念由以生产产品为中心转移为以提供服务为中心，在该阶段企业会根据自身的条件和特点及价值网络主体的特点选择发展不同的特色服务，其提供的服务包中融合了各方的服务元素，多元化的服务类型产生了异质化的服务效果。但随着价值网络服务主体的增加，由于企业自身内部资源有限，仅仅依靠自身无法提供满足主体需求的多元化服务类型资源。

由于服务化程度的加深及广度的扩大，处于服务化领先阶段的制造企业相较于双低阶段，供需匹配程度进一步加强，构建的竞争优势壁垒相对提高，企业间提供的服务开始呈现异质化，从而使客户的忠诚度增强，使得价值网络的价值创造波动较小，相关服务价值的增加值有所提高，逐渐成为企业价值的主要来源，能为制造企业经济收入提供持续稳定的价值来源。该阶段其综合解决方案中包括的研发产品、设计制造及售后等服务都是由制造企业自己或通过购买提供的，服务化程度较高，但由于企业整合外部网络资源较少，导致其向客户提供一体化解决方案时需要投入大量的资金和资源，带来较高的市场波动风险、财务和运营风险。

7.2.4 资源整合领先阶段

如图 7.2 所示，资源整合领先阶段位于坐标系的左上角，即企业资源整合程度较强，但服务化程度较低，企业将各网络主体融合成为一个集成系统，共同参与研究设计、咨询、培训、提供融资平台、推广等全方位整体活动，对外部资源高度整合以提供综合解决方案。资源整合程度较高，参与到价值网络中共同创造价值的主体较多，主体间互动频率较高，企业与各网络主体的对话渠道畅通，与各网络主体之间做到了透明化，各方间的信任度极高，有共同承担风险的意愿，且有合作。基于此，各网络主体间弹性交易增多，交易时间缩短，供需数量达到动态平衡，各方的需求得到满足，交易体验逐步提高，价值沿着价值网络主要由企业向客户进行传递，同时流向其他网络主体。

该阶段的制造企业处于资源整合高级阶段，多方合作经验丰富，创新能力较强，拥有能够利用的外部网络资源。在企业运营过程中，通过吸收合并、签约战略伙伴等方式不断扩大企业所控制的内外部资源，利用高度整合的资源提高企业竞争力从而实现价值共创。但处在该阶段的制造企业以满足客户基础需求为出发点，服务化程度不高，缺乏竞争优势，高附加值服务较少，网络成员间价值分配处于低收益水平，容易陷入低端制造锁定阶段。

7.2.5 双高阶段

如图 7.2 所示，双高阶段位于坐标系的右上角，即企业服务化程度较高，且企业互补性资源整合程度较强，企业在提高服务化的过程中，是通过与网络主体间频繁互动以充分整合网络资源来实现多方价值共创的。该阶段的价值网络呈开放式状态，主体间互动频率及互补性资源整合程度达到最高，企业的价值创新效率极高，价值共创范围最大。

处于该阶段的制造企业在为客户提供产品与服务一体化解决方案的过程中，主要利用企业外部网络资源，与各网络主体共同承担风险，企业不需要投入大量的资金和资源，通过与网络主体更深层次的有效对话，对价值网络中互补性资源进行高度整合，以满足提供整体服务化解决方案的资源需要。从资源整合视角出发，企业在提供一体化解决方案的过程中，价值网络作为价值共创的载体，网络中的资源及能力是价值共创的本源，企业利用网络关系与价值主体协作共同完成一体化解决方案的提供和交付，高质量的一体化服务需要相应的资源和能力支撑，因此各网络主体间只有高度信任，才有助于合作绩效水平的提高，实现供需交易的低成本高价值。

制造企业与各网络主体进行深层次的互动，能够获取更高的持续性收益，增强企业的服务创新能力，为客户提供更好的服务体验。通过对互补性资源的高度整合，缓解了企业资金能力和资源多样性的压力，使企业能够将资金和资源分配到其他领域进行多元化发展，在保障稳定收益的基础上大幅降低了企业的财务风险和运营风险。例如，华为在提供一体化解决方案时，充分利用和整合价值网络中主体所拥有的互补性资源，包括软硬件服务企业、咨询公司等网络主体拥有的操作性资源及电信运营商拥有的大量客户资源。例如，华为通过合作方式，利用 3Com 公司的相关资源致力于企业网络数据研究；与赛门铁克共同开发关于存储和安全保护等产品解决方案；与电信、移动等国内运营商达成战略协议，在整合普通客户资源的同时与运营商协作专注于通信方面整体解决方案的开拓。该阶段的不足之处是由于企业对互补性资源整合程度达到最高，各个主体间的沟通合作成本也会相应地大幅增长，企业应当在整合网络资源和利用内部资源之间找到一个平衡点使其利润最大，从而实现价值共创。

7.3 制造企业价值共创水平实证分析

鉴于服务化程度和互补性资源整合程度是影响服务化过程中价值共创的关键因素,将选用服务化程度和互补性资源整合程度作为两个重要维度来划分制造企业服务化价值共创的水平阶段。

7.3.1 服务化程度的测量

本部分主要研究当前制造企业服务化程度测量指标,采用七级量表制量化指标。在问卷中所涉及的指标是根据 Hibbert 等、吴欣、付建、McEvily 等学者的研究[314-317],结合中国制造企业的实际情况,从制造业的服务投入和服务产出两个方面设计题项来全面测量企业的服务化程度,具体如表 7.1 所示。

表 7.1 服务化程度测量指标

序号	测量指标	序号	测量指标
1	有完善的协作研发服务活动方案	5	不断寻找和开发更高效的服务活动
2	有交流需求特征和偏好信息的平台	6	设立了专业的服务业务部门
3	有运输仓储服务体系	7	供应链响应时间明显缩短
4	有产品远程诊断及维护指导体系	8	服务业务绩效在总绩效中所占比重较高

7.3.2 互补性资源整合程度的测量

本书的资源整合是在价值网络视角下,认为互补性资源是价值共创网络中价值共创主体互相提供关键性资源的匹配程度,这种匹配的有效利用会缓解彼此资源组合时的矛盾。关于互补性资源整合程度的测量量表主要参考司岩、徐浩等、徐二明等的研究[318-320],并结合国内制造企业互补性资源的实际情况,归纳出表 7.2 中 8 个题项作为调研问卷中互补性资源测量指标进行测量。

表 7.2　互补性资源测量指标

序号	测量指标	序号	测量指标
1	网络主体间可互相弥补资源缺口	5	有根据发展需要整合资源的方案
2	定期或不定期的技术及相关人员交流会议	6	有应对外部变革的资源整合应急方案
3	建立了关于关键技术突破的协商解决机制	7	资源配置合理度明显提高
4	建立了技术和信息交流的共享平台	8	创新目标实现度明显提高

7.3.3　测量方法

（1）粗糙集理论及应用

粗糙集理论作为一种数据分析处理理论，在 1982 年由波兰科学家 Z.Pawlak 创立，是继概率论、模糊集、证据理论之后又一个处理不确定性的数学工具。面对大量的信息及各种不确定因素，要做出科学、合理的决策是非常困难的，决策支持系统是一组协助制定决策的工具。其重要特征就是能够执行 IF-THEN 规则，利用 IF-THEN 规则进行判断分析。粗糙集理论可以在分析以往大量经验数据的基础上找到这些规则，基于粗糙集的决策支持系统弥补常规决策方法的不足，允许决策对象中存在一些不太明确、不太完整的属性，并经过推理得出基本上能肯定的结论。

随着粗糙集的应用越来越广泛，粗糙集工具应用软件也越来越全面，国外主要有 ROSE、LERS、KDD-R、MATLAB 及由波兰华沙大学和挪威科技大学联合开发的通用工具 Rosetta；国内主要有 Knight、KDT、Ridas。经综合考虑，使用 Rosetta 进行服务化程度及互补性资源整合程度的测度。

（2）粗糙集概念

定义 1　决策表 $S=(U, A, V, f)$ 是一个知识表达系统，其中 U 为论域；A 为属性的非空有限集合 $A=C \cup D$，$C \cap D \neq \emptyset$（C 是条件属性集，D 是决策属性集）。S 的区分矩阵 D 是一个 $n \times n$ 的矩阵，其任一元素为 $a^*(x, y)=\{a \in C | f(x, a) \neq f(y, a)$，且 $w(x, y)\}$，对于 $x, y \in U$，$w(x, y)$ 满足 $x \in pos_c(D)$ 且 $y \notin pos_c(D)$，或 $x \notin pos_c(D)$ 且 $y \in pos_c(D)$，或 x,

$y \in pos_c(D)$ 且 $(x, y) \notin \mathrm{Ind}_c(D)$。

定义2 区分函数用 Δ^* 表示，它是一个布尔函数，对知识表达系统中的每一个属性 $a \in A$，指定一个布尔变量 a，若 $a(x, y) = \{a_1, a_2, ..., a_k\} \neq \emptyset$，则指定一个布尔函 $a_1 \vee a_2 \vee ... \vee a_k$ 用 $\Sigma a^*(x, y)$ 来表示；若 $a^*(x, y) = \{a_1, a_2, ..., a_k\} = \emptyset$，则指定布尔函数为1。把区分函数 Δ^* 定义为：

$$\Delta^* = \prod_{(x, y) \in U \times U} \Sigma a^*(x, y)。 \tag{7.1}$$

区分函数 Δ^* 有如下性质：函数 Δ^* 的极小值取范式中的所有合取式是 C 的所有 D 约简。

定义3 属性约简，对于属性集 P，利用区分矩阵和区分函数找出 P 中所有的可省属性。如果 P 中所有属性都是不可省的，则称算法 (P, Q) 是对立的。对于 $R \subseteq P$，当算法 (P, Q) 是对立且相容时，称 (R, Q) 为 (P, Q) 的一个约简。

定义4 规则约简，对于系统中的每一条决策规则，求出决策属性的等价类和每一个属性的等价类，找出满足 $\subseteq$ 关系的最少条件属性集。它就是原规则的一个约简。

定义5 在信息系统 $S = (U, C, D, V, f)$ 中，对 $\forall x \in U$ 和等价关系 R，定义子集关于 X 等价关系 R 的上下近似分别为：

$$\overline{R}(x) = \{x | (\forall x \in U) \wedge ([x]_R \cap X \neq \emptyset)\}$$
$$= U\{Y | (Y \in U)(Y \cap X \neq \emptyset)\}; \tag{7.2}$$

$$\underline{R}(x) = \{x | \forall x \in U \wedge ([x]_R \subseteq X)\}$$
$$= U\{Y | \forall Y \in U/R) \wedge ( )\}。 \tag{7.3}$$

其中，$[x]_R$ 表示所有与 x 在关系 $IND(P)$ 下是等价的元素构成的集合。集合 $bn_R = \overline{R}(x) - \underline{R}(x)$ 叫作 x 的 R 边界域，$pos_R(x) = \underline{R}(x)$ 叫作 x 的 R 正域；$neg_R(x) = U - \overline{R}(x)$ 叫作 x 的 R 负域。

（3）粗糙集的分析过程

粗糙集作为一种有效的数据分析方法，能够对不确定性的评估数据进行处理，从大量的不确定信息中挖掘出潜在有价值的评估信息。本书主要应用粗糙集属性约简和重要性评判的方法对价值共创水平的两个重要维度进行测量。

粗糙集的分析过程可以分为以下 4 个步骤，如图 7.3 所示。

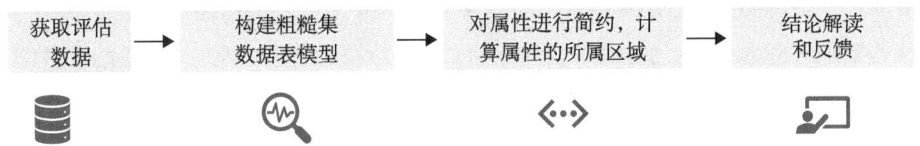

图 7.3　粗糙集的分析过程

7.3.4　价值共创水平评价结果

在机器学习建立规则阶段，依据服务化程度和资源整合程度的测量指标，设计七级量表，制得调研问卷。为了保证研究结果普遍适用于各制造企业，综合选择了西安西拓电气股份有限公司、佛山市海天调味食品股份有限公司、宇通客车股份有限公司等 10 家上市制造企业，以及陕西钢铁集团有限公司、泰安金实机械加工厂、西安百跃羊乳集团有限公司等 10 家非上市制造企业的有效问卷，数据已与样本企业和有关专家反复沟通，目的是确保数据的有效性后将数据用于规则建立。

将调研数据导入粗糙集分析软件 Rosetta 中，利用遗传算法进行约简分类，在分类阶段，由于信息系统中的属性并不是同等重要的，甚至存在一些冗余知识，为了保障测评体系的精简，需对初始测评体系做属性约简。Rosetta 软件常用的约简算法有 Johnson 算法和遗传算法。由于知识库中的属性约简并不唯一，又因样本量较大、测评指标问题较多，遗传算法更适合。条件属性数量较多，因此选用启发式遗传算法做属性约简，该方法具有全局优化和隐含并行的优点，使用遗传算法进行属性约简可以减少计算的复杂性。且根据以往学者的经验总结将容错率设置为 0.2，生成规则。

规则生成后，另选择 20 个制造企业问卷数据作为验证样本，利用软件计算这些制造所属价值共创水平，以验证规则的有效性和稳健性。Rosetta 软件根据生成的规则对所导入的属性列数据进行判定，得到样本企业服务化程度和资源整合程度分类结果，分别如表 7.3 和表 7.4 所示。

表 7.3 样本企业服务化程度分类结果

		Predicted		
		0	1	
Actual	0	9	6	0.6
Actual	1	2	3	0.6
		0.818182	0.33333	0.6
ROC	Class		1	
	Area		0.5	
	Std.error		3.402820e+038	
	Thr.（0，1）		3.402820e+038	
	Thr.acc.		0.632	

表 7.4 样本企业资源整合程度分类结果

		Predicted		
		0	1	
Actual	0	12	3	0.8
	1	3	2	0.4
		0.8	0.4	0.7
ROC	Class		1	
	Area		0.5	
	Std.error		3.402820e+038	
	Thr.（0，1）		3.402820e+038	
	Thr.acc.		0.0	

综合各制造企业服务化程度和资源整合程度高低，交叉分析得出验证样本各制造企业价值共创水平评价结果，如表 7.5 所示。

表 7.5 验证样本各制造企业价值共创水平评价结果

序号	企业名称	服务化程度	互补性资源整合程度	价值共创水平
1	上汽通用东岳汽车有限公司	0	0	双低阶段
2	九阳股份有限公司	0	0	双低阶段
3	中兴通讯股份有限公司	1	0	服务化领先阶段
4	四川长虹电器股份有限公司	0	0	双低阶段
5	华帝股份有限公司	1	0	服务化领先阶段
6	TCL 科技集团股份有限公司	0	0	双低阶段

续表

序号	企业名称	服务化程度	互补性资源整合程度	价值共创水平
7	华润双鹤药业股份有限公司	1	0	服务化领先阶段
8	深圳创维-RGB电子有限公司	1	0	服务化领先阶段
9	青岛海尔股份有限公司	1	1	双高阶段
10	珠海格力电器股份有限公司	1	0	服务化领先阶段
11	富士康科技集团	0	0	双低阶段
12	河南四方达超硬材料股份有限公司	0	1	资源整合领先阶段
13	尧柏特种集团水泥集团有限公司	1	0	服务化领先阶段
14	中航西安飞机工业集团股份有限公司	0	0	双低阶段
15	杭州海康威视数字技术股份有限公司	0	0	双低阶段
16	陕西电通机械制造公司	1	1	双高阶段
17	陕晟卓宇供应链管理有限公司	0	0	双低阶段
18	杜尔涂装系统工程（上海）有限公司	0	1	资源整合领先阶段
19	西安兴航航空科技股份有限公司	1	1	双高阶段
20	陕西昱琛航空设备股份有限公司	0	0	双低阶段

根据表7.5绘制验证样本制造企业价值共创水平情况。如图7.4所示，20家制造企业被准确划分为4种水平，且将测量结果与企业自评结果进行对比发现只有个别企业存在误差，将误差结果反馈给在制造企业做深入研究的专家和学者后，均判定经现有规则评价结果更符合企业实际情况。说明根据样本数据应用粗糙集方法生成的规则具有适用性且规则准确性较高，并具有普适性和稳定性。

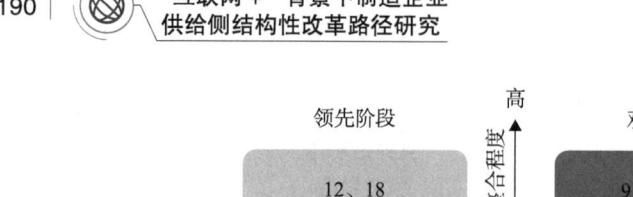

图 7.4　样本各制造企业价值共创水平

（注：图中数字为表 7.5 中样本制造企业对应序号）

7.4 "互联网 +"背景下价值共创升级路径

通过已有规则，制造企业可对价值共创水平进行精确测量，使制造企业在价值共创的过程中可以精确、快速地定位现有阶段，根据企业具体服务化和资源整合阶段，选择升级实施路径，促进企业实现价值共创水平提升，进而实现契合程度更高的供需匹配。

7.4.1　服务化升级路径

服务化升级路径适合双低阶段或资源整合领先阶段的企业。其中，双低阶段的制造企业处于服务化初级阶段，此时制造企业透明度较低，服务创新能力弱，资金和资源都有限，且缺乏能利用的外部网络资源，风险由制造企业独自承担。这类制造企业应重新审视产业链，围绕客户需求进行价值网重构，由传统的产品生产向为客户提供包含服务的整体解决方案转变，并对由此派生的服务延伸价值链进行重塑管理。另外，在以客户需求为中心打通服务产业链过程中，需要增加服务要素投入，加强工业合作研发服务，发展定制化设计服务，进行全生命周期管理，创新配送物流透明化服务，提升节能环保服务等，来鼓励供应商与客户参与价值共创，提升服务升级。

资源整合领先的制造企业，要摆脱服务化发展水平不高及服务低端锁定的局面，还需要提升自身核心竞争力，吸引网络外部资源参与服务化升级。关注各个价值网络主体的价值感知，吸引其主动参与价值网络服务化协作活动，在相互的协作中实现服务供需的高度动态化匹配[321]。对于中小型制造企业而言，可以借助互联网技术搭建服务反馈交流平台，以相对较低的服务成本来收集各方服务反馈意见。而对于实力雄厚的大型制造企业，可以通过为客户提供异质性较高且极具竞争优势的高端定制服务来实现价值增值，在保障核心技术集中化的前提下，制造企业可以将非核心服务业务分散化，发挥价值网络合作企业的优势，实现服务化升级。例如，联合物流企业提供可溯源的物流服务，联合财务企业提供成本收益透明化的数字平台，联合大数据挖掘企业实现消费行为预测和库存远程调用服务等。

制造企业也可借助"互联网+"和数字经济要素的发展，充分降低制造业与各网络主体的交互壁垒，打破传统生产模式的思维惯性，向现代服务经济发展模式转变，尽快更新确立与当今互联网时代相适应的发展理念，提升管理者对新业态与新技术等的认知，用现代技术手段提高其企业服务化转型能力[322]。"将服务融于制造"是制造企业完成从双低阶段或资源整合领先阶段到服务化领先阶段或双高阶段的必由之路。

7.4.2　资源整合升级路径

资源整合升级路径适用于双低阶段或服务化领先阶段的制造企业。处于双低阶段的制造企业在进行资源整合能力提升时，应明确所需整合的资源类型，如客户资源、技术资源和信息资源等，以有限的内部资源撬动外部资源。首先，制造企业应将整合目标放在客户方面，应对客户日益增长的个性化需求建立符合企业实际情况的资源对接或客户服务平台，用于收集和整合各客户资源。其次，服务化程度较高的制造企业，也可在服务化平台或资源对接平台与供应商进行信息共享、物资计划、电子采购、合作研发，生产协同、库存管理等活动，整合供应商资源，同时将客户参与资源与供应商共享，将需求方与供应商的实际情况进行高度匹配，保障供应方与需求方的动态平衡，实现供需匹配。

制造企业进行资源整合的关键资源在于技术资源。制造企业需建立跨企业边界的技术合作机制，保障技术资源的零距离、零时差、零中介沟通，建立相互信任、相互依赖、长期合作和共同发展的战略联盟伙伴关系，降低创新研发风险和创新压力[323]，在自由高效流动、开放、活跃的市场[324]，保障知识、人才、资金等在技术资源整合企业间有效沟通和流动调配。

制造企业在重视有形资源整合的基础上，更应该重视无形资源整合。随着物联网追溯能力、平台能力和计算服务能力的提高[325]，很多企业的生产要素都实现了数字化转型，而这些无形的数字化要素，是制造企业未来资源整合的重点方向，也是制造企业价值共创投入的重要因素。因此，为了整合网络中无形资源需要企业在组织结构和人员素养方面做出特殊规划与建设，要求制造企业激发员工潜能，拓宽组织学习的深度与广度，先由底层技术变革驱动顶层组织架构变革。在制造自身变革的基础上，驱动价值网络成员企业间的数字要素等资源整合，合作企业进行由实体化向数字化的变革，最终形成从点—线—价值网络辐射结构进行制造业数字化转型，实现整个价值网络的无形资源整合程度的提升[326-327]，进而实现制造企业价值共创水平的升级。

7.4.3　服务化和资源整合并重的升级路径

服务化和资源整合并重的升级路径适用于双低阶段的制造企业，也适用于企业资源短缺，虽有一方面领先，但战略重心一旦发生变化，容易顾此失彼的制造企业。服务化领先阶段和资源互补领先阶段均属于另一方面发展落后的欠缺阶段为避免因忽视另一方导致顾此失彼在服务化领先阶段和资源整合领先阶段之间摇摆的局面出现，需要双管齐下的升级路径。

由生产型制造企业转化为服务型制造企业，制造企业与客户的关系、与企业上下游供应商的关系都发生了变化，需要相应地调整、重构自身管理模式、组织结构和业务流程[327]，更好地嵌入在松散耦合的服务型制造网络系统结构中，努力成为网络结构中的核心节点企业，从而整合价值网络中服务和资源。随着"互联网+"和大数据的发展，制造企业的服务化转型要求企业有目的地创建、扩展和修改其当前与制造紧密相关的资源基础[328]，才能将客户融入线上营销和销售过程，将客户融入互联网服务关怀系统。例如，货物的紧急发运就可能要求选择空运服务资源，客户的全球营销就可能要求选择在他国整合仓库网络资源，客户要求生产过程的可见性必然提出选择网络直播等。与各个价值网络主体合作交互也是规避企业服务化转型风险的有效途径[329]，所以，制造企业服务化过程实际上就是优化资源配置的过程。

制造企业需要促进服务化和资源整合相辅相成、协同发展，提升价值共创水平。由于服务化过程中互补性资源是支撑企业进行价值共创的重要因素，即使是资源雄厚的大型制造企业，也需要进行网络资源整合以创造更多的价值。为保障资源的有效交互，企业要通过减少组织结构的层次，拓宽各个部门与外部价值网络连接的渠道，实现各个层级与外部网络主体的互动和信息共享，完善互补资源交互应用机制，将各方信息及资源及时落实到制造规划中，做到对客户和合作方需求的及时响应，调整企业服务化程度，提升资源和服务化匹配程度，实现供需匹配。企业内部也需要管理变革，需要在遵循协同互动规则前提下，进行自学习、自组织、自适应调整，增强企业内部的自组织协同性和交互合作能力，建设"信息管理人才＋资源整合人才＋市场经营人才"的服务型制造人才发展体系，依托政府重点人才工程，加大服务型制造领域人才培养力度[322]，实现服务化与资源整合协同发展，为供需匹配提供更深层次的源动力。

8 制造企业供给侧结构性改革的政策优化及策略建议

第7章研究了制造企业供给侧结构性改革的实施路径,提供了理论依据和具体实施举措。接下来,基于前文理论分析和实证分析结果,综合考量制造企业改革关键路径需要,从政府视角研究提出深化制造企业供给侧结构性改革的政策建议,从企业视角提出深化制造企业供给侧结构性改革的策略建议。

8.1 政府优化制造企业供给侧结构性改革的政策建议

8.1.1 强化供给侧结构性改革政策战略指导地位

在《中华人民共和国国民经济和社会发展第十四个五年规划和2035年远景目标纲要》的指导思想和战略导向部分,分别有"以深化供给侧结构性改革为主线"和"必须坚持深化供给侧结构性改革,以创新驱动、高质量供给引领和创造新需求,提升供给体系的韧性和对国内需求的适配性"的描述。因此,在制造企业供给侧结构性改革政策体系中,必须进一步强化和突显供给侧结构性改革思想的战略指导地位,并加强政府管理创新为供给侧结构性改革创造有利条件。

(1)加大供给侧结构性改革的理论研究和宣传力度

加大供给侧结构性改革相关研究支持力度,对供给侧结构性改革与制造企业原有企业改革进行理论分析和解读,将供给侧结构性改革内涵和外延进行扩充,将其作为制造企业改革的总体策略,统领制造企业原有改革策略,降低制造企业对新改革的不适和抵触，提升制造企业的紧迫感和参与度，清扫改革在制造企业管理者内心的理念障碍，从制造企业出发以点到面逐步引导，改变"供给侧结构性改革是政府行政命令式的强制改革"的错误认识，进而提升制造行业改革氛围和改革强度。并选取制造企业中改革意愿较为强烈、改革效果相对拔群的企业作为改革典范，以鼓励其他制造企业效仿，积极投身于深化供给侧结构性改革。

（2）积极营造供给侧结构性改革先决条件和有利条件

企业的任何改革都是自身发展与营商环境的深度融合，我国制造行业中很多都是国有企业，国有企业的改革与政府政策息息相关，同时很多学者认为政府也应积极参与非国有企业改革，因此政府对于营商环境治理的创新，是制造企业进行供给侧结构性改革的先决条件。政府应在追求经济效益的基础上改革创新，在规定权力边界的基础上，对制造企业的行政干预做减法或除法。政府应推进经济管理和市场管理的方式创新，重点应放在简政放权、提升服务、"放管服"改革结合上，并且做到公正、公开、透明，切实履行政府自身对市场宏观监管的责任。同时，简政放权并不意味着失去控制，将"放手"视为"抓手"才更利于供给侧结构性改革的顺利推进。进一步加强与"一带一路"沿线国家交流合作，促进多方贸易，紧密投资关系，使制造企业"走出去"，同时鼓励引进国外先进技术助力制造业提升资源利用效率。

8.1.2 培育增强制造企业供给侧结构性改革意愿

（1）灵活使用财税政策，激发制造企业供给侧结构性改革意愿

由第 3 章实证分析结论可知，无论是国有企业还是私有企业，税收对供给侧结构性改革的影响都极为显著，一方面纳税较多的企业实力较强，容易推进供给侧结构性改革；另一方面若政府在税收政策方面给企业以一定的实际帮助，会使得企业在供给侧结构性改革方面有更多的资源。因此，税收政策和利率政策影响制造企业供给侧结构性改革意愿明显，若能真正给予供给侧结构性改革走在前沿的制造企业以政策支持，可以使其不断降低成本、增大自身经营规模、充盈产品的额外价值，以良性循环的优势迈入可持续发展阶段，可以促进制造企业响应供给侧结构性改革的号召，积极参与实施。

（2）拓宽企业融资渠道，助力制造企业供给侧结构性改革行动

实证研究也表明，制造企业供给侧结构性改革强度正向影响脱困效果，实施供给侧结构性改革的制造企业，盈利水平明显好于不执行供给侧结构性改革的企业。制造企业所有改革可行路径都与金融、资金和税收分不开，基础研发需要大量资金投入，技术创新也需要现金流支撑，甚至去极端落后产能都需要员工安置资金。因此，政府应鼓励建立更加全面的、以创新为驱动力的高层次资本市场，同时鼓励有改革意愿的制造企业在创业板、"新三板"等板块上市。此外，政府应引导社会资本扶持制造企业，鼓励天使投资人向具有改革意愿的制造企业注资，鼓励制造企业的债权人适当降低利息率，以缓解制造企业在参与供给侧结构性改革时遇到的融资难问题。与此同时，在制造企业融资过程中，政府要扮演好金融监管者的角色，提高金融科技水平，借助大数据高效整合平台和人工智能先进科技，时刻关注制造企业及其利益相关者资金流向，为投身于改革事业的制造企业保驾护航。

8.1.3 创新优化制造企业供给侧结构性改革环境

（1）简政放权，提高政府服务效率

通过"互联网+行政"机制改革，将制造企业所涉及的较多证照资质，如工商、运输、安全、质量、环境等，进行统一化管理，减少中间审批及更新环节，使用无纸化管理、网上审批、异地年审等方式为制造企业创造相对宽松的政策环境，极大降低企业显性办理和隐性停工停产等成本。统筹完善高新技术体系建设，升级配套信息基础设施，有力支撑"互联网+"平台的落地，打破企业、市场和消费者之间的信息壁垒，提升供需两端对接效率，服务企业实现高价值创造。健全执法监管制度，提高政府执法效率，根治执法随意、执法不公、执法不严等问题，保证全环节政府环境监管的有效性，推动政府营商环境保护政策的严格落实，推动绿色制造和绿色竞争有序发展。进一步完善制造企业金融风险防控机制，建立信息共享与大数据服务平台，对信息传递的各种渠道积极发挥协调联动的功能。支持制造企业兼并活动及企业间的资源整合活动，从而形成具有地方特色实力强的制造企业集团。同时，政府应破除国营和民营制造企业间的兼并壁垒，鼓励民营企业参

与到国有企业的改革中来，修订与改善市场准入标准与扶持条件，保证兼并活动的公平与公正。

（2）降税减费，改善企业成本约束

政府针对制造企业合理的、顽固的成本内容释放税收红利，坚决取消不合理税收，并根据地区、类型、规模等指标细分，制定可实施、可操作、具有长期效用的税收政策。全面清理规范涉企收费，帮助企业降低生产成本和社会性交易成本。进一步降低企业社会保险费用，降低企业制度性交易成本；推广新型产业用地模式，降低企业厂房库房办公等用地成本；允许制造业企业全部参与电力市场化交易，进一步降低企业能源消耗成本；规范和降低港口航运、公路铁路运输等物流收费，进一步降低企业物流成本；扩大制造企业中长期贷款、信用贷款规模，增加技改贷款，推动股权投资、债券融资等向制造企业倾斜，降低企业资金成本；充分发挥政府对市场监管和宏观调控的职能，合理引导并利用政策手段，规范市场交易费用制度，避免出现垄断、恶意竞争等不良手段，稳定原材料价格；进一步为人才有效流动降低门槛，突破人才流动配置的户口、住房、养老和医疗、下一代教育资源等瓶颈限制，实现人才的"自由流动，按需配置"，从而解决制造企业用工难、用工荒和用工贵的问题。

（3）服务就业，缓解企业职工安置压力

制造企业在进行去过剩产能工作过程中，会遇到企业职工转岗甚至下岗问题，这就需要政府支持做好职工安置工作。首先，政府要保障失业保险制度与稳岗补贴工作的落实，严肃处理不按规定和比例为职工缴纳社会保险的制造企业，减少制造企业与职工间利益冲突事件的发生，确保劳工纠纷事件能够得到有效解决。其次，成立沟通走访小组走进制造企业，与职工深入交谈，了解困难职工现状和需求，并制定推行相应的解决方案与政策。最后，政府应将已经与制造企业解除劳动关系的人员纳入去产能再就业与创业的政策扶持系统，为其提供针对性的招聘会、再就业与创业学习培训、人才补贴和创业担保等服务。

8.1.4 推广"互联网+价值共创"商业模式

(1) 改进"互联网+智能制造"扶持政策

在"互联网+"与智能制造的背景下，政府需要加大研发投入，建立国家科研机构与制造企业的合作桥梁，引导两者合作、成立制造企业重点技术团队来研发，适应当下"互联网+"智能新时代的高端材料与产品，同时政府也要对制造企业提升自主研发能力的活动予以资金支持。此外，鼓励制造企业降低或摒弃对传统动能的依赖，转变其发展观念和战略角度，投身新产业、新动能的培育与发展，以此打造高端化产能。建立制造企业重大项目全周期服务机制和企业家参与涉企政策制定制度，支持建设中小企业信息、技术、进出口和数字化转型综合性服务平台。

(2) 鼓励"互联网+价值共创"商业模式的推广

在"互联网+"的背景下，政府应通过互联网技术对制造企业产业链进行深度优化，鼓励制造企业应用涵盖整个生产制造过程各个环节的互联网信息系统，倡导推广"互联网+价值共创"商业模式。充分发挥数据信息、资金供给，生产中的智能生产、技术服务，以及生产后的销售、物流、客户维护等功能，帮助制造企业整合供应网络资源，提高制造业服务化程度，为高价值制造的商业模式提供更多更便宜的生产性服务，将制造企业创新的黑箱打开，对创新和服务进一步进行社会化分工，提高价值共创商业模式成功概率。在监管方面，政府应借由"互联网+"时代强大的大数据技术，为监管信息系统打通数据互通与共享渠道，同时特别对通道业务与嵌套业务加大管理力度。并且对于处在技术进步前沿、监管前沿，甚至是没有监管依据的全新商业模式，应给予大力支持，像当初对待共享经济那样，采用先试点再管理的监管模式，允许企业在价值共创商业模式上做出更多尝试，尤其涉及国有资产在新商业模式中发挥作用方面，应给予国有企业更多权限，发挥国有资产价值增值的最大作用，为数字制造和共享工厂等新商业模式提供发展的土壤。

8.2 制造企业深化供给侧结构性改革的策略建议

8.2.1 提升改革认知高度，提高改革行动意愿

（1）提高改革认知高度，积极调整改革发展战略

企业战略作为企业长期发展规划的指向标，其与供给侧结构性改革政策的统一程度直接决定着企业内部供给侧结构性改革的战略高度。在面对国内外剧烈变化的环境时，供给侧结构性政策的实施经历多次调整，企业应当坚持贯彻以"互联网+制造"为导向的以高新技术、高价值产品为代表的优化改革战略，实施以先进技术、高价值产品和互联网技术相关产品为主的经营格局，在所有经营环节严格贯彻落实高效的供给侧结构性改革战略。在进一步采取措施加速淘汰落后产能、缩减过剩产能且不断总结自身供给侧结构性改革阶段性成果的基础上，以敏锐的洞察力坚持战略剖析，获悉改革动向，及时学习政策方针调整改革路径，革除企业陈积问题，不断更新有效改革措施，动态响应国家供给侧结构性改革举措。

（2）培育企业整体创新力，提升企业改革行动意愿

由于创新不足，制造企业的改革意愿不够强烈，因此制造企业自身需要以开放的观念为指导，从企业高层开始从上至下充分发挥创新精神，顺应国家大环境政策并进行理性分析，在"互联网+"背景下找寻适合自身发展的路径与方向。同时制造企业管理者对于战略规划需要保持拒绝投机化、传统化、盲目化的思考方式，增强顺应时代潮流的创新引领思想，培养和强化具有前瞻意义的企业家精神，成为制造企业内部供给侧结构性改革的运用者、创新者、统御者，全面增强企业凝聚力与创造力将成为技术创新主体，在改革中实现更好更快的发展。

（3）改进人才激励机制，提高员工参与改革的积极性

员工是企业良好发展的基石，员工的改革积极性不高主要是因为企业的鼓励程度不够，因此企业高层应综合考虑自身内部环境与外部环境对行业变革带来的冲击，积极鼓励企业员工及技术人才参与制造企业供给侧结构性改革。另外，加强员工技能与素质培训，在提高员工个人素质的同时，提高员

工对企业改革引起变化的接受能力。制造企业管理者要制定对高素质人才的激励机制,从招聘环节制定人才选择目标与流程,开拓多元化的人才引进方式与通道。同时,制造企业应多开展与科研院所和高校之间的合作项目,提升人才的价值创造活力与价值创造能力。

8.2.2 准确选择改革路径,系统谋划改革策略

(1) 准确选择企业适合的改革路径

企业要以自身战略为基础深刻剖析供给侧结构性改革政策的内容,实现对供给侧结构性改革所提出的改革方向、要求,尤其是"互联网+"背景下的高价值制造导向改革的精准识别,增强企业对改革目标实现的把控,缩短企业战略——政策响应时间。另外,需要对战略进行准确评估,明确企业自身定位,把握战略薄弱环节,并针对改革中的难点、重点,积极减少企业战略与政策间的偏差,准确选择适合企业自身的改革路径,实现企业战略与改革政策的协调统一,从战略层面保证供给侧结构性改革的有效进行。

(2) 系统制定差异化的改革策略

对于制造企业所属的具体细分门类和发展阶段特征,依据不同改革路径实施需要,要有针对性地制定不同改革策略。不同的改革可行路径和关键路径中,仍然有不同的实施路径、方案和举措可以选择,这正是制造企业供给侧结构性改革的难点,也是制造企业供给侧结构性改革需要制定系统化、差异化策略的原因。针对不同性质的制造企业,依据路径选择与实施影响显著的因素,制定系统性化、差异化的改革策略。对于国有企业,除了发挥研发创新能力与企业规模优势,还需要制定针对市场变化的快速响应改革机制,以实现供需动态匹配。对于非中小国有企业,市场价值、创新研发能力及企业规模都较小,需要针对资源约束选择适合的改革策略,提高中小企业供给侧结构性改革策略的可行性和有效性。

(3) 提高"互联网+制造"实施效率

"互联网+制造"不仅是以先进技术、高价值产品和互联网技术相关产品为主的经营格局,也是实现企业变革转型、可持续发展的国家供给侧结构

性改革战略。"互联网+制造"策略需要企业加大技术研究和开发投入,扩大企业研发团队,为企业"互联网+制造"策略提供创新驱动力。同时摒弃传统、陈旧的经营理念,积极引进先进信息管理技术及模式,提高员工数字化理念,通过企业员工对"互联网+制造"升级的适应、参与,促进全员理解和接纳"互联网+制造"策略改革,打造命运共同体,提升"互联网+制造"策略实施效率,加速制造企业转型升级,进而强化供给侧结构性改革成效,以此实现制造企业信息化、数字化、绿色化可持续发展。

8.2.3　加快产能转移升级,优化内外循环网络

(1)转移冗余产能,优化资源空间配置

针对国际市场,一方面,制造企业需要"走出去",将产能向南亚和东南亚等地区的国家转移,为制造企业进一步优化产品结构、提升竞争力。尤其是在"一带一路"背景下,优化制造企业产品出口结构,加速企业向资本密集型产业转移,扩大产业优势。另一方面,制造企业需要"引进来",顺应我国"一带一路"倡议,在南亚及东南亚等产能转移重要地区,引进国外先进技术助力制造企业自身的生产要素利用效率提升。针对国内市场,我国各地制造企业应在临近区域内选择最优接受地进行转移,充分利用产能转移多种形式,精准缓解某区域产能过剩现状,打破单向转移的固定模式。根据实证研究结果,东部地区主要由山东、江苏和广东做出推进表率,而中部地区则以河南为主力,西部地区则以四川和贵州为主导。这些地区均为制造企业产能利用率、资源成本及市场潜力整体水平较强的区域,可作为产能双向转移最佳承接地。

(2)打造高端产能,优化内外循环网络

积极支持参与工业强基工程,全面增强企业的基础能力,弥补制造企业的低端产能缺陷,提升行业内协同创新能力,开发新技术、新产品、新业态。企业需要加大研发投入,推进"互联网+制造",建立企业技术团队来研发数字新时代的高端产品。积极开拓市场,探索新产品、新市场,更新先进产能占比,增加有效产能,提升产能质量,形成长效改革机制。降低或摒弃对传统动能的依赖,积极转变发展观念和战略角度,投身于新产业、新动

能的培育与发展，充分把握国际国内循环机遇，加快企业改造升级，打造高端化的产能，优化企业内外循环网络。

8.2.4 强化绿色技术创新，聚焦高附加值制造

（1）强化绿色技术创新，提高绿色竞争力

首先，制造企业应完善以经济效益与环境效益相结合的绿色管理体系，将绿色发展理念贯穿企业管理的各个环节，将大力发展绿色技术创新作为企业提升绿色竞争力的核心目标，重视与政府、金融机构、科研机构和其他制造企业之间的长期合作关系。其次，应在企业内部强调绿色文化的重要性，不仅能够提高绿色管理体系的执行程度，还能够提高员工的绿色创新积极性。再次，通过技术创新实现产能升级改造，通过对生产设备进行绿色化技术升级以提升节能降成本的效果，充分发扬企业自身的可持续发展能动性。此外，还需加大研发支出，如设立专项研发基金、制定科研骨干培育方案等，鼓励企业各部门和员工积极投身绿色创新工作。最后，提升管理层的综合素质也有助于企业在提升自身绿色竞争力的过程中及时进行战略调整，进而更加高效地达成提升绿色竞争力战略目标。

（2）增强自主创新能力，聚焦高附加值制造

在供给侧结构性改革的背景下，制造企业应着眼于实施专利战略，以专利数据库与分析工具作为专利导航的基础，依托专利导航的分析能力，革新出更高价值的新产品，增强供给能力，追求新的供需平衡，探寻属于制造企业自身的技术创新途径。同时，企业应积极寻求产学研合作，深化与科研院所的沟通交流，结合彼此的长处促进专利成果的诞生及高价值产品的生产制造，实现"微笑曲线"前端的提升。制造企业要主动升级配套信息基础设施，有力支撑"互联网+"平台的落地，打破企业、市场和消费者之间的信息壁垒，满足供需两端对接效率，聚焦高附加值制造，实现高附加值创造。

（3）打造高质量产品，创建高价值品牌

品牌的重要性随着经济全球化的发展越来越凸显，"微笑曲线"后端的提高，尤其是高价值的国际品牌的创造，需要制造企业在产品质量和价值

上实现巨大突破。推动制造企业供应链间互联互通，提升制造企业供应链完整度和产业链现代化水平，打造高质量产品。高质量产品是高价值品牌的核心，制造企业需要利用自身独有的技术与品牌相互融合，以打造高质量产品为战略手段，提升品牌影响力。高价值品牌亦能为制造企业引来高质量供给，形成高质量和名品牌的良性循环。企业还需从品牌源头入手，尽早注册产品各类商标，以合法真实为基础提升品牌认可度，不仅可以覆盖更多的细分市场，扩大市场份额，还能避免商标抄袭与模仿带来的侵权问题。利用好法律壁垒，尤其是在国际市场竞争过程中，积极采用法律手段，保障和维护企业高价值、高影响力的国际品牌。

8.2.5 探索价值共创机制，提升供需匹配能力

（1）探索有效的价值共创机制，提高供给侧结构性改革效率

价值共创方式为制造企业服务化提供了价值分工和方向，也为未来制造企业深度服务化合作和服务化的价值创造提供了价值来源，是实现供需匹配较为先进的前置性生产模式、商业模式和生产手段。将互补性资源整合程度和服务化程度作为价值共创水平的评价维度，有助于各种规模的企业及时定位企业现状，寻找对策，把握时代机遇，实现更大程度的价值共创和更大契合程度的供需匹配。在数字经济的背景下，价值共创商业模式可以将无人工厂、数字工厂和共享工厂成为现实，使得制造企业的生产要素在生产效率高的前沿面，实现有效有序低成本的转移和流动，既可以创造更多的价值，也可以使得供需匹配在生产环节前置；既可以发挥企业在创新中的作用，又可以使企业间的合作实现去杠杆、去库存，真正地为区域间的均衡发展和制造企业的高质量发展创造有利机会，在深化供给侧结构性改革的道路上与各市场主体共担风险，实现可持续和高效率的价值共创。

（2）选择合适的价值共创升级路径，增强企业供需匹配能力

根据制造企业服务化程度与互补性资源整合程度的不同，价值共创水平可以分为双低阶段、服务化领先阶段、资源整合领先阶段和双高阶段4个阶段。而每个价值共创阶段又有其独特的特点与适用范围，且价值创造的具体表现方式也存在一定差异性。制造企业所处市场环境竞争激烈，为了增强

自身竞争优势,制造企业服务化转型是必然趋势,服务化转型也是企业进行价值共创的前提。互联网经济和数字经济的发展降低了制造业与各网络主体的交互壁垒,制造业服务化可通过网络协同完成制造业和服务业的交互,进而实现"将服务融于制造业",为实现资源有效整合奠定了基础,是深化供给侧结构性改革实现更高契合程度供需匹配的有效路径。因此,制造企业需要根据自身情况,选择适合的单服务化、单资源整合或服务化和资源整合并重的价值共创升级路径,增强价值创造能力,进而提升制造企业的供需匹配能力。

综上所述,制造企业深化供给侧结构性改革的实施策略示意如图 8.1 所示。

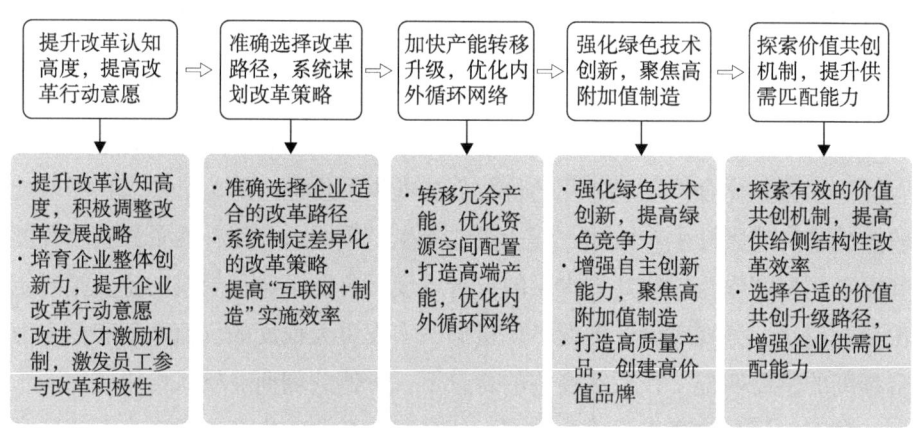

图 8.1　制造企业深化供给侧结构性改革的实施策略示意

9 结论与展望

鉴于本书研究开始时间和制造企业供给侧结构性改革开始的时间大致相同，众多制造企业在改革初期的路径实践探索需要凝练上升为理论来指导未来改革，特将研究重点放在了制造企业供给侧结构性改革的关键路径的选择上。将国家政策、供给侧结构性改革相关理论研究和企业实践效果作为可行路径选择依据，并通过改革强度、可行路径和改革目标的因果关系链条分析，识别出改革关键路径，并得出了改革关键路径具体实施模式和举措。本书研究既继承了国家层面供给侧结构性改革的相关理论体系，又将制造企业作为特殊研究对象，得出了制造企业供给侧结构性改革路径理论，延伸了供给侧结构性改革研究领域，创新拓展了供给侧结构性改革相关理论内容。所得理论研究和实证研究结论，既可验证国家层面改革政策在制造行业和制造企业具体实施的可行性，也可为制造企业实施供给侧结构性改革提供理论依据和策略指导。

9.1 主要结论

（1）制造企业改革与国家层面的改革既一脉相传联系紧密又有重大区别

本书研究明确了国家层面的"三去一降一补"任务在制造企业的具体目标，在具体目标的基础上，阐明了供给侧结构性改革与企业原有改革的关系，构建了制造企业"去产能路径、去库存路径、去杠杆路径、降成本路径和补短板路径"的"改革可行路径"理论框架，为后续研究奠定了基础。

首先，本书研究明确了制造企业"去产能路径、去库存路径和去杠杆路径"与国家层面的供给侧结构性改革中的"三去"具有理论继承性和一致性。

制造企业层面的去产能路径、去库存路径和去杠杆路径与国家政策倡导改革路径的含义相同，是将落后过剩产能退出市场，将过剩库存逐渐化解，去掉企业高杠杆降低经营风险的途径与方法。但具体实施过程中，3个实施路径仍然是制造企业基于市场运行规律的自主选择，以去产能路径为例，因制造企业产品在不同市场有着不同的生命周期，制造企业的过剩产能与煤炭和钢铁行业不同，可以向产品生命周期仍在延续的区域或市场进行输出或转移。制造企业的供应链较长，库存过剩的原因复杂多样，因此制造企业去产能路径、去库存路径更是所有行业中最复杂、最艰难的长期改革实施路径。

其次，本书研究发现了降成本路径和补短板路径与国家改革层面"降成本与补短板"有着较大区别。国家改革层面的降成本，主要是指降低制度性成本（如降税和降息）和社会交易成本（如降低社会物流成本等）[330]，而制造企业降成本路径是企业生存的根本路径，是制造企业日常经营管理的主要内容，是降低生产运营各方面的成本，目标是获得高额利润，是制造企业必须长期坚持的战略重点方向。同样，国家改革层面补短板的重点在于补公共服务短板和服务业发展瓶颈短板，需要尽快补齐关系国计民生发展的短板，是先行为制造企业发展补社会结构性短板，为企业快速发展保驾护航。而制造企业补短板路径，则是补企业自身生存发展短板路径，如补高价值制造短板和绿色竞争力短板路径是关乎企业生存与发展的关键路径。

（2）制造企业供给侧结构性改革与制造企业原有改革和谐统一

制造企业与供给侧结构性改革和谐共生，因为制造企业本身就是供给侧主体，所以供给侧结构性改革在制造企业发展过程中是应有之义。制造企业供给侧结构性改革完全是制造企业在市场经济调节的背景下，依照国家发展战略方针所做出的企业自主的市场化改革行为，而这种市场化改革行为本来就是制造企业根据市场变化而做出企业变革，因此制造企业供给侧结构性改革与制造企业原有改革有天然统一，仍然是依照市场运行规律，为实现供需匹配进行的改革，制造企业的改革强度变化及改革路径实施都来源于企业对市场适应的因应变化。从这一点来讲，制造企业供给侧结构性改革中的某些改革本就一直是企业改革的重点，有些改革则是企业原有改革在这一段特殊历史时期的具象化，但它并没有超越企业原有改革。制造企业供给侧结构性改革的终极目标仍然是要实现制造企业的循环再生产，因此供需匹配仍然是制造企业供给侧结构性改革的过程目标,而实现盈利脱困并长期发展才是其终极目标,这一点与国家目前所面临的主要矛盾和供给侧结构性改革的根本目标都是一致的。这一研究打破了很多制造企业和其他行业企业对供给侧结构性改革认识的误区,宣传推广开来可极大地提高制造企业和其他行业企业供给侧结构性改革的积极性。

(3)制造企业改革可行路径具有不同属性及实施方式

研究发现制造企业改革可行路径可以分为以下两大类。一类是带有应急和动态调整特征的路径,以去产能路径、去库存路径和去杠杆路径为主。这类路径是制造企业在经营管理的过程中根据经营实际和市场变化情况,需要实时动态调整改革路径,并不是每个企业都能遇到并且必须严格实施的改革路径。但目前,制造企业尤其是低端制造企业的产能过剩,已经严重影响了我国高端制造业的发展和布局,这是制造企业需首要解决的问题,也是国家层面上需关注的重点问题,因此将去产能路径列为制造企业五大改革路径之首,给予了重点研究。另一类是制造企业长期需重点关注的改革路径,即降成本路径和补短板路径。降成本路径和补短板路径二者都是针对企业的高价值创造和供需匹配,都是企业发展所需的长期改革路径,降成本路径的内涵和实施相对固定,而补短板路径的内涵和实施随着时间推移还有动态调整的特性,但无论如何,这类长期改革路径都与去产能等短期改革路径相辅相成,且改革可行路径间均互有影响,是个有机的整体。

因此,供给侧结构性改革的改革路径在执行次序和时间上,没有严格的前后逻辑顺序,所有改革可行路径也不是必须同时选择实施,因此制造企业在实施改革可行路径时,没有严格的统一方案可循,而是根据制造企业自身实际选择实施哪几项改革路径,再决定哪项改革路径是重点、哪项改革路径优先实施等。降成本路径和补短板路径是决定现在和未来发展的重要举措,更是企业赢得未来竞争的最有效手段,因此降成本路径和补短板路径贯穿制造企业供给侧结构性改革实施的始终。制造企业供给侧结构性改革的路径是以去产能改革为起点,并作为一段时期"临时改革路线";以降成本路径为不变主线、补短板路径为动态主线,贯穿制造企业供给侧结构性改革始终。加之,制造企业的不同个体特征,不同制造企业选择的供给侧结构性改革路径也不同。

（4）制造企业供给侧结构性改革有作用明显的关键路径

实证分析证明了供给侧结构性改革强度对制造企业脱困目标有正向影响作用，并且供给侧结构性改革的去产能路径和补短板路径对这种影响有显著中介作用，从而得出了严密的因果关系链条。这根因果关系链条揭示了制造企业供给侧结构性改革的总体实施路径，制造企业供给侧结构性改革路径的起点为学习理解与实施国家政策，然后努力提高供给侧结构性改革强度，贯彻落实供给侧结构性改革的关键路径，从而实现制造企业盈利脱困目标。

价值共创可有效促进以制造企业为核心的供应链供需匹配度。因价值共创相关理论体系及供给侧结构性改革都将"供需匹配"作为核心要义，价值共创就成了制造企业进行供给侧结构性改革最强有力的抓手和最有成效的捷径。首先价值共创强调供应链上合作伙伴的资源整合，这就为制造企业轻资产运营去杠杆、降成本和补短板等提供了机会和抓手。同时，价值共创是实现供需匹配的最先进的前置性商业模式和生产模式，价值共创既可以创造更多的价值，也可以使得供需匹配在生产环节前置；既可以发挥企业在创新中的作用，又可以使企业间加大合作实现去杠杆、去库存。甚至在数字经济背景下，价值共创可以使无人工厂、数字工厂和共享工厂变为现实，使得制造企业的生产要素在生产效率高前沿面，实现有效、有序低成本的转移和流动。总之，价值共创将价值创造的源泉分配到上游和下游的合作伙伴中去，强调供应链上的协同，能降低供应链的库存，提高供应链效率，促进产能有效利用。价值共创也降低了制造企业供应链运营成本，增加了供应链的价值共创水平，提升了制造企业的创新能力，增强了制造企业的绿色竞争力，是制造企业供给侧结构性改革"一揽子"综合实施方案，也是实现供给侧结构性改革供需匹配、助力制造企业脱困可持续发展的有效捷径。

（5）制造企业供给侧结构性改革路径需转化为企业创新发展路径

很多研究和政策解读都将创新作为供给侧结构性改革的一个短板，而实证研究和策略研究分析都发现制造企业的创新，尤其是技术创新，是推动供给侧结构性改革的基石，3条改革关键路径最终的落脚点和出发点都是创新，由此得出，在目前一个特定时期内，制造企业的供给侧结构性改革就是创新，而企业的创新在某种意义上就是供给侧结构性改革。例如，去产能路径中的落后产能升级关键的推动力就是创新。去库存中供应链系统的新技术应用、合作伙伴间的新合作模式、与客户间新的商业模式创新，这些都需要制造企业的创新。创新也是制造企业降低成本的必由之路，提高技术贡献率、创新降低物流成本模式、增加资本设备人力对利润的边际贡献率，这些都需要制造企业应用"互联网＋新技术"的创新方式。补制造企业短板进行的高价值制造、提升绿色竞争力及发展高新品牌，都离不开创新。综上，制造企业的供给侧结构性改革无论是政府层面的引导政策还是企业层面的推进策略，最终根本动力都落到了创新上，因此可以说，制造企业供给侧结构性改革的路径就是企业创新发展的路径。这也恰恰说明制造企业供给侧结构性改革，不是外界（如政府）强加给制造企业的使命，而是制造企业在特定历史时期必须实施的一种创新性改革。创新使得供给侧结构性改革落地实施变成了可能，供给侧结构性改革使得创新在制造企业的特定历史阶段具有了明确的目标方向和作用意义，因此二者在特定的供给侧结构性改革时期内是相辅相成的，而随着改革深入，供给侧结构性改革路径将逐步深入转化为制造企业创新发展路径。

（6）"互联网＋制造"是现在和未来改革必经路径

本书研究不仅证明了"互联网＋"是供给侧结构性改革重要背景的理论构想，还证实了"互联网＋"是制造企业供给侧结构性改革的推动力，使得制造企业供给侧结构性改革成为可能。另外，"互联网＋"更是制造企业供给侧结构性改革的重要工具和手段，改变了制造企业的商业模式、商业合作关系、采购方式、生产方式、营销方式和物流配送方式，甚至是废品回收利用方式，因此"互联网＋"绝非仅仅是制造企业发展的新背景，"互联网＋制造"更是制造企业与"互联网＋"的深度融合发展形成的新发展模式。"互联网＋"提高了制造企业的经营效率，是供给侧结构性改革的有效推动方式，如"互联网＋"加快了制造产能迭代，加速了新产业动能传导；加快了制造企业组织变革，提高了金融效率，大大降低了制造企业的金融成本。"互联网＋制造"可以补齐制造企业的高端制造短板，提升制造企业绿色竞争力。"互联网＋服务"模式提高了制造企业生产服务化效率、价值共创程度及供应链价值共创水平，促进供给侧结构性改革的终极目标供需匹配的实现，推动了制造产业升级，提升了供给侧结构性改革的速度和效率。另外，"互联网+"还是制造产业数字化的前期基础，"互联网+制造"为制造行业实现数字化转型打下了坚实基础，是深化制造企业供给侧结构性改革的必经路径。

9.2 研究不足及展望

（1）样本方面

主要的实证研究样本和数据受调研成本、调研可行性、疫情、调研时间和地域限制，主要来源于上市的制造企业，鲜有来源于中小制造企业，这就造成了研究样本选取的偏差。未来的研究可关注中小企业在供给侧结构性改革方面的特殊问题，也可将重心放在上市企业或大中型企业对中小企业供给侧结构性改革的引领和交互的引导作用上。另外，去产能路径和绿色竞争力方面的研究，因受疫情影响无法及时走访调研，有些数据来源于行业数据，虽然这两方面的研究都要考虑全行业的现状，研究结论对企业宏观指导作用较强，但企业改革具体实操问题，仍需要基于大量不同企业个体调研所得的样本进行分析，这样得出的结论才更具针对性。

（2）实施策略方面

有些改革路径实施难度大，有待深入细化研究，如产能转移路径理论可行，但实施难度较大。首先在数字经济发展初期，实施产能转移中的数字要素转移尚且难于执行，另外，为了区域国计民生均衡发展，很多地方经济需要扶持以实现经济均衡发展，或因地理或人文因素，生产要素很难向高技术、高效率区域快速转移，但残酷的市场竞争留给企业时间却不多。因此，在数字生产要素不完备的情况下，政府在引导机制方面、制造企业在推进策略方面可选择余地都比较少，产能过剩问题依旧存在，或直接被市场淘汰而浪费，因此在这一过渡时期的供给侧结构性改革实施策略是未来的研究方向。

（3）各项路径间交互作用方面

研究重点放在了制造企业迫切需要研究的去产能路径和最能影响制造企业未来核心竞争力的补短板路径上，尤其是研究了制造企业的高价值创造和绿色竞争力的提升问题。未来可以在各项可行路径间的相互作用关系及其作用方向进行深入研究，并且可以在不同的行业和背景条件下，找出其他的研究重点和研究主题。因篇幅有限，这些未展开的研究内容，也是未来研究应关注的方向。

（4）背景方面

研究背景"互联网+"发生了重大变化，对我国制造企业发展具有显著的促进作用。随着新信息通信技术发展及数字经济概念的提出，在部分制造企业实施"互联网+制造"转型后，目前制造企业正向数字化方向发展，国家数字产业化和产业数字化随着"互联网+"深入发展而发展。在此新背景下，制造企业的供给侧结构性改革的相关模式，尤其是如产能转移、去产能模式、数字经济背景下的绿色发展模式、绿色竞争力提升模式及与客户供应商等多方价值共创等问题都需要进一步深入研究。

附　录

附录1　爬取企业公告示例及文件梳理

一、制造企业实施去杠杆改革公告示例及文件梳理

（一）制造企业实施去杠杆改革公告示例

广东电力发展股份有限公司
关于茂名臻能热电有限公司吸收合并茂名热电厂有限公司的
关联交易公告（节选）

1. 吸收合并的目的及对上市公司的影响

目前，茂名臻能热电有限公司（以下简称"臻能公司"）所有机组主厂房建设用地均为租用茂名电厂的土地，二者产权一直未能统一。臻能公司吸收合并茂名电厂，可将茂名电厂的土地及相关建筑物依法转移、变更到臻能公司名下，此举既能有效盘活国有"僵尸企业"土地资源，又能优化臻能公司资产结构，降低资产负债率，保证经营的持续性，达到双赢的目的。臻能公司为我公司的控股子公司，其财务报表已纳入公司合并报表范围内，本次吸收合并不会影响我公司对臻能公司的控股权，对公司本期及未来财务状况、经营成果亦无重大影响，不存在损害上市公司利益的情形。

2. 与关联人累计已发生的各类关联交易情况

本次关联交易金额为43 691.83万元。2018年初至本公告披露日，除日常关联交易外，公司与粤电集团及其子公司和关联方发生关联交易金额累计509 079.79万元，其中合计金额407 800万元的关联交易事项已经公司股东大会审议批准。

3. 独立董事事前认可和独立意见

本公司独立董事沙奇林、沈洪涛、王曦、马晓茜、尹中余对本次关联交易进行了事前审查并予以认可，并发表独立意见如下：臻能公司吸收茂名电厂，是公司积极贯彻落实广东省委、省政府"去产能、去库存、去杠杆、降成本、补短板"政策精神，加快推进国有"僵尸企业"出清重组工作的重要举措，能够有效盘活"僵尸企业"土地资源，优化臻能公司资产结构，保证经营的持续性。本次吸收合并后臻能公司的股权比例以经备

案的资产评估结果及合并双方在过渡期内的净资产损益专项审计确定的过渡期净资产损益为计算依据，定价政策及依据充分，表决程序符合《中华人民共和国公司法》《中华人民共和国证券法》等法律、法规及公司章程的有关规定，符合公平、公开、公正的原则，不存在损害公司利益的情形。

广东电力发展股份有限公司董事会
2018年10月31日

（二）制造企业实施去杠杆改革公告文件梳理

制造企业自2015年11月10日国家提出供给侧结构性改革以来发布的去杠杆公告文件如下。

① 深康佳A：《非公开发行A股股票募集资金使用可行性分析报告》；

② 东旭蓝天：《2019年半年度报告》；

③ 藏格控股：《关于公司自查控股股东资金占用等事项的进展情况及解决措施的公告》；

④ 徐工机械：《2018年度董事会工作报告》；

⑤ 广州浪奇：《关于对深圳证券交易所〈关注函〉的回复公告》《关于对深圳证券交易所关注函的回复公告（更新后）》；

⑥ 红太阳：《关于对深圳证券交易所〈关注函〉回复的公告》；

⑦ 粤电力A：《关于与广东粤电融资租赁有限公司签署〈融资租赁合作框架协议〉的关联交易公告》《第九届董事会第六次会议独立董事意见》《关于茂名臻能热电有限公司吸收合并茂名热电厂有限公司的关联交易公告》；

⑧ 太阳能：《2019年面向合格投资者公开发行绿色公司债券（第一期）信用评级报告》。

除上述企业外，还有华讯方舟、宝新能源、金浦钛业、万年青、神雾节能、粤桂股份、法尔胜、神火股份、盈峰环境、佛塑科技、伟星股份、德豪润达、精功科技、德美化工、景兴纸业、金智科技、恒宝股份、远望谷、东方锆业、江特电机、拓日新能、博深工具、中利集团、康力电梯、伟星新材、合众思壮、新亚制程、康盛股份、胜利精密、实达集团、山西焦化、水井坊、四川长虹、梅花生物、国美通讯、渤海汽车、松发股份、梅轮电梯、浙江鼎力、安井食品、辰欣药业、伯特利、清源股份、纽威股份、银龙股份、中新科技等众多制造企业都发布了去杠杆相关公告文件，因篇幅原因不做依次列举。

二、制造企业实施去库存改革公告示例及文件梳理

（一）制造企业实施去库存改革公告示例

浙江万马股份有限公司关于开展沪铜期货套期保值业务的
可行性分析报告（节选）

规避铜价格剧烈波动给公司生产经营带来的不确定性和风险，以保证日常生产经营能够平稳有序的进行、主营业务利润能够健康持续的增长，公司有必要利用好期货市场这一价格风险管理工具。通过在期货市场建立多头仓位（虚拟库存）或空头仓位（虚拟去库存），对公司的现货库存进行动态而有效的风险管理，管理好铜材的成本，保证产品成本的相对稳定和竞争优势，降低原材料价格波动对公司正常经营活动的影响，因此公司开展沪铜期货的套期保值业务非常必要。

前期经过与期货公司专业严谨地沟通及其他上市公司参与期货套期保值业务案例的研究，公司拟开展沪铜期货的套期保值业务，充分利用好期货市场提供的避险功能，有效管理铜材的价格，以保证产品成本的相对稳定。

浙江万马股份有限公司董事会
2018年6月28日

（二）制造企业实施去库存改革公告文件梳理

制造企业自2015年11月10日国家提出供给侧结构性改革以来发布的去库存公告文件如下。

① 振兴生化：《2019年半年度业绩快报》；

② 红太阳：《非公开发行股票募集资金使用的可行性分析报告》《公开发行可转换公司债券募集资金使用的可行性分析报告》；

③ 贵州轮胎：《2019年年度报告摘要》；

④ 黔轮胎A：《2018年年度报告摘要》；

⑤ 风华高科：《2019年年度业绩预告》《2019年前三季度业绩预告》《2019年半年度报告摘要》；

⑥ 恒天海龙：《关于部分资产计提坏账准备及存货跌价准备的公告》；

⑦ 黑芝麻：《关于深圳证券交易所对公司2018年年报问询函的回复公告》；

⑧ 斯太尔：《2018年度内部控制自我评价报告》；

⑨ 中粮生化：《2018年前三季度业绩预告》；

⑩ 华工科技：《申万宏源证券承销保荐有限责任公司关于公司部分募集资金投资项目变更及延期的核查意见》《关于部分募集资金投资项目变更及延期的公告》；

⑪ 盾安环境:《2018 年年度董事会工作报告》《2018 年年度报告摘要》《2019 年年度报告摘要》;

⑫ 信隆健康:《2018 年半年度报告摘要》《2019 年半年度报告摘要》;

⑬ 海亮股份:《2018 年年度报告摘要》;

⑭ 国统股份:《2019 年半年度报告摘要》;

⑮ 万马股份:《关于开展沪铜期货套期保值业务的可行性分析报告》;

⑯ 精艺股份:《2017 年半年度报告摘要》;

⑰ 宏创控股:《2018 年第一季度报告正文》。

除上述企业外,还有南方轴承、金达威、顾地科技、爱迪尔、凤形股份、恩捷股份、洁美科技、钧达股份、卫光生物、弘宇股份、意华股份、万顺新材、长信科技、汤臣倍健、科泰电源、天晟新材、东方电热、科大智能、国瓷材料、长方集团、海欣股份、春兰股份、中航高科、梅花生物、宏发股份、渤海汽车、国投中鲁、九牧王、长城汽车、际华集团、力帆股份、晶方科技、赛福天、和邦生物等众多制造企业都发布了去库存的相关公告文件,因篇幅原因不做依次列举。

三、制造企业实施去产能改革公告示例及文件梳理

(一)制造企业实施去产能改革公告示例

宁夏青龙管业集团股份有限公司关于使用
自有资金开展原材料套期保值业务的可行性研究报告(节选)

① 公司制定了《商品期货套期保值业务管理制度》,并已获公司董事会、股东大会审议通过。其作为公司进行期货套期保值业务的内部控制和风险管理制度,对公司开展套期保值业务应遵循的原则、套期保值业务品种范围、审批权限、内部审核流程、责任部门及责任人、信息隔离措施、内部风险报告制度及风险处理程序等做出明确规定,能够有效保证套期保值业务的顺利进行,并能有效控制风险形成。

② 公司现有的自有资金规模能够支持公司从事商品期货套期保值业务的所需保证金及后续资金,拟投入的资金不会对公司的正常经营活动产生重大影响。

③ 公司使用自有资金开展主要原材料套期保值业务的期货品种仅限于在境内期货交易所交易且与公司生产经营业务所需的原材料相同或高度类似的商品期货品种。

④ 公司已签订的部分混凝土管道、涂塑复合钢管销售订单履行期长,随着国家去产能政策、环保政策的持续推进和新冠疫情的影响,在合同履行过程中存在钢材价格大幅上涨价的风险。同时,塑管生产用原材料PVC树脂、PE树脂价格受国际油价波动而大幅波动,公司开展生产用主要原材料套期保值业务能有效规避或降低因原材料价格波动而带来的风险,锁定公司产品成本,控制经营风险。

⑤公司会计制度及核算方法满足《企业会计准则——基本准则》规定的运用套期保值会计方法的相关条件。

综上所述，公司开展套期保值业务是切实可行的。

宁夏青龙管业集团股份有限公司

（二）制造企业实施去产能改革公告文件梳理

制造企业自 2015 年 11 月 10 日国家提出供给侧结构性改革以来公布的去库存公告文件如下。

① 鞍钢股份：《2018 年前三季度业绩预告》；

② 东方钽业：《关于关停钛材分公司管材生产线的公告》；

③ 黑猫股份：《关于股权交易事项的补充公告》；

④ 信隆健康：《2017 年半年度报告摘要》；

⑤ 大连重工：《关于深圳证券交易所 2018 年年报问询函的回复公告》；

⑥ 三力士：《2018 年公司可转换公司债券跟踪评级报告》；

⑦ 同德化工：《关于深圳证券交易所 2018 年年报问询函回复的公告》；

⑧ 北京利尔：《2019 年半年度报告摘要》；

⑨ 海普瑞：《公司债券 2019 年跟踪评级报告》；

⑩ 金洲管道：《2018 年半年度报告摘要》；

⑪ 青龙管业：《关于使用自有资金开展原材料套期保值业务的公告》《关于拟使用自有资金开展原材料套期保值业务的公告》《关于使用自有资金开展原材料套期保值业务的可行性研究报告》；

⑫ 广东甘化：《关于本次重组摊薄即期回报及填补措施和相关主体承诺的公告》《关于对深圳证券交易所重组问询函回复的公告》；

⑬ 华泰联合证券有限责任公司：《关于对深圳证券交易所问询函的回复》；

⑭ 黔轮胎 A：《2011 年公司债券跟踪评级报告（2017）》；

⑮ 攀钢钒钛：《第八届董事会第七次会议决议公告》；

⑯ 惠天热电：《关于五里河锅炉房供热资产 2013—2017 年度业绩承诺完成情况专项说明》；

⑰ 炼石有色：《关于 2018 年半年度募集资金存放与实际使用情况的专项报告》；

⑱ 锌业股份：《关于对深圳证券交易所年报问询函回复的公告》；

⑲ 冀东装备：《2018 年年度报告摘要》。

除上述企业外，还有双环传动、山东墨龙、东方铁塔、金新农、南方轴承、未名医药、华西能源、赞宇科技、京威股份、奋达科技、永东股份、合康新能、精准信息、中金环境、神雾环保、通裕重工、星徽精密、通合科技、三德科技、包钢股份、圣济堂、沧州大化、民丰特纸、梦舟股份、国电南自、亿利洁能、鄂尔多斯、兰太实业、天通股份、宏达股份、联创光电、湘电股份、青松建化、华鲁恒升等众多制造企业都发布了去产能相关公告文件，因篇幅原因不做依次列举。

四、制造企业实施降成本改革公告示例及文件梳理

（一）制造企业实施降成本改革公告示例

内蒙古包钢钢联股份有限公司事会审计委员会关于第五届董事会
第十八次会议审议相关事项的意见

根据《上海证券交易所股票上市规则》《董本会审计委员会工作细则》等有关规定，内蒙古包钢钢联股份有限公司（以下简称"公司"）董事会审计委员会（以下简称"审计委员会"）就公司第五届董事会第十八次会议审议相关事项发表如下意见：

关于债转股相关事宜的意见

按照国家相关政策要求，结合公司自身实际，公司拟划转总资产 427.67 亿元至金属制造公司，形成包钢股份对金属制造公司的投资 200 亿元、债权 221.44 亿元，其他债权人对金属制造公司的债权 6.23 亿元。按照金属制造公司通过吸收资金或债权增资扩股，用于偿还包铺股份债务，包钢股份偿还金融机构债务的步骤实施债转股。若此次债转股实施成功，将有效限低公司负债率，财务成本将明显降低，同时有利于增强公司盈利能力，降低风险，提升公司业绩，实现"三去一降一补"的目标。因此，我们同意《关于债转股相关事宜的议案》。

内蒙古包钢钢联股份有限公司董事会
审计委员会
2018 年 10 月 15 日

（二）制造企业实施降成本改革公告文件梳理

制造企业自 2015 年 11 月 10 日国家提出供给侧结构性改革以来发布的降成本公告文件如下。

① 酒钢宏兴:《2018 年年度业绩预增公告》；
② 天地科技:《公开发行 2016 年公司债券受托管理事务报告（2016 年度）》；
③ 建设机械:《2019 年半年度报告摘要》；
④ 中信重工:《关于 2018 年半年度业绩预增的公告》；
⑤ 三维股份:《2018 年年度报告摘要》；

⑥黔轮胎 A:《2017 年半年度报告摘要》;

⑦山推股份:《拟处置其研发中心项目相关资产项目资产评估报告》《董事会 2019 年度工作报告》;

⑧棒杰股份:《关于变更部分募集资金用途的公告》;

⑨包钢股份:《董事会审计委员会关于第五届董事会第十八次会议审议相关事项的意见》《关于债转股相关事宜的公告》。

除上述列举外,还有众多制造企业都发布了降成本公告相关文件,因篇幅原因不做依次列举。

五、制造企业实施补短板改革公告示例及文件梳理

(一)制造企业实施补短板改革公告示例

河南神火煤电股份有限公司关于出资设立永城神火铝业股权
投资基金涉及关联交易的公告(节选)

(1)基本情况

鉴于公司正处于优化产业布局、转型升级发展的关键时期,急需延伸产业链、补短板,为贯彻公司"资本运作、资产运营"双轮驱动战略,促进公司健康持续发展,公司决定出资设立永城神火铝业股权投资基金(暂定名,以下简称"铝业投资基金")。

铝业投资基金规模为 1800.00 万元,其中,公司全资子公司上海神火资产管理有限公司(以下简称"神火资产")作为普通合伙人以货币形式出资 100.00 万元,公司作为有限合伙人以货币形式出资 1400.00 万元,商丘市普天工贸有限公司(以下简称"普天工贸")作为有限合伙人以货币形式出资 300.00 万元。铝业投资基金设立后,拟用于对神隆宝鼎新材料有限公司(以下简称"神隆宝鼎")增资 1700.00 万元。

(2)审批程序

截至目前,神火集团持有本公司 24.21% 的股权,为公司控股股东;普天工贸持有本公司 13.68% 的股权。神隆宝鼎与公司同属于神火集团的控股子公司,公司副董事长李炜先生为神火集团董事长、神隆宝鼎董事长,上述事项构成关联交易,但不构成《上市公司重大资产重组管理办法》规定的重大资产重组,也不构成重组上市。

公司于 2019 年 6 月 5 日召开了董事会第七届十七次会议,会议以 4 票同意、0 票反对、0 票弃权、5 票回避的表决结果审议通过了该项交易,关联董事崔建友先生、李炜先生、齐明胜先生、石洪新先生、程乐团先生回避了表决,该项交易取得了公司独立董事严义明先生、曹胜根先生、翟新生先生、马萍女士的事前认可,并发表了独立意见,均对该项交易表示同意。根据深圳证券交易所《股票上市规则》和公司章程及公司关联交易管理制度,此项交易在股东大会对董事会的授权范围内。

(3) 其他事宜

公司将根据该事项的后续进展，严格按照相关法律、法规及公司章程的规定，履行相关的审批程序和信息披露义务。

2019 年 6 月 5 日，公司与普天工贸、神火资产在河南省永城市签署了《永城神火铝业股权投资基金（有限合伙）合伙协议》。

（二）制造企业实施补短板改革公告文件梳理

制造企业自 2015 年 11 月 10 日国家提出供给侧结构性改革以来进行补短板的公告文件如下。

① 联创电子：《主体及"18 联创债"2019 年度跟踪评级报告》；

② 太阳纸业：《2019 年年度报告》；

③ 华峰氨纶：《2018 年年度报告摘要》《2019 年半年度报告摘要》；

④ 湘潭电化：《2019 年半年度报告摘要》；

⑤ 汉钟精机：《2019 年年度报告摘要》；

⑥ 超华科技：《关于股票交易异常波动的公告》；

⑦ 辉煌科技：《2019 年年度报告摘要》；

⑧ 潮宏基：《主体及"16 潮宏 01"2019 年度跟踪评级报告》；

⑨ 长高集团：《2019 年年度报告摘要》；

⑩ 雅化集团：《公开发行可转换公司债券跟踪评级报告（2020）》《公开发行可转换公司债券跟踪评级报告（2019）》；

⑪ 蓝丰生化：《关于光气装置暂时停产的公告》；

⑫ 神州高铁：《关于投资建设运营三洋铁路项目的公告》；

⑬ 中联重科：《关于中联重机股份有限公司项目投资的公告》；

⑭ 长虹华意：《2019 年度董事会工作报告》；

⑮ 韶能股份：《关于控股子公司广东绿洲生态科技有限公司投资建设碱回收环保节能升级技改工程项目的对外投资公告》；

⑯ 冰轮环境：《主体及冰轮转债 2019 年度跟踪评级报告》；

⑰ 华茂股份：《2019 年半年度报告摘要》；

⑱ 五粮液：《2019 年度财务决算报告》《2019 年半年度报告摘要》；

⑲ 银星能源：《2019 年半年度报告摘要》；

⑳ 南方汇通：《董事会 2019 年度工作报告》；

㉑ 华菱钢铁：《第七届董事会第九次会议决议公告》《第七届监事会第八次会议决议公告》；

㉒ 神火股份：《董事会第七届十七次会议决议公告》《关于出资设立永城神火铝业股权投资基金涉及关联交易的公告》；

㉓ 东方钽业：《2017年半年度报告摘要》。

除上述企业外，还有尚荣医疗、利民股份、华源控股、凯中精密、香山股份、乐普医疗、鼎汉技术、大禹节水、鼎龙股份、双林股份、智飞生物、和佳医疗、苏试试验、清水源、山东钢铁、巨化股份、光电股份、伊力特、生物股份、凌钢股份、嘉化能源、航天动力、航天晨光、贵州茅台、中天科技、中铁工业、凯盛科技、国睿科技、安阳钢铁等众多制造企业都发布了去产能相关公告文件，因篇幅原因不做依次列举。

附录2 "数字经济"背景下制造企业供给侧结构性改革重点方向

第一节 关于支持新业态新模式健康发展激活消费市场带动扩大就业的意见（部分摘录）

党中央、国务院高度重视数字经济发展，先后出台实施"互联网+"行动和大数据战略等一系列重大举措，加快数字产业化、产业数字化发展，推动经济社会数字化转型。在各方面共同努力下，数字经济助推经济发展质量变革、效率变革、动力变革，增强了我国经济创新力和竞争力。特别在抗击新冠疫情中，数字经济发挥了不可替代的积极作用，成为推动我国经济社会发展的新引擎。为落实《政府工作报告》部署，支持新业态新模式健康发展，激活消费市场带动扩大就业，打造数字经济新优势，提出如下意见。

一、总体要求

以习近平新时代中国特色社会主义思想为指导，全面贯彻党的十九大和十九届二中、三中、四中全会精神，坚持新发展理念，坚持推动高质量发展，坚持以供给侧结构性改革为主线，深入实施数字经济战略。把支持线上线下融合的新业态新模式作为经济转型和促进改革创新的重要突破口，打破传统惯性思维。从问题出发深化改革、加强制度供给，更有效发挥数字化创新对实体经济提质增效的带动作用，推动"互联网+"和大数据、平台经济等迈向新阶段。以重大项目为抓手创造新的需求，培育新的就业形态，带动多元投资，形成强大国内市场，更好地满足人民群众对美好生活的新期待，推动构建现代化经济体系，实现经济高质量发展。

二、发展原则

——打破惯性思维，创新治理理念。以抗击新冠疫情期间涌现的线上服务新模式发展为契机，打破传统业态按区域、按行业治理的惯性思维，探索触发式监管机制，建立包容审慎的新业态新模式治理规则。

——加快转型升级，拓展融合深度。深入推进各行业各领域数字化转型，着力提升数字化转型公共服务能力和平台"赋能"水平，推进普惠性"上云用数赋智"服务，增强转型能力供给，促进企业联动转型、跨界合作，培育数字化新生态，提高转型效益。

——激发市场活力，开辟发展空间。营造鼓励就业模式创新的政策氛围，支持大众基于互联网平台开展微创新，探索对创造性劳动给予合理分成，降低创业风险，激活全社会创新创业创富积极性。

——提升要素效率，畅通经济循环。探索生产资料所有权和使用权分离改革，大力推进实物生产资料数字化，促进生产资料共享，促进数据要素流通，引导增值开发应用，激活数字化对实物生产资料倍增作用，提升全要素生产率。

三、积极探索线上服务新模式，激活消费新市场

（一）大力发展融合化在线教育。构建线上线下教育常态化融合发展机制，形成良性互动格局。允许购买并适当使用符合条件的社会化、市场化优秀在线课程资源，探索纳入部分教育阶段的日常教学体系，并在部分学校先行先试。鼓励加大投入和教师培训力度，试点开展基于线上智能环境的课堂教学、深化普及"三个课堂"应用等。完善在线教育知识产权保护、内容监管、市场准入等制度规范，形成高质量线上教育资源供给。（教育部牵头负责）

（二）积极发展互联网医疗。以互联网优化就医体验，打造健康消费新生态。进一步加强智慧医院建设，推进线上预约检查检验。探索检查结果、线上处方信息等互认制度，探索建立健全患者主导的医疗数据共享方式和制度。探索完善线上医疗纠纷处理办法。将符合条件的"互联网+"医疗服务费用纳入医保支付范围。规范推广慢性病互联网复诊、远程医疗、互联网健康咨询等模式。支持平台在就医、健康管理、养老养生等领域协同发展，培养健康消费习惯。（国家卫生健康委、医保局按职责分工负责）

（三）鼓励发展便捷化线上办公。打造"随时随地"的在线办公环境，在部分行业领域形成对线下模式的常态化补充。支持远程办公应用推广和安全可靠的线上办公工具研发，满足日常性多方协同工作、异地协同办公需求，有效支撑工作效率提升、业务协同模式创新和业务组织方式变革。推动完善电子合同、电子发票、电子印章、电子签名、电子认证等数字应用的基础设施，为在线办公提供有效支撑。（国家发展改革委、中央网信办、工业和信息化部牵头，商务部、国家保密局、税务总局等按职责分工负责）

（四）不断提升数字化治理水平。促进形成政企多方参与、高效联动、信息共享的现代化治理体系和治理能力。结合国家智慧城市试点建设，健全政府社会协同共治机制，构建政企数字供应链，以数据流引领带动物资流、技术流、人才流、资金流，有力支撑城市应急、治理和服务。支持民间资本参与水电路网等城市设施智慧化改造。结合国家区域发展战略及生产力布局，加快推进5G、数据中心、工业互联网等新型基础设施建设。探索完善智慧城市联网应用标准，推进京津冀、长三角、粤港澳大湾区、成渝等区域一体化数字治理和服务。（国家发展改革委、中央网信办、工业和信息化部牵头负责）

四、加快推进产业数字化转型，壮大实体经济新动能

（五）培育产业平台化发展生态。着力发挥互联网平台对传统产业的赋能和效益倍增作用，打造形成数字经济新实体。开展重大工程布局，支持传统龙头企业、互联网企业打造平台生态，提供信息撮合、交易服务和物流配送等综合服务。鼓励金融机构在有效防范风险的前提下，依法依规为平台提供金融服务。建设跨产业的信息融通平台，促进农业全流程、全产业链线上一体化发展。支持工业互联网平台建设推广，发挥已建平台作用，为企业提供数字化转型支撑、产品全生命周期管理等服务。发展服务衍生制造，鼓励电子商务、转型服务等行业企业向制造环节拓展业务。大力发展众包、云外包、平台分包等新模式。（国家发展改革委、中央网信办、工业和信息化部、农业农村部、商务部牵头，交通运输部、人民银行、银保监会按职责分工负责）

（六）加快传统企业数字化转型步伐。助力降低数字化转型难度，发展线上线下融合的业务发展模式，提升企业发展活力。组织数字化转型伙伴行动，建立政府—金融机构—平台—中小微企业联动机制，发展普惠性"上云用数赋智"。鼓励各类平台、机构对中小微企业实行一定的服务费用减免。培育一批数字化服务企业和创新应用企业，发挥引领带动作用。组织面向数字化转型基础软件、技术、算法等联合攻关。鼓励发展开源社区，支持开放软件源代码、硬件设计和应用服务。（国家发展改革委、中央网信办、工业和信息化部牵头，农业农村部、商务部、国务院国资委、人民银行、银保监会等按职责分工负责）

（七）打造跨越物理边界的"虚拟"产业园和产业集群。实现产业供需调配和精准对接，推进产业基础高级化和产业链现代化。实施数字经济新业态培育行动，支持建设数字供应链，推动订单、产能、渠道等信息共享。支持具有产业链、供应链带动能力的核心企业打造产业"数据中台"，以信息流促进上下游、产供销协同联动，保产业链供应链稳定，发展产业服务化新生态。支持出口园区和基地创新数字服务出口新业态新模式，大力发展数字贸易。（国家发展改革委、中央网信办、工业和信息化部、农业农村部、商务部、交通运输部按职责分工负责）

（八）发展基于新技术的"无人经济"。充分发挥智能应用的作用，促进生产、流通、

服务降本增效。支持建设智能工厂,实现生产过程透明化、生产现场智能化、工厂运营管理现代化。发展智慧农业,支持适应不同作物和环境的智能农机研发应用。支持建设自动驾驶、自动装卸堆存、无人配送等技术应用基础设施。发展危险作业机器人,满足恶劣条件应用需求。试点探索完善智能公共服务新业态涉及的交通、食品等领域安全发展政策标准。(国家发展改革委、中央网信办、工业和信息化部、农业农村部、商务部、交通运输部按职责分工负责)

五、鼓励发展新个体经济,开辟消费和就业新空间

(九)积极培育新个体,支持自主就业。进一步降低个体经营者线上创业就业成本,提供多样化的就业机会。支持微商电商、网络直播等多样化的自主就业、分时就业。鼓励发展基于知识传播、经验分享的创新平台。鼓励商业银行推广线上线下融合的信贷服务,合理降低个体工商户融资成本。通过网络平台开展经营活动的经营者,可使用网络经营场所登记个体工商户。引导互联网平台企业降低个体经营者使用互联网平台交易涉及的服务费,吸引更多个体经营者线上经营创业。加强新业态新模式就业统计监测研究。(国家发展改革委、人力资源社会保障部、人民银行、市场监管总局、国家统计局、银保监会按职责分工负责)

(十)大力发展微经济,鼓励"副业创新"。着力激发各类主体的创新动力和创造活力,打造兼职就业、副业创业等多种形式蓬勃发展格局。支持线上多样化社交、短视频平台有序发展,鼓励微创新、微应用、微产品、微电影等万众创新。引导"宅经济"合理发展,促进线上直播等服务新方式规范健康发展。探索运用区块链技术完善多元价值传递和贡献分配体系。实施新业态成长计划,建立微经济等新业态成长型企业名录,及时跟踪推动解决企业的政策堵点。(国家发展改革委、中央网信办、工业和信息化部、商务部按职责分工负责)

(十一)强化灵活就业劳动权益保障,探索多点执业。探索适应跨平台、多雇主间灵活就业的权益保障、社会保障等政策。完善灵活就业人员劳动权益保护、保费缴纳、薪酬等政策制度,明确平台企业在劳动者权益保障方面的相应责任,保障劳动者的基本报酬权、休息权和职业安全,明确参与各方的权利义务关系。探索完善与个人职业发展相适应的医疗、教育等行业多点执业新模式。结合双创示范基地建设,支持建立灵活就业、"共享用工"服务平台,提供线上职业培训、灵活就业供需对接等就业服务。推进失业保险金的线上便利化申领,方便群众办事。(人力资源社会保障部、国家卫生健康委、医保局等按职责分工负责)

六、培育发展共享经济新业态,创造生产要素供给新方式

(十二)拓展共享生活新空间。推动形成高质量的生活服务要素供给新体系。鼓励共

享出行、餐饮外卖、团购、在线购药、共享住宿、文化旅游等领域产品智能化升级和商业模式创新，发展生活消费新方式，培育线上高端品牌。推动旅游景区建设数字化体验产品，丰富游客体验内容。扩大电子商务进农村覆盖面，促进农产品进城和工业品下乡。鼓励康养服务范围向农村延伸，培育农村消费新业态。完善具有公共服务属性的共享产品相关标准，优化布局，规范行业发展。（中央网信办、国家发展改革委、交通运输部、工业和信息化部、商务部、国家卫生健康委、文化和旅游部、市场监管总局按职责分工负责）

（十三）打造共享生产新动力。推动形成高质量的生产服务要素供给新体系。鼓励企业开放平台资源，共享实验验证环境、仿真模拟等技术平台，充分挖掘闲置存量资源的应用潜力。鼓励公有云资源共享，引导企业将生产流程等向云上迁移，提高云资源利用率。鼓励制造业企业探索共享制造的商业模式和适用场景，促进生产设备、农用机械、建筑施工机械等生产工具共享。（国家发展改革委、中央网信办、工业和信息化部、农业农村部等按职责分工负责）

（十四）探索生产资料共享新模式。健全完善"所有权与使用权分离"的生产资料管理新制度。取消各种不合理的限制，畅通共享经济合作机制，鼓励各类所有制企业、行政事业单位等法人主体生产资料共享。依托互联网、云计算等技术，盘活空余云平台、开发工具、车间厂房等闲置资源，充分发挥市场在资源配置中的决定性作用。各类企业作为平等独立的市场主体，按市场化原则、商业化方式自主推进生产资料共享，提高资源利用效率。（国家发展改革委、工业和信息化部、国务院国资委等按职责分工负责）

（十五）激发数据要素流通新活力。推动构建数据要素有序流通、高效利用的新机制。依托国家数据共享和开放平台体系，推动人口、交通、通信、卫生健康等公共数据资源安全共享开放。在修订税收征收管理法的基础上，健全适应数据要素特点的税收征收管理制度。加快全国一体化大数据中心体系建设，建立完善跨部门、跨区域的数据资源流通应用机制，强化数据安全保障能力，优化数据要素流通环境。（国家发展改革委、中央网信办、工业和信息化部牵头，交通运输部、税务总局等按职责分工负责）

七、保障措施

（十六）持续加强统筹协调。要打破惯性思维，拿出硬招、实招、新招，支持新业态、新模式健康发展。要加强统筹协调，强化政策联动和各部门协同配合，形成促进新业态、新模式发展的合力。要结合实际进一步细化具体目标和任务，积极主动、大胆探索，全面激发市场主体创新活力。

（十七）有效释放改革活力。要继续推进简政放权、放管结合、优化服务改革，优化营商环境。要加快在知识产权保护、普惠金融支持等方面持续深化改革，降低新业态新模式创新发展成本。国家数字经济创新发展试验区等要重点发挥先行示范作用，率先探索改革举措，形成辐射带动效应。

（十八）坚持包容审慎监管。要探索创新监管模式，积极鼓励创新，健全触发式监管机制，构建各类主体参与的多方协同治理体系。要及时修订完善监管政策制度，为新业态新模式发展留足空间。要坚守安全和质量底线，强化安全监测和风险评估，对于侵犯他人合法权益、违背公平竞争秩序等违法行为要坚决依法打击。

（十九）积极营造良好氛围。要认真抓好相关政策出台、解读和宣传，及时回应社会关切，合理引导预期，激发市场创新活力。要及时总结宣传发展新业态新模式的好做法、好经验，充分调动社会各界推动新业态、新模式健康发展的积极性，发挥各类主体创造潜力，增强广大群众参与感、获得感和幸福感，凝聚广泛共识。

国家发展改革委、中央网信办、工业和信息化部、教育部、人力资源社会保障部、交通运输部、农业农村部、商务部、文化和旅游部、国家卫生健康委、国资委、市场监管总局、国家医疗保障局联合发布。

2020 年 07 月 14 日

第二节 《关于支持新业态新模式健康发展激活消费市场带动扩大就业的意见》（部分摘录）

2020年7月，国家发展改革委、中央网信办、工信部等13部门联合发布《关于支持新业态新模式健康发展　激活消费市场带动扩大就业的意见》，提出坚持以供给侧结构性改革为主线，深入实施数字经济战略。中央提出供给侧结构性改革的战略部署，核心要义是调整经济结构、优化要素配置、提高增长质量，同时充分发挥市场主体作用，畅通产业循环、市场循环和经济社会循环。供给侧结构性改革为数字经济发展提供指导和遵循，也与数字经济发展相互促进、共生共荣。

一、数字经济为供给侧结构性改革提供深层动力

数字经济在培育新动能、探索供需对接新路径、助力产业链升级等方面，为供给侧结构性改革提供深层动力和关键支撑。

数字技术成为新旧动能转换的"催化剂"。用数字技术改变低技术含量的发展道路，推动要素密集型产业向技术密集型产业升级，成为新旧动能转换的强大助力。依靠数字技术改造传统产业，一方面对原有制造能力进行数字化升级，优化研发设计、材料供应、生产管理、质检物流等环节，提升原有工业产品的附加值、精密程度和质量水平，进而增强产品价值和竞争力，走高质量的发展道路；另一方面，借助数字技术抢抓新机遇，生产新兴产品、培育新兴业态、拓展新兴产业，释放经济转型发展动能。

数字市场促进供需对接匹配"精准化"。数字市场促进生产端和消费端有序对接，进行供需精准匹配，有利于提高资源配置效率。在线产生的数据同时连接需求侧和供给侧，面向消费升级、市场的瞬息万变以及海量客户的个性化需求，可以精准洞察和快速响应，提高资源配置效率。从需求侧贯通至供给侧，用数字化打通企业上下游各环节，贯穿从原材料采购、研发、生产经营到产品销售的全产业链，并以数据驱动创新向价值链高端延伸。从微观到宏观，用数字化实现生产和消费的良性互动，实现从需求侧到供给侧的整体效率提升。

数字平台促进产业分工协作"规模化"。数字平台向规模化发展能促进产业链整体协作水平和综合竞争力的持续提升。数字经济中最突出的新兴业态是"平台"经济体的出现，大量中小企业围绕平台聚集，形成生态。在平台上，客户发送订单，生产企业可以迅速找到物美价廉的原材料，设计企业可以和生产制造企业协同工作。平台的组织结构趋向扁平化，不需要传统的中间商，可显著降低交易成本；平台具有集成、集聚等特征，拥有庞大的资源优势，可助力企业以较低的成本实现创新资源共享和产业链分工协作，推动规模化的创新协同和成果转化。

二、产业互联网是关键发力点

抓住供给侧结构性改革的机遇发展数字经济，最重要的是供给侧数字化转型，也就是发展产业互联网。

产业互联网是供给侧数字化转型的"主动力"。从"流量红利"到"价值红利"，供给侧数字化转型的重点是发展产业互联网。经过20多年互联网的发展，互联网发展从消费互联网走向产业互联网，从关注个人需求到关注企业生产需要，从消费端数字化走向供给端数字化。产业互联网主要面向企业提供生产型服务，通过生产优化、资源整合，实现数字化转型，提高全要素生产效率。

数字化纵深推进是产业互联网的"主方向"。从"互联网+"到"+互联网"，产业互联网的方向是赋能传统产业深度转型升级。"互联网+"更强调的是使用互联网等数字技术进行在线连接和渗透融合的过程。在这一过程中，很多传统行业第一次"触网"，催生出如平台经济、共享经济、众包众筹等新模式、新业态，体现互联网与经济社会融合的"广度"。"+互联网"则是依托数字技术，赋能传统产业转型升级，让企业具有进行数字化改造的能力。这一进程中，更多的是强调数字技术与经济社会融合的"深度"。

制造业转型升级是产业互联网的"主战场"。实现从"低成本传统优势"到"价值增值新路线"的转换，发展产业互联网的重中之重是智能制造。这意味着要围绕制造业产业链部署数字创新链，加快数字技术的突破和深度应用，提升制造业的智能化水平，培育更多成熟品牌，创造更高的价值，推动大国制造向大国智造的转型，如新能源汽车、工业机器人就是典型代表。在新基建的背景下，抓住制造业数字化转型的机遇，通过工业互联网、传感器、大数据技术创新驱动产业升级，促进新一代信息技术与制造业的有机融合，为制造业提供数字化、网络化和智能化的新动力，构建全面互联、数据驱动的智能制造新体系，实现制造业高质量发展。

三、建立多层联动的一体化，产业互联网发展格局

发展数字经济，助力供给侧结构性改革，要从企业、行业、产业、生态 4 个层面出发，形成"点、线、面、体"一体化的发展格局。

完善企业级服务，形成升级改造"牵引点"。助力供给侧结构性改革，要面向企业提供生产性服务，以组织创新释放企业发展活力。在前台，将 C 端用户数字化，帮助企业分析消费者画像，实现定制化产品和服务的快速迭代试错；在中台，构建高度标准化、模块化的工具，强化企业数据支撑体系；在后台，强化资源与系统管理，为企业业务创新、智能决策服务。与此同时，引导企业推进组织创新，形成创新、灵活、弹性的协同网络，建设自身的"数字神经"组织架构，敏捷应对市场变化，制定新的战略并加以实施，不断适应复杂多变的内外部环境。

加快行业信息化，形成示范带动"辐射线"。助力供给侧结构性改革，要面向行业加快信息化建设，以机制创新发挥示范引领作用。加快完善与行业信息化相关的基础设施建设，为行业信息化提供有力的系统支撑和可靠的网络保障；培育面向行业的信息化系统服务和整体解决方案提供商，推动传统行业的信息化建设。与此同时，要鼓励企业家创新精神，推广重点标杆企业的典型经验做法，发挥领先行业案例的示范带动作用。以重点工业行业为例，可在全国范围内遴选开展试点示范，并在工业转型升级专项资金中加大支持力度。

打造产业云平台，筑牢跨界融合"承载面"。助力供给侧结构性改革，要面向产业促进全方位互联，以基础创新提升产业发展能力。作为信息基础设施中的基础设施，云计算平台是产业互联网的关键推动者。通过产业云平台的建设，促进不同行业的跨界融合，推动产业互联网和消费互联网的融合，将传统产业里横向的产业群与纵向的产业链融为一体。同时，集中力量鼓励核心技术创新，加强对基础研究和应用研究的支持，扎实做好新型基础设施建设，提升劳动力的数字技能水平，为产业发展提供创新支撑。

打通生态数据链，建设高效协作"共同体"。助力供给侧结构性改革，要面向产业生态推进全链条协同，以治理创新畅通经济社会循环。数字化将链接每一个细微的供需环，形成贯通整个产业生态的数据链，大大降低合作沟通的信息成本，缩短产品与服务的更新周期，对传统产业进行全方位改造，实现整个产业生态的转型升级。要大力推动治理创新，以包容监管、放松管制、保障安全等为指引，凝聚市场主体的力量和数据创新的力量，推动经济社会的数字化转型。

当前，全球产业链供应链循环受阻、世界经济动荡风险上升，如何在危机中育新机、

于变局中开新局，推动我国经济社会平稳运行，助力世界经济复苏，是我们当前和今后一个时期必须面对的挑战。我们要坚持新发展理念，从国家战略的高度推进产业互联网发展，促进数字经济快速增长，不断深化供给侧结构性改革，推动经济转型升级，奋力谱写新时代经济社会高质量发展的新篇章。

第三节　关于发展数字经济稳定并扩大就业的指导意见（部分摘录）

随着新一轮科技革命和产业变革孕育兴起，互联网、大数据、云计算、人工智能等数字技术日新月异，以数据资源为重要生产要素、以全要素数字化转型为重要推动力的数字经济蓬勃发展，数字经济领域就业加速增长，新就业形态不断涌现。但同时，数字人才供给缺口大、适应劳动者流动性和就业方式多样化的就业服务及用工管理制度有待完善等问题仍较突出。当前和今后一段时期，要深入贯彻落实党中央、国务院的决策部署，抢抓发展机遇，大力发展数字经济稳定并扩大就业，促进经济转型升级和就业提质扩面互促共进。为此，提出如下意见。

一、总体要求

（一）指导思想

全面贯彻落实党的十九大精神，以习近平新时代中国特色社会主义思想为指导，紧紧围绕统筹推进"五位一体"总体布局和协调推进"四个全面"战略布局，牢固树立和贯彻落实创新、协调、绿色、开放、共享的新发展理念，坚持就业优先战略和积极就业政策，以大力发展数字经济促进就业为主线，以同步推进产业结构和劳动者技能数字化转型为重点，加快形成适应数字经济发展的就业政策体系，大力提升数字化、网络化、智能化就业创业服务能力，不断拓展就业创业新空间，着力实现更高质量和更充分就业，为保障和改善民生、全面建成小康社会、建设社会主义现代化强国提供强大支撑。

（二）基本原则

——坚持市场主导、政府引导。既要健全机制，加快消除制度性、体制性障碍，充分发挥市场决定性作用，又要加强政策支持，强化公共服务，更好地发挥政府作用，努力营造发展数字经济促进就业的良好环境。

——坚持就业优先、协调发展。要坚持就业优先战略和积极就业政策，把促进充分就业作为经济社会发展优先目标、放在更加突出位置，前瞻性地加强数字人才培养培训，优化人力资本服务，引导更多劳动者有序向数字经济领域转岗就业，在数字经济发展壮大中实现更高质量和更充分就业。

——坚持盘活存量、创造增量。坚持以供给侧结构性改革为主线，既要着眼于数字经济发展趋势，加快传统经济数字化转型步伐，盘活存量就业岗位，又要整合资源、优化环境，大力发展互联网、物联网、大数据、云计算、人工智能等新兴产业，不断催生数字化生产新业态新模式，提高新成长劳动力数字技能水平，创造更多新兴就业机会。

——坚持包容创新、共建共享。既要加快完善包容创新的政策体系，营造适度宽松的发展环境，又要制定差异化动态化监管政策，创新就业创业服务方式，加快形成适应和引领发展数字经济促进就业的政策环境，使广大劳动者共建共享数字经济发展成果。

（三）主要目标

到 2025 年，伴随数字经济不断壮大，国民数字素养达到发达国家平均水平，数字人才规模稳步扩大，数字经济领域成为吸纳就业的重要渠道。适应数字经济领域就业要求的法律制度框架基本完善，数字化公共就业创业服务能力大幅提升，人力资源市场配置效率明显提高，就业规模不断扩大，就业质量持续改善。

二、加快培育数字经济新兴就业机会

（四）推动数字产业发展壮大，拓展就业新空间。抓住数字经济发展机遇，深入推进创新驱动发展战略，加快数字基础设施建设，着力发展壮大互联网、物联网、大数据、云计算、人工智能等信息技术产业，做大做强平台企业，在带动经济转型提质过程中创造更多更高质量的新兴就业创业增长点。鼓励数据资源高效利用、开放共享，进一步扩大和升级信息消费，促进电子商务、共享经济等新业态蓬勃发展，培育更多新就业形态，吸纳更多就业。（工业和信息化部、国家发展改革委牵头，科技部、商务部按职责分工负责）

（五）促进传统产业数字化转型，带动更多劳动者转岗提质就业。推动互联网、大数据、人工智能和实体经济深度融合，培育新增长点、形成新动能。深入推进数字技术与制造业融通发展，建立健全工业互联网基础设施体系，大力发展核心工业软件，推动传统制造业加快数字化转型，在提升国际竞争力、拓展产业链条中带动更多劳动力转岗就业。加速传统服务业数字化、网络化转型，提升精准服务、高效服务、智能服务能力，带动更多数字经济领域就业创业。充分应用物联网、大数据等新一代信息技术，促进农业生产、经营、管理、服务数字化，大力发展智慧农业，推进农业全产业链延伸和升级，促进农村一二三产业融合发展，加快乡村振兴步伐，切实提升新农民新主体数字技能。（工业和信息化部、国家发展改革委、科技部、人力资源社会保障部、农业农村部、商务部按职责分工负责）

（六）激发数字经济创新创业活力，厚植就业增长沃土。加大融资政策支持力度，切实落实支持新产业新业态发展、促进大众创业万众创新用地意见，支持互联网龙头企业、各类开发区建设开放平台，建设一批数字产业承接能力强的返乡创业示范基地，营造富有活力的数字经济创新创业环境。进一步深化新三板改革，稳步扩大创新创业公司债试点规模，支持私募股权和创业投资基金投资数字经济领域，增强资本市场支持数字经济创新创业能力。积极引进掌握先进数字技术知识的外国高层次人才，培育推动数字经济创新发展的国际化专家团队。（国家发展改革委、自然资源部、人力资源社会保障部、工业和信息化部、科技部、商务部、财政部、教育部、人民银行、证监会按职责分工负责）

三、持续提升劳动者数字技能

（七）强化数字人才教育。深化教育改革，建立健全高等院校、中等职业学校学科专业动态调整机制，加快推进面向数字经济的新工科建设，积极发展数字领域新兴专业，促进计算机科学、数据分析与其他专业学科间的交叉融合，扩大互联网、物联网、大数据、云计算、人工智能等数字人才培养规模。进一步扩大和落实高校专业设置自主权，鼓励高校根据经济社会发展需要和自身办学能力，加大数字领域相关专业人才培养。加强数字人才教育师资力量培养培训，推动实现基础教育、职业教育、高等教育普遍开展数字知识和技能教育，逐步建立健全多层次、多类型数字人才培养体系。加大职业教育数字化资源共建共享力度，加快建设适应数字经济发展的职业教育相关专业教学标准体系，进一步优化中等职业学校信息化相关专业设置。（教育部牵头，国家发展改革委、人力资源社会保障部按职责分工负责）

（八）加强数字技能培训。大规模开展职业技能培训，创新培训方式，探索职业培训包模式。实施国家职业资格目录，做好有关人才资格认证工作。面向新成长劳动力、失业人员等群体，加大大数据分析、软件编程、工业软件、数据安全等数字技能培训规模。引导企业用好用活教育培训经费，加强数字技能在职培训。进一步整合资源，突出重点，打造一批功能突出、资源共享的区域性数字技能公共实训基地。创新公共实训基地运营管理模式，全面提升数字技能实训能力。（人力资源社会保障部牵头，国家发展改革委按职责分工负责）

（九）建设终身学习数字化平台体系。大力发展覆盖职业生涯全过程的数字化终身教育，开发一批大规模在线开放课程平台，推动教育培训机构和部分企业共建在线模块化网络课程，强化课程认证，方便劳动者随时随地利用碎片化时间学习。完善网络平台教学管理系统，开展自适应学习实践项目，构建能动学习的良好环境。（教育部、人力资源社会保障部按职责分工负责）

（十）创新人才培养培训方式。加强教育与培训信息化基础设施和数字教育资源建设，提升教育、培训机构网络运行能力，促进教育、培训数据资源共享。开发全网络学习培训方案，实现从课程设计、课程开发、教学过程到教学评估全流程网络化。大力发展"互联网+"教学和技能培训，积极采用移动技术、互联网、虚拟现实与增强现实、人机互动等数字化教学培训手段，推广微课程、线上线下混合式教学、在线直播等新型教学培训模式。（教育部、人力资源社会保障部按职责分工负责）

（十一）吸引社会力量参与数字人才培养培训。深化产教融合、校企合作，探索校企联合培养新模式，推进普通本科高校、职业院校（含技工院校）与科研机构、行业企业协同育人,及时将数字领域先进成果和实用技术转化为教学内容。支持行业企业特别是大型企业举办或参与举办职业院校,支持数字经济大型骨干企业与科研院所共建人才培养基地。加大政府购买服务力度,充分发挥企业、行业协会、培训机构的积极作用,建立多方协同的职业培训规范管理制度和协调发展机制,提升数字人才培养培训能力。(教育部、国家发展改革委、人力资源社会保障部按职责分工负责)

四、大力推进就业创业服务数字化转型

(十二)加快推动公共就业创业服务数字化转型。深入实施"互联网+"公共就业创业服务,加强全国公共就业信息服务平台建设,强化移动端应用,打造集政策解读、业务办理咨询于一体的智能服务体系,充分利用大数据技术,提升精准服务能力,提供全方位公共就业服务。(人力资源社会保障部牵头负责)

(十三)鼓励发展数字化人力资源市场服务机构。持续推进和深化商事制度改革,放宽市场准入条件,大力发展"互联网+"人力资源服务业和基于数字技术的人力资源服务新机构、新业态,加快线下业务向线上转移,线上业务向精准匹配、智能服务转型。引导和鼓励人力资源服务企业加强数字化管理服务系统研发,提升数字化服务水平。(人力资源社会保障部牵头,市场监管总局、科技部按职责分工负责)

(十四)做大做强数字经济创新创业服务孵化平台。支持建设一批数字经济创新创业孵化机构。完善以众创空间、孵化器为核心,创业企业、科研机构、金融机构、中介服务机构、资本市场和其他创业资源有机结合的创新创业服务网络。积极推进供应链创新与应用,支持构建以企业为主导,产学研用合作的供应链创新网络,建设跨界交叉领域的创新服务平台。鼓励行业龙头企业、国家级开发区围绕做大做强主业、延伸产业链条,开放企业技术链、供应链、物流链、渠道链,整合培训、金融等相关服务,打造集孵化器和加速器于一体的创客空间。鼓励高校、科研机构发挥技术优势,建设数字经济创新创业服务平台,盘活优质技术资源,服务数字经济创业企业发展。(科技部、国家发展改革委、人力资源社会保障部、人民银行、工业和信息化部、商务部、教育部按职责分工负责)

五、不断完善政策法律体系

(十五)不断完善新就业形态劳动用工。按照审慎包容监管、增强劳动力市场灵活性的要求,推动完善劳动法律法规,及时完善新就业形态下的劳动用工政策,切实维护劳动者合法权益。(人力资源社会保障部牵头,全国工商联、全国总工会按职责分工负责)

(十六)继续完善适应新就业形态的社会保险参保缴费政策和管理服务机制。全面实施全民参保计划,推动将依托互联网平台实现灵活就业人员纳入社会保障覆盖范围。积极发挥失业保险保生活、防失业、促就业功能作用,拓宽失业保险覆盖范围。适应数字经济新就业形态发展要求,创新社会保险经办服务管理模式,推进"网上社保",建立全

国统一的社会保险公共服务平台。(人力资源社会保障部牵头负责)

(十七)加快健全激励机制。支持引导薪酬分配政策向数字技能等高层次人才倾斜,向关键岗位急需紧缺人才倾斜,探索实行项目工资、协议工资和年薪制等灵活多样的薪酬分配方式。加快新就业形态薪酬制度改革,不断完善兼职、一人多岗等灵活就业人员按次提成、计件取酬等工资制度。研究完善适应数字经济特点的税收征管制度。发挥企业主体作用,完善数字人才在人才落户、招聘录用、岗位聘任、职务职级晋升、职称评定、学习进修、休假体检等方面的政策,破除妨碍劳动力、人才社会性流动的体制机制弊端,全面做好数字人才激励工作。(国家发展改革委、人力资源社会保障部、税务总局、公安部按职责分工负责)

六、着力健全保障措施

(十八)加强示范引领。支持有条件的地方积极开展发展数字经济促进就业改革示范和探索创新,形成可复制可推广的好经验好做法。(国家发展改革委牵头,教育部、科技部、工业和信息化部、人力资源社会保障部、商务部按职责分工负责)

(十九)注重市场驱动。支持市场资源设立发展数字经济促进就业产业基金,着力培育数字经济市场主体,建立健全数字经济企业融资信息平台,完善融资风险分担机制,在依法合规基础上,开发更多适合数字经济企业的融资工具,更好地满足数字经济企业投融资需求。(国家发展改革委、科技部、工业和信息化部、人民银行、银保监会按职责分工会负责)

(二十)优化发展环境。全面实施市场准入负面清单制度,及时优化完善数字经济管理事项,形成公平透明稳定可预期的制度安排,激发发展数字经济促进就业市场活力。建立健全信息保护、数据交易和共享等方面的相关制度,规范交易行为。发挥行业领军企业示范引领作用,完善企业守信联合激励机制和失信联合惩戒机制,增加企业失信成本,促进数字经济领域就业健康稳定发展。(国家发展改革委、商务部、工业和信息化部、市场监管总局、知识产权局、人民银行按职责分工负责)

(二十一)强化风险应对。统筹发展和安全,提高就业形势感知、科学决策和风险预警能力,稳妥做好风险防控应对。建立健全部门、科研机构、互联网人力资源服务企业联动分析机制,充分利用云计算、大数据等数字技术,推动数字化、信息化监测统计平台建设。探索构建适应数字经济融合业务的国民经济行业分类标准,加强数字经济新产业、新业态、新商业模式和新就业形态统计监测。(国家发展改革委、人力资源社会保障部、国家统计局、工业和信息化部按职责分工负责)

各地区、各有关部门要强化落实责任,按照本意见要求,结合自身实际,明确目标任务和责任分工,确保各项工作任务落到实处。

2018 年 9 月 18 日

第四节 《关于发展数字经济稳定并扩大就业的指导意见》(部分摘录)

国家发展改革委、教育部、科技部、工业和信息化部等19部门近日联合印发的《关于发展数字经济稳定并扩大就业的指导意见》以下简称《意见》提出,以大力发展数字经济促进就业为主线,以同步推进产业结构和劳动者技能数字化转型为重点,加快形成适应数字经济发展的就业政策体系,大力提升数字化、网络化、智能化就业创业服务能力,不断拓展就业创业新空间,着力实现更高质量和更充分就业。

新一轮科技革命和产业变革正在蓬勃兴起。数据显示,2017年我国数字经济规模达到27.2万亿元,增长超20%,显著高于当年GDP增速,占GDP比重达到32.9%。2017年我国数字经济对GDP的贡献为55%。数字经济高速发展,目前已成为经济增长的主要动力。随着数字经济蓬勃发展,我国数字经济领域就业加速增长,新就业形态不断涌现。2017年,我国数字经济领域就业人数达到1.71亿人,占当年总就业人数的22.1%。过去5年,我国在面临较大经济下行压力的情况下,就业未降反增。应该说数字经济发挥了就业的"稳定器"和"倍增器"的作用。

《意见》要求,到2025年,伴随数字经济不断壮大,国民数字素养达到发达国家平均水平,数字人才规模稳步扩大,数字经济领域成为吸纳就业的重要渠道。适应数字经济领域就业要求的法律制度框架基本完善,数字化公共就业创业服务能力大幅提升,人力资源市场配置效率明显提高,就业规模不断扩大,就业质量持续改善。

数字经济对就业结构会产生比较大的影响,传统产业和一些技术水平比较低、知识结构比较落后的群体,容易受到数字经济的冲击。就业结构转型需要政府提供技能培训支持,为新的数字经济环境下的就业创造相适应的劳动力市场。对此,《意见》明确提出加强数字技能培训而且有具体的举措,将加强对数字技能的全民普惠性培训和重点人才的培训相结合,对于数字经济下就业结构的转变具有重要意义。

当前,我国数字人才供给缺口大、适应劳动者流动性和就业方式多样化的就业服务及用工管理制度有待完善等问题,仍较为突出。《意见》从加快培育数字经济新兴就业机会、持续提升劳动者数字技能、大力推进就业创业服务数字化转型、不断完善政策法律体系等4个方面,提出要推动数字产业发展壮大,拓展就业新空间;促进传统产业数字化转型,带动更多劳动者转岗提质就业;激发数字经济创新创业活力,厚植就业增长沃土;强化数字人才教育和数字技能培训,缓解结构性就业矛盾;做大做强服务孵化平台,促进数字经济创业带动就业等多项政策措施。

加强政策保障,着眼于提高就业市场的灵活性,是此次《意见》的一个突出亮点。现在的劳动法规、社会保障政策和相关的薪酬人事政策,几乎都是基于全日制就业形态来制定和实施的,但数字经济条件下,更多体现出灵活就业和创新就业的特点。对此,

《意见》从各个方面进行了探索,这是非常值得称赞的,将为灵活就业及劳动者的相关权利提供保障。

《意见》提出,加快推动公共就业创业服务数字化转型,鼓励发展数字化人力资源市场服务机构,做大做强数字经济创新创业服务孵化平台。张影强表示,大力推进就业创业服务数字化转型,这是《意见》的另一亮点。这是政府相关职能部门顺应数字经济条件下就业形态变化的重要举措,有助于更好地服务于新型的劳动力市场,为发展数字经济和促进就业起到重要保障作用。

附录3 爬虫程序

1. 程序环境搭建及使用说明

按照简易 Python 环境搭建教程搭建环境,并将的 chromedriver.exe 复制入 anaconda 安装路径下的 Scripts 文件夹内。使用 Pycharm 打开文件夹后,运行 run_main.py。

根据公司代码集合进行上市公司公告爬取,由于数据较为庞大,本次爬虫使用分布式爬取方式,多线程进行,按照代码的总数,将爬取过程划分为 4 个线程。为了提高爬取效率,直接从网页源代码入手进行信息提取,避免打开网页的模拟环节。最终结果保存在 result 下,并按照公司代码进行分开存储,以保证意外终止时数据能有效即时存储。

2. 爬虫程序代码

(1) Data_processor.py

```
import pandas as pd
def get_data_code():
    df = pd.read_excel('data.xls')
    data = df.fillna(0)
    code = list(data['上市公司代码'])
    while True:  # 移除 code 代码中的多余信息。
        try:
            code.remove('上市公司代码')
            code.remove(0)
        except Exception:
            break
    return code
```

```python
if __name__ == '__main__':
    code = get_data_code()
print(len(code))
```

(2) html_downloader.py

```python
import urllib.request as urllib2
import socket
import sys
# 此代码在于设定固定爬取时间对页面进行访问，旨在防止响应时间过长程序停滞不前。

class HtmlDownloader(object):
    def download(self, url):
        socket.setdefaulttimeout(200)
        if url is None:
            return None

        response = urllib2.urlopen(url)

        if response.getcode() != 200:
            return None
        return str(response.read(), 'GB18030', 'ignore').encode('UTF-8')
```

(3) html_output.py

```python
# 数据存储的一种方式。
import pandas as pd
import sys
class HtmlOutputer(object):
    def __init__(self):
        self.datas = []
        self.columns = []
```

```
def collect_data(self, data):
    if data is None:
        return
    self.datas.append(data)
```

（4）html_parser.py
网页解析
```
import html_downloader
from bs4 import BeautifulSoup
import sys


class HtmlParser(object):

    def __init__(self):
        self.downloader = html_downloader.HtmlDownloader()

    def _get_new_data(self, page_url, soup):
        try:
            #<div class="detail-body" style="padding: 20px 50px;">
            return soup.find('div', class_='detail-body').find('div').get_text()
        except Exception:
            pass
    def parse(self, page_url, html_cont):
        if page_url is None or html_cont is None:
            return

        soup = BeautifulSoup(html_cont, 'html.parser', from_encoding='utf-8')
        return self._get_new_data(page_url, soup)
```

（5）keyword_spider.py
```
import requests
import html_downloader, html_parser
# from selenium.webdriver.common.by import By
# from selenium.webdriver.support.ui import WebDriverWait
```

```python
# from selenium.webdriver.support import expected_conditions as EC
# from selenium.webdriver.common.keys import Keys  // 导入键盘输入检查模块，但网页逻辑问题导致无法使用回车翻页。
import pandas as pd
import time
from random import randint
import os
import warnings
from queue import Queue
from threading import Thread
warnings.filterwarnings("ignore")


class CodeSpider:
    def __init__(self, code, resultpath):
        self.resultpath = resultpath
        # self.driver = webdriver.Chrome()
        self.code = code
        # self.url1 = 'http://data.eastmoney.com/notices/stock/' + str(code) + '.html'
        # self.driver.get(self.url1)
        self.flag = 0
        self.qurl = Queue()
        self.r1 = []
        self.r2 = []
        self.r3 = []
        self.r4 = []
        self.r5 = []
        self.r6 = []
        self.r7 = []
        self.thread_num = 10

    def produce_urls(self):
        baseurl = "http://data.eastmoney.com/notices/getdata.ashx?StockCode={}".format(self.code)
        for i in range(1, 6):
```

```
        url = baseurl + \
'&CodeType=1&PageIndex={}&PageSize=50&jsObj=hovjABFg&SecNodeType=0&FirstNode
Type=0&rt=53053023'.format（i）
        self.qurl.put（url）

    def get_info（self）：
        while not self.qurl.empty（）：# 保证 url 遍历结束后能退出线程
        # 随机生成 header 骗取请求信任
        USER_AGENTS = [
            "Mozilla/4.0（compatible; MSIE 6.0; Windows NT 5.1; SV1; AcooBrowser; .NET CLR 1.1.4322; .NET CLR 2.0.50727）",
            "Mozilla/4.0（compatible; MSIE 7.0; Windows NT 6.0; Acoo Browser; SLCC1; .NET CLR 2.0.50727; Media Center PC 5.0; .NET CLR 3.0.04506）",
            "Mozilla/4.0（compatible; MSIE 7.0; AOL 9.5; AOLBuild 4337.35; Windows NT 5.1; .NET CLR 1.1.4322; .NET CLR 2.0.50727）",
            "Mozilla/5.0（Windows; U; MSIE 9.0; Windows NT 9.0; en-US）",
            "Mozilla/5.0（compatible; MSIE 9.0; Windows NT 6.1; Win64; x64; Trident/5.0; .NET CLR 3.5.30729; .NET CLR 3.0.30729; .NET CLR 2.0.50727; Media Center PC 6.0）",
            "Mozilla/5.0（compatible; MSIE 8.0; Windows NT 6.0; Trident/4.0; WOW64; Trident/4.0; SLCC2; .NET CLR 2.0.50727; .NET CLR 3.5.30729; .NET CLR 3.0.30729; .NET CLR 1.0.3705; .NET CLR 1.1.4322）",
            "Mozilla/4.0（compatible; MSIE 7.0b; Windows NT 5.2; .NET CLR 1.1.4322; .NET CLR 2.0.50727; InfoPath.2; .NET CLR 3.0.04506.30）",
            "Mozilla/5.0（Windows; U; Windows NT 5.1; zh-CN）AppleWebKit/523.15（KHTML，like Gecko，Safari/419.3）Arora/0.3（Change：287 c9dfb30）",
            "Mozilla/5.0（X11; U; Linux; en-US）AppleWebKit/527+（KHTML，like Gecko，Safari/419.3）Arora/0.6",
            "Mozilla/5.0（Windows; U; Windows NT 5.1; en-US; rv：1.8.1.2pre）Gecko/20070215 K-Ninja/2.1.1",
            "Mozilla/5.0（Windows; U; Windows NT 5.1; zh-CN; rv：1.9）Gecko/20080705 Firefox/3.0 Kapiko/3.0",
            "Mozilla/5.0（X11; Linux i686; U; ）Gecko/20070322 Kazehakase/0.4.5",
            "Mozilla/5.0（X11; U; Linux i686; en-US; rv：1.9.0.8）Gecko Fedora/1.9.0.8-1.fc10 Kazehakase/0.5.6",
```

"Mozilla/5.0（Windows NT 6.1; WOW64）AppleWebKit/535.11（KHTML，like Gecko）Chrome/17.0.963.56 Safari/535.11",

"Mozilla/5.0（Macintosh; Intel Mac OS X 10_7_3）AppleWebKit/535.20（KHTML, like Gecko）Chrome/19.0.1036.7 Safari/535.20",

"Opera/9.80（Macintosh; Intel Mac OS X 10.6.8; U; fr）Presto/2.9.168 Version/11.52",
]

random_agent = USER_AGENTS[randint（0, len（USER_AGENTS）- 1）]
headers = {
　'User-Agent': random_agent,
}
url = self.qurl.get（）# 从队列中获取 url
s = requests.session（）
res = s.get（url, headers=headers）
r1 = res.text.split（'='）
r2 = r1[1].split（';'）
data = r2[0]
data = data.replace（'null', '0'）
final = eval（data）
downloader = html_downloader.HtmlDownloader（）
parser = html_parser.HtmlParser（）

for datai in final['data']:
　u = datai['Url']
　try:
　　html_cont = downloader.download（u）
　　detail_content = parser.parse（u, html_cont）
　　if type（detail_content）!= str:
　　　print（'此界面下的网页为pdf文件无法读取：'）
　　　print（u）
　　　continue
　　if（detail_content.find（'供给侧结构性改革'）!= -1 or detail_content.find（'改革'）!= -1 or

```
                    detail_content.find（'三去一降一补'）!= -1 or detail_content.find（'去
杠杆'）!= -1 or
                    detail_content.find（'去库存'）!= -1 or detail_content.find（'去产能'）
!= -1 or
                    detail_content.find（'补短板'）!= -1）:
                self.flag = 1
                t = datai['NOTICEDATE'].split（'T'）[0]
                if detail_content.find（'供给侧结构性改革'）!= -1:
                    self.r1.append（datai['NOTICETITLE'] + '--' + t）
                    print（"关键词供给侧结构性改革出现于此公告："）
                elif detail_content.find（'改革'）!= -1:
                    self.r2.append（datai['NOTICETITLE'] + '--' + t）
                    print（"关键词改革出现于此公告："）
                elif detail_content.find（'三去一降一补'）!= -1:
                    self.r3.append（datai['NOTICETITLE'] + '--' + t）
                    print（"关键词三去一降一补出现于此公告："）
                elif detail_content.find（'去杠杆'）!= -1:
                    self.r4.append（datai['NOTICETITLE'] + '--' + t）
                    print（"关键词去杠杆出现于此公告："）
                elif detail_content.find（'去库存'）!= -1:
                    self.r5.append（datai['NOTICETITLE'] + '--' + t）
                    print（"关键词去库存出现于此公告："）
                elif detail_content.find（'去产能'）!= -1:
                    self.r6.append（datai['NOTICETITLE'] + '--' + t）
                    print（"关键词去产能出现于此公告："）
                elif detail_content.find（'补短板'）!= -1:
                    self.r7.append（datai['NOTICETITLE'] + '--' + t）
                    print（"关键词补短板出现于此公告："）
                # self.res_data.append（tr_option.text）
                print（datai['NOTICETITLE'] + t）
            except Exception：
                continue
```

```python
def run(self):

    print("开始爬取公司代码" + str(self.code) + "下的公告")
    print('--------------------')
    self.produce_urls()
    # if i >= 2:
    #     nextPage = WebDriverWait(self.driver, 10).until(
    #         EC.presence_of_element_located((By.XPATH, "//a[contains(text(), '下一页')]"))
    #     )
    #     nextPage.click()
    #     time.sleep(3)
    # time.sleep(4)
    # 使用多线程对网页进行爬取
    ths = []
    for _ in range(self.thread_num):
        th = Thread(target=self.get_info)
        th.start()
        ths.append(th)
    for th in ths:
        th.join()


    d = {'供给侧结构性改革': self.r1,
         '改革': self.r2,
         '三去一降一补': self.r3,
         '去杠杆': self.r4,
         '去库存': self.r5,
         '去产能': self.r6,
         '补短板': self.r7}
    res = pd.DataFrame(dict([(k, pd.Series(v)) for k, v in d.items()]))
    res.to_excel(self.resultpath + "//res_data_" + str(self.code) + ".xls")
    # 加入时间和公司代码区分输出结果。

    if self.flag == 0:
```

```python
            print('此范围内为匹配到关键字！')
        print(self.code + "爬取完毕！")

    # def __del__(self):
    #     self.driver.close()


if __name__ == '__main__':
    # code = input('请在此输入公司代码并以回车结束：')
    start = time.time()
    s = CodeSpider('000892')
    s.run()
    end = time.time()
print('耗时：' + str(end - start) + 's')
```

（6）run_main.py

```python
### 爬虫主程序 ###
from keyword_spider import CodeSpider
from data_processer import get_data_code
from queue import Queue
from threading import Thread
import time
import os


class Spider(object):
    """
    一个多线程爬虫类，核心是单一 code 爬取
    """
    def __init__(self):
        self.code = get_data_code()
        self.path = './result/' + time.strftime('%Y%m%d%H%M%S', time.localtime(time.time()))
        isExists = os.path.exists(self.path)
```

```
        if not isExists:
            os.makedirs(self.path)
        self.data = Queue()

    def data_segmentation(self):
        """
        针对数据个数,划分数据。如本代码数据中共2268条数据,将其划分为4个块,
每个块567条。
        """
        data = [self.code[i: i+567] for i in range(0, 2268, 567)]
        for datai in data:
            self.data.put(datai)

    def main(self):

        while not self.data.empty():
            data = self.data.get()
            for code in data:
                spider = CodeSpider(code, resultpath=self.path)
                spider.run()

    def run(self):

        self.data_segmentation()
        ths = []
        for _ in range(4):
            th = Thread(target=self.main)
            th.start()
            ths.append(th)
        for th in ths:
            th.join()
if __name__ == '__main__':
    s = Spider()
    start = time.time()
```

s.run（）
end = time.time（）
print（" 耗时 " + str（end - start）+ 's'）

附录4　价值共创对供需匹配影响问卷

致尊敬的企业经理/客户主管/采购主管：

本问卷旨在探讨制造企业价值共创对供需匹配的影响。我们诚恳地邀请您在百忙之中抽出3～5分钟填写以下问卷，所有调查资料只用作学术研究并将严格保密，研究结果只展现综合资料，绝不涉及任何个人信息。对您的积极参与，我们表示衷心的感谢！多谢您的合作！

第一部分：请在下面的每一条题目中，选择一个合适的答案，或填上合适的数字。以下所有题目都请您根据现在所在企业或公司、单位填写。

- 1. 您所在企业全称为：答：＿＿＿＿＿＿＿＿
- 2. 您的职位是：（1）主管（2）经理（3）总经理或董事　答：＿＿＿＿＿＿＿＿
- 3. 您所在企业的性质：（1）国有企业（2）合资企业（3）外资企业（4）私有企业　答：＿＿＿＿＿＿＿＿
- 4. 您所在企业的员工人数　答：＿＿＿＿＿＿＿＿
- 5. 您所在企业研发生产销售过程中：（1）客户参与度高（2）供应商参与度高（3）客户与供应商参与程度一样高　答：＿＿＿＿＿＿＿＿
- 6. 与您合作最紧密的参与伙伴（供应商与客户）与贵公司的合作已有（　　）年

第二部分：请认真阅读下列各题项，选择最符合贵公司情况的选项。各参与方包括制造企业、客户与供应商。（7完全同意、6基本同意、5少许同意、4意见中立、3少许不同意、2基本不同意、1完全不同意。）

	完全不同意	基本不同意	少许不同意	意见中立	少许同意	基本同意	完全同意
对话（Dialogue）							
7. 我们尽可能与参与方交流对话	1	2	3	4	5	6	7

续表

	完全不同意	基本不同意	少许不同意	意见中立	少许同意	基本同意	完全同意
8. 参与方能容易地让我们听到/了解他们的意见	1	2	3	4	5	6	7
9. 我们和参与方的沟通是开放和良好的	1	2	3	4	5	6	7
10. 我们和参与方有不同意见时会采用对话来解决	1	2	3	4	5	6	7
获取/渠道（Access）							
11. 必要的服务和产品的信息渠道，我们都毫无保留地使各参与方了解	1	2	3	4	5	6	7
12. 每一个参与主体都可以非常便捷地通过各种途径来取得我们提供的各种产品、服务	1	2	3	4	5	6	7
13. 每一个参与主体都可以利用我们提供的途径来获取各种产品、服务的信息	1	2	3	4	5	6	7
风险评估（Risk Assessment）							
14. 我们告知各参与方使用我们的服务和产品所有可能存在的风险	1	2	3	4	5	6	7
15. 我们给各参与方提供合适的方法来评估我们的服务和产品的风险	1	2	3	4	5	6	7
16. 各参与方非常乐于与我们一道共担风险	1	2	3	4	5	6	7
透明度（Transparency）							
17. 我们不会借助自身的信息优势来牟取超额利润	1	2	3	4	5	6	7
18. 因为我们对参与方做到了透明化，因此该企业信任我们	1	2	3	4	5	6	7
19. 我们与各参与方坦诚以待，不隐瞒关键信息	1	2	3	4	5	6	7
供需匹配（Supply and Demand Matching）							
20. 各参与方供需关系由"供应管理"向"需求响应"转变程度	1	2	3	4	5	6	7

续表

	完全不同意	基本不同意	少许不同意	意见中立	少许同意	基本同意	完全同意
21. 各参与方间供需数量动态平衡程度	1	2	3	4	5	6	7
22. 各参与方的需求得到满足，交易体验逐步提高	1	2	3	4	5	6	7
23. 各参与方间供需交易的低成本或高价值程度	1	2	3	4	5	6	7
价值创新（Value Innovation）							
24. 各参与方供需交易社会价值（绿色环保、科学先进等）程度	1	2	3	4	5	6	7
25. 各参与方交易方式简洁，流程缩短	1	2	3	4	5	6	7
26. 各参与方弹性交易增多，交易时间缩短	1	2	3	4	5	6	7
27. 各参与方之间定制化服务、产品较多	1	2	3	4	5	6	7
28. 我们的产品（服务）在技术上或概念上不断更新	1	2	3	4	5	6	7
网络环境（Web Environment）							
29. 各参与方参与各类主体互联互通程度	1	2	3	4	5	6	7
30. 各参与方网络能够在线处理业务数量多寡	1	2	3	4	5	6	7
31. 各参与方能够在线处理核心业务/技术水平	1	2	3	4	5	6	7
互联网使用程度（Internet Usage）							
32. 各参与方主要使用网络交流的参与方数量多寡	1	2	3	4	5	6	7
33. 各参与方平均每周使用网络交流的频率	1	2	3	4	5	6	7
34. 各参与方每周同时在线交流的时长	1	2	3	4	5	6	7

附录5 制造企业价值共创水平测评问卷

致尊敬的企业经理/客户主管/采购主管：

首先，我们衷心希望您能参与此项问卷调查。本研究旨在基于服务化程度和互补性资源整合程度两个维度研究制造企业服务化价值共创水平。其中价值共创参与主体是指制造企业、客户和供应商三方，价值共创水平也是这三方合作下的价值共创水平。

在填写问卷时，请您依据您的经验，选取一个最为接近的选项。我们真诚地邀请您在百忙之中抽出3~5分钟填写以下问卷，所有调查资料只用作学术研究并将严格保密，研究结果只展现综合资料，绝不涉及任何个人信息。对您的积极参与，我们表示衷心的感谢！多谢您的合作！

请依据您现在所在的企业或公司、单位填写

1. 您所在的企业属于制造业中的：[填空题] *

_____

2. 您所在企业全称为：[填空题] *

_____

3. 您的学历水平：[单选题] *

　　○ 大专以下　　○ 本科　　○ 硕士　　○ 博士

4. 您目前的职位：[单选题] *

　　○ 主管　　○ 经理　　○ 总经理或董事

请认真阅读下列各题项，选择最符合贵公司情况的选项。三方包括制造企业、供应商和客户。（7完全同意、6基本同意、5少许同意、4意见中立、3少许不同意、2基本不同意、1完全不同意。）

5. 造企业、供应商和客户三方有完善的协作研发服务活动方案 [单选题] *

完全同意　○7　○6　○5　○4　○3　○2　○1　完全不同意

6. 三方间有完善的运输仓储服务体系 [单选题] *

完全同意　○7　○6　○5　○4　○3　○2　○1　完全不同意

7. 三方间有完善的交流需求特征和偏好信息的平台 [单选题] *

完全同意 ○7 ○6 ○5 ○4 ○3 ○2 ○1 完全不同意

8. 三方间有完善的产品远程诊断以及维护指导体系 [单选题] *

完全同意 ○7 ○6 ○5 ○4 ○3 ○2 ○1 完全不同意

9. 三方致力于寻找和开发更高效的服务活动 [单选题] *

完全同意 ○7 ○6 ○5 ○4 ○3 ○2 ○1 完全不同意

10. 三方间设立了专业的服务业务部门 [单选题] *

完全同意 ○7 ○6 ○5 ○4 ○3 ○2 ○1 完全不同意

11. 三方间的供应链响应时间明显缩短 [单选题] *

完全同意 ○7 ○6 ○5 ○4 ○3 ○2 ○1 完全不同意

12. 三方间的服务业务绩效在总绩效中所占比重较高 [单选题] *

完全同意 ○7 ○6 ○5 ○4 ○3 ○2 ○1 完全不同意

13. 我认为我们在三方价值共创中的服务化程度 [单选题] *

特别高 ○7 ○6 ○5 ○4 ○3 ○2 ○1 特别低

14. 三方间可互相弥合资源缺口 [单选题] *

完全同意 ○7 ○6 ○5 ○4 ○3 ○2 ○1 完全不同意

15. 三方间建立了定期或不定期的技术及相关人员交流会议 [单选题] *

完全同意　○7　○6　○5　○4　○3　○2　○1　完全不同意

16. 三方间建立了关于关键技术突破的协商解决机制 [单选题] *

完全同意　○7　○6　○5　○4　○3　○2　○1　完全不同意

17. 三方间建立了技术和信息交流的共享平台 [单选题] *

完全同意　○7　○6　○5　○4　○3　○2　○1　完全不同意

18. 三方间有根据发展需要整合资源的方案 [单选题] *

完全同意　○7　○6　○5　○4　○3　○2　○1　完全不同意

19. 三方间有应对外部变革的资源整合应急方案 [单选题] *

完全同意　○7　○6　○5　○4　○3　○2　○1　完全不同意

20. 三方间的创新目标实现度明显提高 [单选题] *

完全同意　○7　○6　○5　○4　○3　○2　○1　完全不同意

21. 三方间的资源配置合理度明显提高 [单选题] *

完全同意　○7　○6　○5　○4　○3　○2　○1　完全不同意

22. 我认为我们在三方在价值共创中的互补性资源整合程度 [单选题] *

特别高　○7　○6　○5　○4　○3　○2　○1　特别低

参考文献

[1] 钱诚. 我国制造业劳动力成本优势的国际比较[J]. 发展研究, 2020 (3): 4-8.

[2] 胡鞍钢, 周绍杰, 任皓. 供给侧结构性改革: 适应和引领中国经济新常态[J]. 清华大学学报 (哲学社会科学版), 2016, 31 (2): 17-22, 195.

[3] 刘伟. 供给侧结构性改革: 历史客观性、突出特点及制度创新要求[J]. 河北经贸大学学报, 2017, 38 (1): 1-4.

[4] 中国社会科学院工业经济研究所. 2016中国工业发展报告: 工业供给侧结构性改革[M]. 北京: 经济管理出版社, 2016.

[5] 文建东, 宋斌. 供给侧结构性改革: 经济发展的必然选择[J]. 新疆师范大学学报 (哲学社会科学版), 2016, 37 (2): 20-27.

[6] 岑朝阳, 沈霄鹏. 习近平治国理政重要论述对马克思主义中国化的重要贡献[J]. 决策探索 (下), 2020 (11): 4-5.

[7] 罗珉, 李亮宇. 互联网时代的商业模式创新: 价值创造视角[J]. 中国工业经济, 2015 (1): 95-107.

[8] 郭家堂, 骆品亮. 互联网对中国全要素生产率有促进作用吗?[J]. 管理世界, 2016 (10): 34-49.

[9] 罗超平, 胡猛. 互联网对制造企业创新的影响机制及实证研究[J]. 科技进步与对策, 2022, 39 (3): 1-10.

[10] 袁富华, 张平, 刘霞辉. 中国供给侧结构性改革理论探索[M]. 北京: 中国社会科学出版社, 2019.

[11] 国家行政学院经济学教研部. 中国供给侧结构性改革[M]. 北京: 人民出版社, 2016.

[12] 郭杰, 余泽, 张杰. 供给侧结构性改革的理论逻辑及实施路径[M]. 北京: 中国社会科学出版社, 2016.

[13] 魏后凯, 张占仓. 深化农业供给侧结构性改革研究[M]. 北京: 社会科学文献出版社, 2018.

[14] 明庆忠. 文旅产业供给侧结构性改革路径研究[M]. 北京: 中国旅游出版社, 2020.

[15] 杜天佳, 王佳佳. 推动中央企业供给侧结构性改革研究[M]. 北京: 中国金融出版

社，2017.

[16] SUN Y，LIU Q. A preliminary study on the training mode of tourism talents under the thought of supply-side reform[J]. Frontier of higher education，2020，2（1）：6-9.

[17] WANG B. Research on management accounting innovation under the background of supply side reform[J]. International journal of education and teaching research，2021，2（1）：11-22.

[18] XUEJING W，LIWEI Y. Optimization and upgrade of industrial structure in the context of china's supply-side reform：an analysis based on Input-Output[J]. World scientific research journal，2020，6（3）：65-73.

[19] HAN Y，LIE R K，Guo R J J O M I R. The internet hospital as a telehealth model in China：systematic search and content analysis[J].J Med Internet Res，2020，22（7）：e17995.

[20] ZHANG K. Research on innovation of news products under the background of supply-side reform[C]. 2018 international conference on economics，politics and business management（ICEPBM 2018），2018：166-170.

[21] WU Z. Analysis of walnut industry development in guang yuan based on "smiling curve" [J]. Agriculture，forestry and fisheries，2019，7（6）：150-155.

[22] 田国文.供给侧改革背景下商业银行信贷风险防控探究[J].中国集体经济，2021(19)：80-81.

[23] 赵彪.供给侧结构性改革下文化旅游产业发展研究：以山西省晋城市为例[J].中共山西省委党校学报，2021，44（3）：65-70.

[24] 黄奇帆.推进金融供给侧结构性改革的框架思考[J].兰州财经大学学报，2021，37（1）：1-6.

[25] 彭薇，熊朗羽.经济新常态下供给侧结构性改革与居民消费升级：基于"改革门槛"与"消费黏性"的视角[J].暨南学报（哲学社会科学版），2021，43（4）：55-68.

[26] 陈莎，李小林.基于供给侧结构性改革背景下的减税降费政策实施研究[J].审计与理财，2021（1）：50-52.

[27] 黄群慧.论中国工业的供给侧结构性改革[J].中国工业经济，2016（10）：5-23.

[28] 康达华.习近平供给侧结构性改革思想的政治经济学解析[J].探求，2017（3）：24-29.

[29] 逄锦聚.经济发展新常态中的主要矛盾和供给侧结构性改革[J].政治经济学评论，2016，7（2）：49-59.

[30] 王一鸣.通过供给侧改革重塑发展动力[N].人民日报，2015-12-28.

[31] 赵宇.供给侧结构性改革的科学内涵和实践要求[J].党的文献，2017（1）：50-57.

[32] 徐林.释放新需求 创造新供给[N].中国财经报，2015-12-01.

[33] 徐雅琦. 基于过程的企业变革管理 [D]. 武汉：武汉理工大学，2016.

[34] AMSDEN A H. Say's law, poverty persistence, and employment neglect[J]. Journal of human development capabilities, 2010, 11（1）: 57-66.

[35] JOHNSON I C. A reappraisal of the say's law controversy[J]. The quarterly journal of austrian economics, 2001, 4（4）: 25-53.

[36] FUQIAN F. Seeking the theoretical origins of supply-side structural reform[J]. Social sciences in China, 2018, 39（4）: 37-52.

[37] CROUCH C. Privatised keynesianism: an unacknowledged policy regime[J]. The British journal of politics international relations, 2009, 11（3）: 382-399.

[38] PERSKY J. Say's Law, Marxian crisis theory and the interconnectedness of the capitalist economy[J]. Review of political economy, 2018, 30（3）: 269-283.

[39] KLINK J, OLIVEIRA V E D, ZIMERMAN A. Neither spatial keynesianism, nor competitive neolocalism: rescaling and restructuring the developmental state and the production of space in Brazil[J]. International journal of urban sustainable development, 2013, 5（1）: 25-39.

[40] LAVOIE M. Post-keynesian economics: new foundations[M]. Cheltenham: Edward Elgar Publishing, 2013.

[41] COIBION O, GORODNICHENKO Y, WIELAND J. The optimal inflation rate in new keynesian models: should central banks raise their inflation targets in light of the zero lower bound?[J]. Review of economic studies, 2012, 79（4）: 1371-1406.

[42] HU B. Research on the influencing factors of equity financing preference of manufacturing companies under the background of supply side structural reform[J]. Scientific social research, 2019, 1（1）: 115-126.

[43] CHEN R, YAN Z. Measure microbial activity driven oxygen transfer in membrane aerated biofilm reactor from supply side[J]. Environmental research, 2021（195）: 110845.

[44] FERLIE E, FREEMAN G, MCDONNELL J, et al. Introducing choice in the public services: some supply-side issues[J]. Public money management, 2006, 26（1）: 63-72.

[45] MARCONE M R. Innovation Openness in supply-side relationships: analysis of SME cases[J]. International journal of applied behavioral economics, 2021, 10（2）: 53-64.

[46] SINN H W. Introductory comment–the green paradox: a supply-side view of the climate problem[J]. Review of environmental economics policy, 2020（9）: 266-284.

[47] JEANJEAN F. Subsidising the next generation infrastructures: consumer-side or supply-side?[J]. Info, 2010, 12（6）: 95-120.

[48] SHAH P. It takes a black candidate: a supply-side theory of minority representation[J].

Political research quarterly, 2014, 67（2）: 266-279.

[49] TERVALA J. Learning by devaluating: a supply-side effect of competitive devaluation[J]. International review of economics finance, 2013（27）: 275-290.

[50] 贾康, 苏京春. 探析"供给侧"经济学派所经历的两轮"否定之否定": 对"供给侧"学派的评价、学理启示及立足于中国的研讨展望[J]. 财政研究, 2014, 4（8）: 2-16.

[51] 谢地, 郁秋艳. 用马克思主义政治经济学指导供给侧结构性改革[J]. 马克思主义与现实, 2016（1）: 20-25.

[52] 斯威齐, 陈观烈, 秦亚男. 资本主义发展论: 马克思主义政治经济学原理[M]. 北京: 商务印书馆, 2009.

[53] 冯志峰. 供给侧结构性改革的理论逻辑与实践路径[J]. 经济问题, 2016, 4（2）: 12-17.

[54] 洪银兴. 准确认识供给侧结构性改革的目标和任务[J]. 中国工业经济, 2016（6）: 14-21.

[55] 王朝明, 张海浪. 供给侧结构性改革的理论基础: 马克思价值理论与西方供给学派理论比较分析[J]. 当代经济研究, 2018（4）: 39-46, 97.

[56] 简新华, 余江. 马克思主义经济学视角下的供求关系分析[J]. 马克思主义研究, 2016（4）: 68-76, 160.

[57] 丁任重, 李标. 供给侧结构性改革的马克思主义政治经济学分析[J]. 中国经济问题, 2017（1）: 3-10.

[58] 冯明. 需求侧改革的内涵与政策方向探讨[J]. 商业经济研究, 2021（13）: 185-188.

[59] 孔祥利, 谌玲. 供给侧改革与需求侧管理在新发展格局中的统合逻辑与施策重点[J]. 陕西师范大学学报（哲学社会科学版）, 2021, 50（3）: 5-14.

[60] 朱珍. 供需双侧管理述评与展望[J]. 当代经济管理, 2018, 40（2）: 6-10.

[61] 刘亮, 李洁, 李明月. 供给侧改革应与需求侧管理相配合[J]. 贵州社会科学, 2016（7）: 117-122.

[62] 张慧芳, 艾天霞. 供需双侧结构性改革要素分析: 四大引擎与三驾马车协同发力[J]. 社会科学辑刊, 2017（2）: 29-37.

[63] 黄凯南. 供给侧和需求侧的共同演化: 基于演化增长的视角[J]. 南方经济, 2015（12）: 1-9.

[64] 程民选, 冯庆元. 供需动态平衡视角下的供给侧结构性改革: 兼论其微观基础与制度保障[J]. 理论探讨, 2019（1）: 81-87.

[65] 纪明, 许春慧. 论中国当前供需结构性改革思路: 基于供需转换与经济持续均衡增长视角[J]. 社会科学, 2017（1）: 30-39.

[66] 姚洋. 供给侧结构性改革中的几个重点问题[J]. 河南社会科学, 2016, 24（1）: 4-6.

[67] 邱海平. 马克思主义政治经济学对于供给侧结构性改革的现实指导意义[J]. 红旗文稿, 2016（3）: 21-23.

[68] 金碚. 总需求调控与供给侧改革的理论逻辑和有效实施 [J]. 经济管理, 2016, 38 (5): 1-9.

[69] 刘卫红. 从供需两端发力推进供给侧改革 [J]. 西北工业大学学报（社会科学版）, 2016, 36 (2): 28-33.

[70] 李娟, 沈沛龙. 供给侧与需求侧的协调机制与均衡实现路径探析 [J]. 理论月刊, 2017 (3): 166-171.

[71] 刘元春. 论供给侧结构性改革的理论基础 [J]. 理论参考, 2016 (5): 49.

[72] 张诚, 周湘峰. 基于价值均衡的供应链管理 [J]. 经济与管理研究, 2007 (9): 72-79.

[73] 韦尔塔·德索托. 奥地利学派 [M]. 杭州: 浙江大学出版社, 2010.

[74] 严成樑. 现代经济增长理论的发展脉络与未来展望: 兼从中国经济增长看现代经济增长理论的缺陷 [J]. 经济研究, 2020, 55 (7): 193-210.

[75] 郭飞. 价值创造与价值分配 [J]. 当代经济研究, 2003 (2): 18-20.

[76] 倪国良. 马克思主义政治经济学视阈下供给侧结构性改革研究 [J]. 兰州学刊, 2016 (7): 174-178.

[77] 简新华. 发展和运用中国特色社会主义政治经济学引领经济新常态 [J]. 经济研究, 2016, 51 (3): 21-25.

[78] 肖林. 中国特色社会主义政治经济学与供给侧结构性改革理论逻辑 [J]. 科学发展, 2011, 6 (3): 5-14.

[79] 朱政, 张振鹏. 产业组织理论回溯与研究展望 [J]. 产业创新研究, 2018 (6): 58-63.

[80] 刘传江, 李雪. 西方产业组织理论的形成与发展 [J]. 经济评论, 2001 (6): 104-106.

[81] 董艳华, 荣朝和. 产业组织理论的主要流派与近期进展 [J]. 北方交通大学学报, 2003, 2 (4): 10-15.

[82] 刘易斯·卡布罗. 产业组织导论 [M]. 北京: 人民邮电出版社, 2002.

[83] 刘延平. 现代企业组织理论与实践 [M]. 北京: 北京交通大学出版社, 2012.

[84] 余东华. 论新产业组织理论的演进与发展 [J]. 天津社会科学, 2004 (3): 77-81.

[85] 马建堂. 我国企业行为研究与现代产业组织理论 [J]. 经济研究, 1991 (11): 9-15.

[86] 翟简. 产业组织理论研究综述 [J]. 合作经济与科技, 2018, 599 (24): 33-35.

[87] NORMANN R, RAMIREZ R. From value chain to value constellation: designing interactive strategy[J]. Harvard business review, 1993, 71 (4): 65-77.

[88] 简兆权, 令狐克睿, 李雷. 价值共创研究的演进与展望: 从"顾客体验"到"服务生态系统"视角 [J]. 外国经济与管理, 2016, 38 (9): 3-20.

[89] J B. H, AS M. The shadow of the future: effects of anticipated interaction and frequency of contact on buyer-seller cooperation[J]. Academy of management journal, 1992, 35(2): 265-291.

[90] BRITO L, BRITO E, HASHIBA L H. What type of cooperation with suppliers and customers leads to superior performance?[J]. Journal of business research, 2014, 67(5): 952-959.

[91] NG I, NUDURUPATI S, TASKER P. Value co-creation in the delivery of outcome-based contracts for business-to-business service[J]. Advanced institute of management research, 2021(7): 1-48.

[92] TANEV S, BAILETTI T, ALLEN S, et al. How do value co-creation activities relate to the perception of firms' innovativeness?[J]. Journal of innovation economics, 2011, 7(1): 131-159.

[93] PRAHALAD C K, RAMASWAMY V. Co-creating unique value with customers[J]. Strategy and leadership, 2004, 32(3): 4-9.

[94] PINHO N, GABRIELA B, PATRÍCIO L, et al. Understanding value co-creation in complex services with many actors[J]. Journal of service management, 2014, 25(4): 470-493.

[95] 郭朝阳, 许杭军, 郭惠玲. 服务主导逻辑演进轨迹追踪与研究述评[J]. 外国经济与管理, 2012, 34(7): 17-24.

[96] VARGO S L, LUSCH R F. Institutions and axioms: an extension and update of service-dominant logic[J]. Journal of the academy of marketing science, 2016, 44(1): 5-23.

[97] BO E, TRONVOLL B, GRUBER T. Expanding understanding of service exchange and value co-creation: a social construction approach[J]. Journal of the academy of marketing science, 2011, 39(2): 327-339.

[98] JAAKKOLA E, HAKANEN T. Value co-creation in solution network[J]. Industrial marketing management, 2013, 42(1): 47-58.

[99] CHANDLER J D, VARGO S L. Contextualization and value-in-context: how context frames exchange[J]. Marketing theory, 2011, 11(1): 35-49.

[100] PORTER M E, HEPPELMANN J E. How smart, connected products are transforming companies[J]. Harvard business review, 2014, 93(12): 65-88.

[101] 郑凯, 王新新. 互联网条件下顾客独立创造价值理论研究综述[J]. 外国经济与管理, 2015, 37(5): 14-24.

[102] 郝新军, 姚树俊, 同世隆. 服务型制造模式下价值共创网络研究[J]. 科技进步与对策, 2015, 32(9): 60-66.

[103] 薛文平: 供给侧结构性改革约束条件研究[M]// 中国供给侧结构性改革研究. 北京: 中国社会科学出版社, 2016: 26-36.

[104] 姜玉国. "去库存化"实践中的问题探析与对策[J]. 铁路采购与物流, 2019, 14(7): 38-39.

[105] 肖龙秀. 我国三四线城市房地产去库存现状分析及对策研究 [D]. 南昌：华东交通大学，2017.

[106] ALVAREZ I, MARIN R. FDI and technology as levering factors of competitiveness in developing countries[J]. Journal of international management, 2013, 19（3）：232-246.

[107] FRANCO S, CICATIELLO C. Levering waste taxes to increase surplus food redistribution at supermarkets: Gains and scenarios in Italian municipalities[J]. Waste Management, 2021（121）：286-295.

[108] 曾晓辉. 供给侧结构性改革中补短板的意义与措施 [J]. 管理观察，2017（26）：121-123.

[109] 陈芫青. 浅谈小微企业内部控制短板建设：基于"供给侧补短板"改革视角 [J]. 会计师，2016（7）：54-55.

[110] 蒋璐，蒋建强. 政府推进供给侧改革补短板的对策研究 [J]. 商业经济，2016（12）：1-2，41.

[111] 刘元春. 论供给侧结构性改革的理论基础 [N]. 人民日报，2016-06-25.

[112] 许红伟，陈欣. 我国推出融资融券交易促进了标的股票的定价效率吗？：基于双重差分模型的实证研究 [J]. 管理世界，2012（5）：52-61.

[113] 刘瑞明，赵仁杰. 国家高新区推动了地区经济发展吗？：基于双重差分方法的验证 [J]. 管理世界，2015（8）：30-38.

[114] 张军，闫东升，冯宗宪，等. 自由贸易区的经济增长效应研究：基于双重差分空间自回归模型的动态分析 [J]. 2019，191（4）：77-83.

[115] 吴昌南，张云. "大学扩招"对大学创新效率的影响：基于省级层面的双重差分的分析 [J]. 科研管理，2020，41（8）：258-267.

[116] 熊波，杜佳琪. 高新技术企业认定对企业全要素生产率的影响：基于双重差分方法的分析 [J]. 科技进步与对策，2020，37（18）：133-142.

[117] BURGER N E, KAFFINE D T, YU B. Did California's hand-held cell phone ban reduce accidents? [J]. Transportation research part a: policy and practice, 2014（66）：162-172.

[118] ASHER S, NOVOSAD P. Rural roads and local economic development[J]. American economic review, 2020, 110（3）：797-823.

[119] 江飞涛，曹建海. 市场失灵还是体制扭曲：重复建设形成机理研究中的争论、缺陷与新进展 [J]. 中国工业经济，2009（1）：53-64.

[120] BENTO A, KAFFINE D, ROTH K, et al. The effects of regulation in the presence of multiple unpriced externalities: evidence from the transportation sector[J]. American economic journal: economic policy, 2014, 6（3）：1-29.

[121] 刘先彬. 中国煤炭产能过剩成因机理和对策分析 [D]. 郑州：河南大学，2016.

[122] 熊艾伦,蒲勇健,张勇."一带一路"与过剩产能转移[J].求索,2015(12):75-79.

[123] 尚双双."走出去"化解产能过剩[D].石家庄:河北经贸大学,2016.

[124] 胡想相."一带一路"倡议下中国钢铁业产能过剩转移研究[D].杭州:浙江大学,2017.

[125] 宋婉秋,景刚.经济新常态下我国房地产去库存研究[J].科技创业月刊,2016,29(5):46-47,50.

[126] 张祚,凌旭,周敏,等.商品房去库存压力下的保障性住房建设思考[J].中国房地产,2017(3):38-47.

[127] 马草原,朱玉飞.去杠杆、最优资本结构与实体企业生产率[J].财贸经济,2020,41(7):99-113.

[128] ZHANG Y, ZONG Y, HAIXIAN X, et al. The middle-to-late Holocene relative sea-level history, highstand and levering effect on the east coast of Malay Peninsula[J]. Global planetary change, 2020(196):369.

[129] 张赫男.金融危机后美国经济去杠杆化分析[D].长春:吉林大学,2015.

[130] 肖兴志,黄振国.僵尸企业如何阻碍产业发展:基于异质性视角的机理分析[J].世界经济,2019,42(2):122-146.

[131] 成卓.金融去杠杆视角下破解商业银行流动性风险的进路探讨[J].今日财富(中国知识产权),2021(3):52-53.

[132] 汤铎铎,张莹.实体经济低波动与金融去杠杆:2017年中国宏观经济中期报告[J].经济学动态,2017(8):4-17.

[133] 侯祥鹏."降成本"的政策匹配与实际操作:苏省证据[J].改革,2017(1):64-75.

[134] 李佐军.推进供给侧改革 建设生态文明[J].党政研究,2016(2):5-8.

[135] 陈子琦.三重利好为钢铁业打气鼓劲[N].经济日报,2015-04-30.

[136] 余红燕.成本管理的变奏曲[J].财务与会计,2017(3):60-61.

[137] 吴永立,杨娱,丁妥.实体经济企业降成本路径研究:基于政企协同视角[J].会计之友,2019(10):20-24.

[138] GRIFFITHS J M. Back to the future: information science for the new millennium[J]. Bulletin of the American society for information science technology, 2010, 26(4):24-27.

[139] 孙蕊,武献杰,孙丕恕.以大数据驱动传统产业转型升级[J].财务与会计,2017(7):8-9.

[140] 谭高.我国钢铁企业转型升级路径探析[J].当代经济,2017(7):12-13.

[141] 周瑜.供给侧结构性改革中政企协同降成本的驱动因素及策略[J].广西社会科学,2019(6):61-66.

[142] 张学伟,徐丙岩.集团财务公司对"去杠杆"和"降成本"的作用:基于上市公司

债务融资的实证研究 [J]. 常州大学学报（社会科学版），2020，21（1）：68-76.

[143] 张云. 钢铁行业降成本存在的问题及解决对策 [J]. 财会学习，2020（4）：129-130.

[144] 于新东. 以"八八战略"统领补齐短板 [N]. 浙江日报. 2016-05-25.

[145] 周建军. 全球产业链的重组与应对：从防风险到补短板 [J]. 学习与探索，2020（7）：98-107.

[146] KASTALLI I V, VAN LOOY B. Servitization：disentangling the impact of service business model innovation on manufacturing firm performance[J]. Journal of operations management，2013，31（4）：169-180.

[147] RADDATS C, KOWALKOWSKI C. A reconceptualization of manufacturers' service strategies[J]. Journal of business-to-business marketing，2014，21（1）：19-34.

[148] 张海亮，汤兆博，王海军. 短期阵痛积蓄了新动能吗？："三去一降一补"对企业绩效的影响研究 [J]. 经济与管理研究，2018，39（11）：78-91.

[149] 姚晓丹. 改革意愿不足制约德国发展 [N]. 中国社会科学报，2019-07-10.

[150] 邓永勤，汪静. 国有参股股东能够促进企业创新吗 [J]. 科技进步与对策，2020，37（10）：81-89.

[151] 裴蕾，李绮雯，谢思全. 民营经济参与国有企业改革意愿分析 [J]. 调研世界，2015（11）：46-52.

[152] 易阳，蒋朏，刘庄，等. 政府放权意愿、混合所有制改革与企业雇员效率 [J]. 世界经济，2021，44（5）：130-153.

[153] 曾江洪，马润泽. R&D投入对创业企业IPO抑价的影响：信息披露质量的调节 [J]. 软科学，2021（7）：1-12.

[154] 姜晓文，周畅. 自媒体平台信息披露与企业市值管理：基于创业板上市公司的实证检验 [J]. 会计之友，2021（15）：53-59.

[155] 林毅夫，巫和懋，邢亦青. "潮涌现象"与产能过剩的形成机制 [J]. 经济研究，2010（10）：118-118.

[156] 洪昱颖. 钢铁公司采购业务内部控制研究 [D]. 北京：中国财政科学研究院，2019.

[157] 丁志国，张炎炎，任浩锋. 供给侧结构性改革的"去产能"效应测度 [J]. 数量经济技术经济研究，2020，37（7）：3-25.

[158] CHEN H, FRANK M Z, WU O Q. What actually happened to the inventories of American companies between 1981 and 2000？[J]. Management science，2005，51（7）：1015-1031.

[159] STEINKER S, PESCH M, HOBERG K. Inventory management under financial distress：an empirical analysis[J]. International journal of production research，2016，54（17）：5182-5207.

[160] CHAMBERS D R, LACEY N J. Modern corporate finance: theory and practice[M]. New York: HarperCollins College Publishers, 1994.

[161] ELSAYED K. Exploring the relationship between efficiency of inventory management and firm performance: an empirical research[J]. International journal of services operations management, 2015, 21(1): 73-86.

[162] HUSON M, NANDA D. The impact of just-in-time manufacturing on firm performance in the US[J]. Journal of operations management, 1995, 12(3-4): 297-310.

[163] ISAKSSON O H, SEIFERT R W. Inventory leanness and the financial performance of firms[J]. Production planning control, 2014, 25(12): 999-1014.

[164] ELSAYED K, WAHBA H. Reexamining the relationship between inventory management and firm performance: an organizational life cycle perspective[J]. Future business journal, 2016, 2(1): 65-80.

[165] 陈卫东, 熊启跃. 银行业杠杆状况与政策建议[J]. 中国金融, 2017(11): 45-48.

[166] 钟伟, 顾弦. 从金融危机看金融机构的去杠杆化及其风险[J]. 中国金融, 2009(2): 24-25.

[167] 王国刚. "去杠杆": 范畴界定、操作重心和可选之策[J]. 经济学动态, 2017(7): 16-25.

[168] 蔡真, 栾稀. 为什么企业回报下降杠杆还在上升?: 兼论宏微观杠杆率的背离[J]. 金融评论, 2017, 9(4): 62-77.

[169] 张锐. 在释放潜在生产率中实现经济去杠杆[J]. 人民论坛, 2015(29): 68-70.

[170] 綦好东, 刘浩, 朱炜. 过度负债企业"去杠杆"绩效研究[J]. 会计研究, 2018, 374(12): 3-11.

[171] 吴群, 侯祥鹏. 供给侧改革中企业降成本的现实意义与路径选择[J]. 现代经济探讨, 2016(6): 15-19.

[172] 王锋. 浅谈加强现场材料管理及降低材料成本的措施[J]. 经贸实践, 2016(22): 129.

[173] 谭元戎, 赵自强. 我国证券公司资本结构与绩效关系的实证研究[J]. 经济问题探索, 2005(10): 12-17.

[174] 徐向艺, 方政. 子公司自主性与股权融资能力: 基于电力行业的经验证据[J]. 经济管理, 2016(10): 55-65.

[175] 盛丹, 王永进. 信息不对称下的最优出口退税政策[J]. 财经研究, 2013, 39(5): 29-40.

[176] 毛蕴诗, 黄泽楷, 郑泳芝. 技术市场的不完全性与科研人员动态股权激励: 达安基因与华中数控的比较案例研究[J]. 武汉大学学报(哲学社会科学版), 2017(6): 16-32.

[177] ROBERTS E B. Benchmarking the strategic management of technology：I[J]. Research-technology management，1995，38（1）：44-56.

[178] BERCHICCI L. Towards an open R&D system：internal R&D investment，external knowledge acquisition and innovative performance[J]. Research Policy，2013，42（1）：117-127.

[179] CROSSAN M M，APAYDIN M. A multi-dimensional framework of organizational innovation：a systematic review of the literature[J]. Journal of management studies，2010，47（6）：1154-1191.

[180] 胡恩华. 企业技术创新能力指标体系的构建及综合评价 [J]. 科研管理，2001（4）：79-84.

[181] 湛军，王照杰. 供给侧结构性改革背景下高端服务业创新能力与绩效：基于整合视角的实证研究 [J]. 经济管理，2017，39（6）：53-68.

[182] 刘金焕，陈丽珍. 互联网、外资进入与中国内资企业出口产品质量 [J]. 国际经贸探索，2021，37（7）：85-99.

[183] 王轶，王香媚，冯科."互联网+"对返乡创业企业经营业绩的影响：基于全国返乡创业企业的调查数据 [J]. 中国科技论坛，2021（7）：137-147.

[184] 关乾伟，孙禄，王浩. 经济政策不确定性对制造业参与 GVC 的影响研究：基于互联网的调节作用 [J]. 经济问题探索，2021（7）：88-100.

[185] 杨林，陆亮亮."互联网+"背景下制造企业智能化战略转型路径：多案例比较研究 [J]. 科技进步与对策，2022，39（12）：92-101.

[186] 徐远彬，卢福财. 互联网对制造企业价值创造的影响研究：基于价值创造环节的视角 [J]. 当代财经，2021（1）：3-13.

[187] 胡查平，汪涛. 制造企业服务化：服务提供真的能够改善企业绩效？[J]. 经济管理，2013，35（10）：68-76.

[188] 曲妍. 市场导向、顾客价值创新与零售企业经营绩效关系探讨 [J]. 商业经济研究，2021（4）：119-121.

[189] 刘锦英，王文文. 传统制造企业价值创新的实现途径：价值链视角 [J]. 科学管理研究，2019，231（4）：89-93.

[190] 林柯. 我国产能过剩背景下的产能退出机制研究 [J]. 经济学家，2017（3）：63-69.

[191] CHARNES A，COOPER W W，RHODES E. Measuring the efficiency of decision making units[J]. European journal of operational research，1979，2（6）：429-444.

[192] BANKER R D，CHARNES A，COOPER W W. Some models for estimating technical and scale inefficiencies in data envelopment analysis[J]. Management science，1984，30（9）：1078-1092.

[193] 何蕾. 中国工业行业产能利用率测度研究：基于面板协整的方法 [J]. 产业经济研究, 2015（2）：90-99.

[194] CASSELS J. Excess capacity and monopolistic competition[J]. Quarterly Journal of Economics, 1937, 51：426-443.

[195] BERNDT E R, MORRISON C J. Capacity utilization measures：underlying economic theory and an alternative approach[J]. The American economic review, 1981, 71（2）：48-52.

[196] 孙巍, 李何, 王文成. 产能利用与固定资产投资关系的面板数据协整研究：基于制造业28个行业样本 [J]. 经济管理, 2009（3）：46-51.

[197] 韩国高, 高铁梅, 王立国, 等. 中国制造业产能过剩的测度、波动及成因研究 [J]. 经济研究, 2011, 12（12）：18.

[198] 杨振兵, 张诚. 中国工业部门产能过剩的测度与影响因素分析 [J]. 南开经济研究, 2015（6）：92-109.

[199] 余东华, 吕逸楠. 政府不当干预与战略性新兴产业产能过剩：以中国光伏产业为例 [J]. 中国工业经济, 2015（10）：53-68.

[200] 郭庆旺, 贾俊雪. 中国潜在产出与产出缺口的估算 [J]. 经济研究, 2004, 39（5）：31-39.

[201] KLEIN L R, SUMMERS R. The wharton index of capacity utilization[M]. Wharton：Economics Research Unit, Department of Economics, 1967.

[202] 沈坤荣, 钦晓双, 孙成浩. 中国产能过剩的成因与测度 [J]. 产业经济评论, 2012（4）：1-26.

[203] PHILLIPS A. An appraisal of measures of capacity[J]. The American economic review, 1963, 53（2）：275-292.

[204] FARE R, GROSSKOPF S, KOKKELENBERG E C. Measuring plant capacity, utilization and technical change：a nonparametric approach[J]. International economic review, 1989（52）：655-666.

[205] 梁泳梅, 董敏杰, 张其仔. 产能利用率测算方法：一个文献综述 [J]. 经济管理, 2014, 11（11）：190.

[206] 郭建民, 郑恳. 开展国际产能合作评价指标体系及实证研究 [J]. 宏观经济研究, 2019（9）：80-101.

[207] 刘勇, 黄子恒, 杜帅, 等. 国际产能合作：规律、趋势与政策 [J]. 上海经济研究, 2018（2）：100-107.

[208] AKAMATSU K. A theory of unbalanced growth in the world economy[J]. Weltwirtschaftliches Archiv, 1961（12）：196-217.

[209] KOJIMA K. Internalization vs. cooperation of MNC's business[J]. Hitotsubashi journal of economics, 1992 (4): 1-17.

[210] VERNON R. International investment and international trade in the product cycle[J]. The international executive, 1966, 8 (4): 16.

[211] HANSON G H. Regional adjustment to trade liberalization[J]. Regional science urban economics, 1998, 28 (4): 419-444.

[212] 赵东麒, 桑百川. "一带一路"倡议下的国际产能合作: 基于产业国际竞争力的实证分析 [J]. 国际贸易问题, 2016 (10): 3-14.

[213] 刘瑞, 高峰. "一带一路"战略的区位路径选择与化解传统产业产能过剩 [J]. 社会科学研究, 2016 (1): 45-56.

[214] 陶睿, 张旭辉. 我国钢铁国际产能合作的目标市场选择: "一带一路"背景下的分析 [J]. 技术经济与管理研究, 2019 (9): 123-128.

[215] 赵云辉, 陶克涛, 李亚慧, 等. 中国企业对外直接投资区位选择: 基于QCA方法的联动效应研究 [J]. 中国工业经济, 2020 (11): 118-136.

[216] 朱荃, 张天华. 生产率异质性、东道国市场条件与中国企业对外直接投资 [J]. 国际商务 (对外经济贸易大学学报), 2017 (3): 61-73.

[217] 郑鑫, 陈耀. 运输费用、需求分布与产业转移: 基于区位论的模型分析 [J]. 中国工业经济, 2012 (2): 57-67.

[218] 苏杭, 郑磊, 牟逸飞. 要素禀赋与中国制造业产业升级: 基于WIOD和中国工业企业数据库的分析 [J]. 管理世界, 2017 (4): 70-79.

[219] 王小腾, 张春鹏, 葛鹏飞. 承接产业转移示范区能够促进制造业升级吗? [J]. 经济与管理研究, 2020, 41 (6): 59-77.

[220] 孙晓华, 郭旭, 王昀. 产业转移、要素集聚与地区经济发展 [J]. 管理世界, 2018, 34 (5): 47-62, 179-180.

[221] 潘少奇, 李亚婷, 高尚, 等. 产业转移技术溢出效应研究进展与展望 [J]. 地理科学进展, 2015, 34 (5): 617-628.

[222] 成艾华, 赵凡. 基于偏离份额分析的中国区域间产业转移与污染转移的定量测度 [J]. 中国人口·资源与环境, 2018, 28 (5): 49-57.

[223] 贺胜兵, 刘友金, 段昌梅. 承接产业转移示范区具有更高的全要素生产率吗? [J]. 财经研究, 2019, 45 (3): 127-140.

[224] 郑传均, 单梦霖. 中国机械制造业产能利用率: 程度测算与影响因素 [J]. 统计与决策, 2019, 533 (17): 122-126.

[225] 叶银丹, 甄峰. 基于等效益面方法的行业技术进步贡献率测算 [J]. 科研管理, 2019, 40 (12): 105-115.

[226] 程广斌，刘伟青.中国对"一带一路"沿线国家制造业出口效率分析：基于随机前沿引力模型[J].华东经济管理，2018，32（5）：40-48.

[227] 蒋琼琼.中国与"一带一路"沿线国家制造业产业内贸易的影响因素分析：基于引力模型[J].对外经贸，2016（9）：49-53.

[228] 裴长洪，王镭.试论国际竞争力的理论概念与分析方法[J].中国工业经济，2002(4)：41-45.

[229] 金碚，李钢，陈志.加入WTO以来中国制造业国际竞争力的实证分析[J].中国工业经济，2006（10）：5-14.

[230] 张理娟，张晓青，姜涵，等.中国与"一带一路"沿线国家的产业转移研究[J].世界经济研究，2016（6）：82-92，135.

[231] 刘友金，肖雁飞，廖双红，等.基于区位视角中部地区承接沿海产业转移空间布局研究[J].经济地理，2011，31（10）：1686-1691.

[232] 王鑫静，程钰，王建事，等.中国对"一带一路"沿线国家产业转移的区位选择[J].经济地理，2019，39（8）：95-105.

[233] 施红星，刘思峰，方志耕，等.基于引力模型的我国电子及通信设备制造业转移测算研究[J].工业技术经济，2007（8）：104-107.

[234] 林毅夫.潮涌现象与发展中国家宏观经济理论的重新构建[J].经济研究，2007（1）：126-131.

[235] 董敏杰，梁泳梅，张其仔.中国工业产能利用率：行业比较、地区差距及影响因素[J].经济研究，2015（1）：84-98.

[236] 刘立平，朱婷婷.中部六省承接东部地区加工贸易产业转移比较研究：基于引力模型的分析[J].城市发展研究，2011，18（2）：131-133.

[237] 刘唯."互联网+"时代中国产业转型升级的路径研究[J].工业经济论坛，2016，3（4）：380-388.

[238] 任保平，巩羽浩.新经济背景下我国新发展格局的运行机制及其实现路径[J].陕西师范大学学报（哲学社会科学版），2021，50（2）：57-64.

[239] 米晋宏，夏飞.政府基础研发、技术要素市场化与双循环格局[J].上海经济研究，2020（12）：75-87.

[240] 沈健.我国大学专利转化率过低的原因及对策研究[J].科技管理研究，2021，41(5)：97-103.

[241] ZHENG T, ZHAO Y, LI J. Rising labour cost, environmental regulation and manufacturing restructuring of Chinese cities[J]. Journal of cleaner production, 2019（214）：583-592.

[242] SODHRO A H, PIRBHULAL S, LUO Z, et al. Towards an optimal resource

management for IoT based Green and sustainable smart cities[J]. Journal of cleaner production, 2019 (220): 1167-1179.

[243] YAN X, GE J, LEI Y, et al. China's low-carbon economic transition: provincial analysis from 2002 to 2012[J]. Science of The total environment, 2019 (650): 1050-1061.

[244] LI K, XIAO W, YANG S L. Scheduling uniform manufacturing resources via the Internet: a review[J]. Journal of manufacturing systems, 2019 (50): 247-262.

[245] CHENG Z. The spatial correlation and interaction between manufacturing agglomeration and environmental pollution[J]. Ecological Indicators, 2016 (61): 1024-1032.

[246] 丁鹏飞. 基于DO指数的上海市制造业空间集聚测度研究[J]. 经济论坛, 2019 (1): 41-47.

[247] DU Y, YI Q, LI C, et al. Life cycle oriented low-carbon operation models of machinery manufacturing industry[J]. Journal of cleaner production, 2015 (91): 145-157.

[248] MARUTHI G D, RASHMI R. Green Manufacturing: it's tools and techniques that can be implemented in manufacturing sectors[J]. Materials today: proceedings, 2015, 2(4): 3350-3355.

[249] CHENG X, LONG R, CHEN H, et al. Coupling coordination degree and spatial dynamic evolution of a regional green competitiveness system: a case study from China[J]. Ecological indicators, 2019 (104): 489-500.

[250] SETH D, REHMAN M A A, SHRIVASTAVA R L. Green manufacturing drivers and their relationships for small and medium (SME) and large industries[J]. Journal of cleaner production, 2018 (198): 1381-1405.

[251] DIGALWAR A K, MUNDRA N, TAGALPALLEWAR A R, et al. Road map for the implementation of green manufacturing practices in Indian manufacturing industries[J]. Benchmarking: an international journal, 2017, 24 (5): 1386-1399.

[252] EVANS S, MEHLING M A, RITZ R A, et al. Border carbon adjustments and industrial competitiveness in a european green deal[J]. Climate policy, 2021, 21 (3): 307-317.

[253] KASZTELAN A. The green competitiveness of polish regions[J]. Prace naukowe uniwersytetu ekonomicznego we wrocławiu, 2020, 64 (3): 32-41.

[254] DEIF A, VAN BEEK M. National culture insights on manufacturing competitiveness and talent management relationship[J]. Journal of manufacturing technology management, 2019, 30 (5): 862-875.

[255] SONG M, WANG S, SUN J. Environmental regulations, staff quality, green technology, R&D efficiency, and profit in manufacturing[J]. Technological forecasting and social change, 2018 (133) 1-14.

[256] 谢荣辉. 环境规制, 引致创新与中国工业绿色生产率提升 [J]. 产业经济研究, 2017 (2): 38-48.

[257] ABOELMAGED M. The drivers of sustainable manufacturing practices in Egyptian SMEs and their impact on competitive capabilities: a PLS-SEM model[J]. Journal of cleaner production, 2018 (175): 207-221.

[258] LEE V H, OOI K B, CHONG A Y L, et al. A structural analysis of greening the supplier, environmental performance and competitive advantage[J]. Production planning & control, 2015, 26 (2): 116-130.

[259] REHMAN M A, SETH D, SHRIVASTAVA R L. Impact of green manufacturing practices on organisational performance in Indian context: an empirical study[J]. Journal of cleaner production, 2016 (137) 427-448.

[260] CHERRAFI A, GARZA-REYES J A, KUMAR V, et al. Lean, green practices and process innovation: a model for green supply chain performance[J]. International journal of production economics, 2018 (206): 79-92.

[261] GOVINDAN K, DIABAT A, MADAN SHANKAR K. Analyzing the drivers of green manufacturing with fuzzy approach[J]. Journal of cleaner production, 2015 (96): 182-193.

[262] PAPADAS K K, AVLONITIS G J, CARRIGAN M, et al. The interplay of strategic and internal green marketing orientation on competitive advantage[J]. Journal of business research, 2019 (104): 632-643.

[263] ZHANG D, RONG Z, JI Q. Green innovation and firm performance: Evidence from listed companies in China[J]. Resources, conservation and recycling, 2019 (144): 48-55.

[264] XIE X, HUO J, ZOU H. Green process innovation, green product innovation, and corporate financial performance: a content analysis method[J]. Journal of business research, 2019 (101): 697-706.

[265] CHENG J, CHEN W, TAO F, et al. Industrial IoT in 5G environment towards smart manufacturing[J]. Journal of industrial information integration, 2018 (10): 10-19.

[266] CHENG X, LONG R, CHEN H, et al. Green competitiveness evaluation of provinces in China based on correlation analysis and fuzzy rough set[J]. Ecological indicators, 2018 (85): 841-852.

[267] SALEM A H, DEIF A M. Developing a green ometer for green manufacturing assessment[J]. Journal of cleaner production, 2017 (154): 413-423.

[268] 刘秋玲, 张春玲, 赵伟. 钢铁企业绿色竞争力评价研究 [J]. 华北理工大学学报 (社会科学版), 2018, 18 (2): 42-47.

[269] 马骍. "一带一路" 沿线国家环境全要素生产率动态评价及绿色发展的国别差异: 基

于 DEA-Malmquist 指数的实证研究 [J]. 河南大学学报（社会科学版），2019，59（2）：17-25.

[270] 翟璐，刘春芝. 供给侧结构性改革视域下工业转型升级绩效评价研究：以辽宁省为例 [J]. 东北师大学报（哲学社会科学版），2018（2）：45-54.

[271] 伍鹏，景思江. 绿色发展理念下县域经济绿色竞争力研究：以湖北省为例 [J]. 特区经济，2018（4）：127-130.

[272] DEZDAR S. Green information technology adoption: influencing factors and extension of theory of planned behavior[J]. Social Responsibility Journal, 2017, 13（2）: 292-306.

[273] 郭兆晖，马玉琪，范超. "一带一路"沿线区域绿色发展水平评价 [J]. 福建论坛（人文社会科学版），2017（9）：25-31.

[274] 李妍，朱建民. 生态城市规划下绿色发展竞争力评价指标体系构建与实证研究 [J]. 中央财经大学学报，2017（12）：130-138.

[275] 李琳，王足. 我国区域制造业绿色竞争力评价及动态比较 [J]. 经济问题探索，2017，38（1）：64-71，81.

[276] 刘晋飞. 制造业跨境电商企业竞争力的指标体系构建与评估 [J]. 改革，2018（5）：97-106.

[277] 苏红键，李季鹏，朱爱琴. 中国地区制造业竞争力评价研究 [J]. 中国科技论坛，2017（9）：114-122.

[278] 秦业，张群，杜娟. "互联网+"时代制造业绿色发展模式与策略研究 [J]. 中国工程科学，2015，17（8）：70-74.

[279] CASTELLACCI F, TVEITO V. Internet use and well-being: a survey and a theoretical framework[J]. Research policy, 2018, 47（1）: 308-325.

[280] 周宏春. "互联网+"能给绿色产业带来什么？[J]. 中国战略新兴产业，2016（7）：88-89.

[281] WANG J, XU C, ZHANG J, et al. A collaborative architecture of the industrial internet platform for manufacturing systems[J]. Robotics and computer-integrated manufacturing, 2020（61）: 101854.

[282] QIN W, CHEN S, PENG M. Recent advances in Industrial Internet: insights and challenges[J]. Digital communications and networks, 2020, 6（1）: 1-13.

[283] LI J, YU F R, DENG G, et al. Industrial Internet: a survey on the enabling technologies, applications, and challenges[J]. IEEE communications surveys & tutorials, 2017, 19（3）: 1504-1526.

[284] 岳云嵩，李兵. 电子商务平台应用与中国制造业企业出口绩效：基于"阿里巴巴"大数据的经验研究 [J]. 中国工业经济，2018（8）：97-115.

[285] WONG C W Y, LAI K-H, PANG Y, et al. Sourcing green makes green: Evidence from the BRICs[J]. Industrial marketing management, 2020 (88): 426-436.

[286] SUN S, HALL D J, CEGIELSKI C G. Organizational intention to adopt big data in the B2B context: an integrated view[J]. Industrial marketing management, 2020 (86): 109-121.

[287] PASCHEN J, WILSON M, FERREIRA J J. Collaborative intelligence: how human and artificial intelligence create value along the B2B sales funnel[J]. Business horizons, 2020, 63 (3): 403-414.

[288] 胡新成, 杨胜强, 周秀红. 基于熵权的 TOPSIS 法在煤与瓦斯突出综合评价中的应用 [J]. 煤矿安全, 2011, 42 (12): 26-29.

[289] 李国良, 付强, 孙勇, 等. 基于熵权的灰色关联分析模型及其应用 [J]. 水资源与水工程学报, 2006 (6): 15-18.

[290] 中华人民共和国国家统计局. 中国统计年鉴（2013—2018 年）[M]. 北京: 中国统计出版社, 2019, 2018, 2017, 2016, 2015, 2014.

[291] 中华人民共和国国家统计局. 中国能源统计年鉴（2013—2018 年）[M]. 北京: 中国统计出版社, 2019, 2018, 2017, 2016, 2015, 2014.

[292] 中华人民共和国国家统计局. 中国环境统计年鉴（2013—2018 年）[M]. 北京: 中国统计出版社, 2019, 2018, 2017, 2016, 2015, 2014.

[293] 中华人民共和国国家统计局. 中国工业统计年鉴（2013—2018 年）[M]. 北京: 中国统计出版社, 2019, 2018, 2017, 2016, 2015, 2014.

[294] 中华人民共和国国家统计局. 中国高技术产业统计年鉴（2013—2018 年）[M]. 北京: 中国统计出版社, 2019, 2018, 2017, 2016, 2015, 2014.

[295] 中华人民共和国国家统计局. 工业企业科技活动统计（2013—2018 年）[M]. 北京: 中国统计出版社, 2019, 2018, 2017, 2016, 2015, 2014.

[296] 中国互联网络信息中心（CNNIC）. 中国互联网发展统计报告（2013—2018 年）[R]. 2019, 2018, 2017, 2016, 2015, 2014.

[297] 电子商务交易技术国家工程实验室. 中国电子商务发展指数报告（2013—2018 年）[R]. 2019, 2018, 2017, 2016, 2015, 2014.

[298] 中国电子商务研究中心. 中国电子商务市场数据监测报告（2013—2018 年）[R]. 2019, 2018, 2017, 2016, 2015, 2014.

[299] 侯宪利. "互联网+" 对人类生存方式的变革 [D]. 哈尔滨: 黑龙江大学, 2020.

[300] 张蔚虹, 陈英武, 史会斌. 装备制造业服务化协作网络类型与特征分析 [J]. 科技进步与对策, 2015, 32 (12): 55-60.

[301] 冯长利, 刘洪涛. 网络视角下制造企业服务转型的价值共创模型: 基于陕鼓的案例

研究 [J]. 管理案例研究与评论, 2016, 9 (5): 472-484.

[302] 李靖华, 林莉, 闫威涛. 制造业服务化的价值共创机制: 基于价值网络的探索性案例研究 [J]. 科学学与科学技术管理, 2017, 38 (5): 85-100.

[303] 高长春, 孙汉明. 基于价值网的智能制造企业价值创造的理论分析 [J]. 管理现代化, 2020, 40 (3): 60-64.

[304] 王琴. 基于价值网络重构的企业商业模式创新 [J]. 中国工业经济, 2011 (1): 79-88.

[305] WINDAHL C, LAKEMOND N. Developing integrated solutions: the importance of relationships with in the network[J]. Industrial marketing management, 2006, 35 (7): 806-818.

[306] LAVIE D. Alliance portfolios and firm performance: a study of value creation and appropriation in the US software industry[J]. Strategic management journal, 2007, 28 (12): 1187-1212.

[307] 令狐克睿, 简兆权. 制造业服务化价值共创模式研究: 基于服务生态系统视角 [J]. 华东经济管理, 2017, 31 (6): 84-92.

[308] 赵艳萍, 郭亚婷, 罗建强, 等. 制造企业服务衍生的分类及其价值创造 [J]. 软科学, 2017, 31 (7): 103-107.

[309] 丁兆国, 金青, 张忠. 服务型制造企业的价值创造研究 [J]. 中国科技论坛, 2013(5): 91-96.

[310] 张婧, 何勇. 服务主导逻辑导向与资源互动对价值共创的影响研究 [J]. 科研管理, 2014, 35 (1): 115-122.

[311] GADREY J. The characterization of goods and services: an alternative approach[J]. Review of income wealth, 2000, 46 (3): 369-387.

[312] POTTS J, HARTLEY J, BANKS J, et al. Consumer co-creation and situated creativity[J]. Industry innovation, 2008, 15 (5): 459-474.

[313] WINDAHL C, LAKEMOND N. Integrated solutions from a service-centered perspective: applicability and limitations in the capital goods industry[J]. Industrial marketing management, 2010, 39 (8): 1278-1290.

[314] HIBBERT S, WINKLHOFER H, TEMERAK M S. Customers as resource integrators: toward a model of customer learning[J]. Journal of service research, 2012, 15 (3): 247-261.

[315] 吴欣. 制造企业服务化战略的影响因素研究 [D]. 西安: 西安理工大学, 2014.

[316] 付建. 中国制造企业服务化水平测度及其影响因素研究 [D]. 南京: 南京大学, 2015.

[317] MCEVILY B, MARCUS A. Embedded ties and the acquisition of competitive capabilities[J]. Strategic management journal, 2005, 26 (11): 1033-1055.

[318] 司岩.资源互补性对协同创新效果的影响研究[D].长沙：中南大学，2013.

[319] 徐浩，刘宇琴.资源互补、技术共享对企业研发联盟合作绩效影响实证研究[J].商业经济研究，2015（24）：107-109.

[320] 徐二明，徐凯.资源互补对机会主义和战略联盟绩效的影响研究[J].管理世界，2012（1）：93-103，187-188.

[321] 苏昕，牟春兰，张正.服务型制造价值共创机理与实现路径研究：基于服务生态系统视角[J].宏观经济研究，2021（1）：96-104，130.

[322] 呼阳.新时代制造型中小企业服务化转型发展研究[D].天津：天津理工大学，2020.

[323] 魏亚运，武思宏，任孝平，等.创新资源共享平台应用效果绩效评价研究：以科学仪器制造行业为例[J].科技管理研究，2021，41（3）：40-45.

[324] 赵艳萍，吴秋盈，罗建强，等.平台视角下制造企业服务化转型研究综述与展望[J].工业技术经济，2018，37（11）：120-127.

[325] RUAN J，HU X，HUO X，et al. An IoT-based E-business model of intelligent vegetable greenhouses and its key operations management issues[J]. Neural computing applications，2020，32（19）：15341-15356.

[326] 张咏梅，付全豪.数字经济赋能组织变革[J].航空财会，2021，3（4）：16-21.

[327] 胡斌，王莉丽.物联网环境下的企业组织结构变革[J].管理世界，2020，36（8）：202-211，232.

[328] 刘如月.信息技术与业务战略匹配对制造企业服务化的影响研究[D].济南：山东大学，2020.

[329] XU S，ZHANG X，FENG L，et al. Disruption risks in supply chain management：a literature review based on bibliometric analysis[J]. International journal of production research，2020，58（11）：3508-3526.

[330] 高培勇，汪德华.降成本与供给侧结构性改革[M].北京：中国社会科学出版社，2017.